20세기 한국민중의 구술자서전 **5**
박현수 엮음

고향이 어디신지요?

"이 책은 한국학술진흥재단 2002년도 기초학문육성지원
사업으로부터 지원을 받고 출판되었습니다"

20세기 한국민중의 구술자서전 **5**
박현수 엮음

고향이 어디신지요?

김일수 · 박이준 · 박승희 · 신호

小花

'일러두기'는 지면관계상 35쪽으로 옮겼습니다.

고향이 어디신지요?

지금 아니면 안 되는 일: 民衆生活史의 記錄과 解釋

遠近法의 必然性

한국의 인문학도들이 몇 해 전에 가까운 옛날의 民衆生活을 記錄하고 解釋하자고 모여들게 된 것은 사회나 문화 變動의 過速에 대한 현기증을 참을 수 없었기 때문이다. 물론 어느 시대에나 사람들은 자기네 시대가 급속히 변하고 있다고 생각했다. 공자는 급변하는 시간이 사람을 타락시키고 있다고 하여 걸핏하면 "古之君子는…" 하였다. 인류 역사에서 변화를 심각하게 느낀 것은 19세기의 서구인들이었을 것이다. 우리의 선조들이 변화하는 것을 '세상' 또는 '風俗'으로 파악할 때 서구인들은 그것을 '社會' 또는 '文化'라고 하였다.

그러나 오늘날의 변화는 어느 시대, 어느 사회에서나

느꼈던 그러한 변화가 아니다. 변화는 사회나 문화에 그 치지 않고 자연에서도 일어나고 있다. 인류의 역사와 비 교할 수 없을 만큼 유구한 역사를 가진 까치나 감나무를 보라. 해류나 기후를 보자. 자연이나 생태의 변화도 결국 은 인간의 문화변동의 결과에 지나지 않는다.

碧初의 『林巨正』을 처음 읽은 1970년대에, 나는 30년대 의 그 벽초가 1970년대보다 1500년대에 더 가까운 사람 이 아닌가 생각하였다. 그러나 지금은 그 70년대조차 16 세기에 더 가까웠던 것이 아닌가 생각하게 된다. 우리가 살아온 이 시대는 그만큼 중요하다. 변화의 주체였던 우 리와 우리 부모도 그렇다.

그러나 우리와 우리 시대는 합당한 대우를 받지 못하였 다. 공간적으로나 시간적으로나 사회적으로나 가까운 것 은 별로 관심을 끌지 못하였다. 원래 가까운 것이 크게 보 이게 마련이다. 원근법 없이는 살 수도 없다. 遠近法은 회 화의 表現技法일 뿐만 아니라 우리의 事物認識 方法이기 도 하다. 그것은 공간에만 적용되는 것이 아니다.

단위시간당 역사교과서에서 차지하는 페이지 숫자는 확실히 가까운 시대가 많다. 그렇다고 해서 우리의 시대, 20세기가 제대로 대접받고 있는 것은 아니다. 현대사의 중요성을 주장하는 것은 일반 원근법 때문만이 아니다. 20 세기의 특수한 의미가 이런 주장을 강요하는 것이다.

시간적, 사회적, 문화적 원근법은 우리에게 現代 生活歷 史 작업을 요구한다. 홉스봄에 의하면 진정한 역사는 사회역사(history of society)여야 하며 그것은 역사의 하위 부분 또는 특수 분야로서의 사회사(social history)이기를 거부해야 한다. 이러한 명제는 우리가 구체적으로 추진해야 할 역사 연구에도 그대로 적용되어야 할 것이다. 역사란 생활역사(history of life)일 수밖에 없으며 그것은 결코 기존 역사(학)의 部分(學問)일 수 없을 것이다.

우리가 지향하여야 할 생활역사라는 거창한 개념은 오늘날의 긴박한 상황에 구체적으로 적용되어야 한다. 그렇다면 현 시점에서 우리가 현재의 사회와 문화를 이해하고 기존 역사학이 채 수행하지 못한 현대사 연구에 기여하기 위해 해야 할 일은 무엇인가 생각해 보자. 가까운 것에 대한 경시와 아울러 개발의 열기 및 세대간의 傳承空間 축소가 植民地時代와 6 · 25 시대의 자료를 말살하고 있다. 모든 학문이 경계를 넘어 해야 할 중요한 것은 이 시대를 위해 앞선 시대의 자료를 남기고 다음에 올 시대를 위해 이 시대를 증언하는 일이다.

過去事와 歷史談論

최근 한국에서 일어난 현대사에 대한 관심은 歷史라는 말과 過去事라는 말을 구분시켜 주고 있다. 또한 역사를 역사학의 학문영역에서 시민사회의 영역으로 풀어 주고 있다. 이제 차츰 역사란 특정계급만의 것이 아니라는 생각이 대중화되고 있다. 人類學은 이른바 역사 없는 사람들에 대한 연구에서 출발하였지만, 자의식적인 자기 성찰로 역사에 접근토록 하였다. 인류학의 역사 연구는 특히 한국 생활역사 연구에 많은 것을 보여 준다.

역사가들이 역사를 서술(historiography)할 때 인류학자들은 문화를 서술(ethnography)하였다. 역사가들이 他時代의 무한한 事象에서 취사선택하여 역사를 구성한다면 인류학자는 他文化 또는 他民族의 무수한 사상을 취사선택하여 에스노그라피를 작성한다. 그런데 두 가지 작업은 독립된 별개의 작업일 수 없다. 역사는 여러 사회에서 나름대로 문화적으로(문화에 의해) 짜여진다. 그 逆의 명제도 타당하여 문화의 틀은 역사적으로 짜여진다. 문화란 본질적으로 과거의 소산이며 과거에 대한 담론은 문화 속의 중요한 부분이다. 그것은 거기에 그냥 있는 것이 아니라 여기서 엮어 내는 것이다. 역사 연구는 문화 연구일 수밖에 없으며 문화 연구와 역사 연구를 구별하는 것은 무의미하다.

문화 연구를 위해서나 역사 연구를 위해서나 우리가 우선적으로 연구하지 않을 수 없는 것은 한국 현대 생활역사다. 한국 인류학의 경우 긴급한 것은 가까운 과거에 관한 연구다. 한두 세대 전의 사회와 문화에 대한 연구의 경우에도 역사학은 문헌을 중요시하는 나머지 유물과 유적, 그리고 구전 자료 발굴에 소홀하였다. 이러한 작업이야말로 인류학이 주도적으로 수행할 과제다. 여기서 중요한 당면 연구과제로 등장하는 역사란 過去之事 그 자체를 말한다.

누구나 땅 자체와 이를 묘사한 地圖를 별개의 것으로

인식하고 있으며 文化 자체와 그것에 대한 敍述인 에스노그라피를 구별한다. 하지만 過去之事 그 자체와 이에 대한 서술을 歷史 또는 history 등의 이름으로 同一視하거나 혼동하는 일은 흔한 일이다. 공간이 극복될 수 있는 데 반하여 시간은 극복될 수 없으므로, 땅이나 문화는 지도나 에스노그라피 없이도 확인할 수 있지만 과거지사는 이에 대한 서술 없이 확인하기 어렵기 때문일 것이다. 그러나 적어도 개념상 양자는 구별되어야 한다. 역사라는 말로 표현되는 두 가지 개념, 즉 존재로서의 역사(Geschichte), 즉 과거지사와 인식으로서의 역사, 즉 역사담론(History)이 동일시 될 경우에는 역사가의 책임회피가 쉬워지기 때문이다.

흔히 역사는 언제나 새로 써야 한다고 주장한다. 그러나 역사 서술이 一回用이라면 이와 과거사의 관계는 어떻게 되는 것일까. 역사허무주의를 최소화하자면 "써야 한다"를 "쓸 수밖에 없다"라고 수정하여 M. 블록이나 E. H. 카를 수용해야 할 것이다. 불가능한 줄 알더라도 과거의 실체에 도달하려 노력하는 것이 필요하다. 우리는 어떠한 에스노그라피도 한 문화의 실체에 이르지 못한다는 것을 알면서도 이에 접근하려 노력하는 것이다. "모든 역사는 동시대의 역사"라고 한다면 모든 에스노그라피는 자기 민족, 자기 문화의 에스노그라피일 것이다. 그것은 "자기 문화와 타문화의 대화"일 것이다. 모든 대화가 상대방에 대한 실체 확인을 바탕으로 하듯, 역사와 민족지는 대상 시대와 대상 문화에 대한 정확한 인식 없이 성공할 수 없다.

실증주의 사학의 보수성에 대한 역사학계의 반발은 근래에 과거가 '어떠하였는가' 라는 문제보다 '어떻게 보고 있는가' 라는 문제에 비중을 두게 하였다. 이러한 경향과 무관하지 않겠지만 인류학에서도 사람들은 세상과 옛날을 '어떻게 이야기하는지' 밝히려 애쓰고 있다. 과거사에 대한 인식과 이의 서술은 문화의 중요한 항목인 만큼 이러한 노력은 한국 문화 연구의 중요한 공백을 채우는 작업이다.

그러나 한국 인류학의 현 단계에서 기대되는 것은 (타자로서의) 원주민들의 신화나 민중의 역사 인식을 찾는 에스노히스토리(ethnohistory)의 전통을 극복하여 과거사 규명에까지 나아가는 것이다. 현장의 자료를 중시하는 인류학은 스스로 역사를 기록하지 못하고 기록되지도 못한 '역사 없는 사람들' 의 역사 담론은 에스노히스토리라는 이름으로 연구하여 왔다. 그러나 이제는 이들의 역사를 ethno~가 아닌 진짜 history로 복권시키는 일이다. 자신들의 역사는 과학적이고 믿음직하지만 문자 기록이 없는 연구 대상자의 그것은 신화적이며 믿음직하지 못하다는 생각에서 딴 이름을 붙이는 것이야말로 에스노센트리즘의 노출이다.

조금 떨어져 바라보기

지난 2년 반 동안 연구단은 결코 적지 않은 일을 하였다. 시민사회와 인문학의 발전을 위한 이 유례없는 작업은 장시간에 걸친 기획을 요구하였다. 그러나 시대의 증인과 물증의 취약성 때문에 현장출동이 더 강조되었다. 엄밀한 준비를 위한 지연은 자체모순일 수밖에 없기 때문이었다.

작업 자체도 실험적이었지만 연구 작업의 진행과 연구단 운영 방법도 실험적일 수밖에 없었다. 컨소시엄의 규모도 컸지만 이를 구성하는 단위의 숫자도 많았던 것이다. 서울에서 후쿠오카에 이르는 넓은 분포지역도 여러 가지로 실험적 조건이 되었다.

음성 영상 아카이브를 지향하는 이 작업은 조사지역에 대한 공간 파악으로 시작되었으며 차츰 각종 생업군에 대한 조사로 전개되었다. 여러 성격을 지닌 대표성 있는 증인들의 생애사 조사 작업은 차츰 작업의 중심 영역이 되었다.

그 동안에도 쉬지 않고 20세기 민중생활사를 보여 주는 물증들은 사라져 갔으며 증인들은 세상을 떠났다. 가까운 옛날의 사실들은 여전히 왜곡되거나 외면당했다. 복원이라는 이름으로 청계천이 파괴되었다.

오래 된 역사 연구와 가까운 시대의 역사를 연구하는 데에는 방법상의 차이만 있는 것이 아니다. 우선 고대의 역사에 비하여 가까운 과거의 역사는 직접적인 이해 당사자가 많아 연구에 어려움이 생긴다. 예컨대 친일 문제라든가 양민 학살 문제 또는 광주사건 연구가 어려운 것은 사료의 부족뿐만 아니라 관계자들의 압력 때문이기도 하다. 잠재적으로 많은 증인이 있더라도 이들의 작용은 부정적일 수 있는 것이다.

눈앞에서 벌어지고 있는 역사왜곡과 그에 대한 외면은 20세기 역사에 대한 또 다른 필요성을 깨우쳐 준다. 역사왜곡뿐만 아니라 20세기 역사 자료, 특히 민중생활을 보여 주는 자료의 급격한 소멸은 우리에게 위기를 느끼게 한다. 이런 위기감은 정체감의 상실을 불러온다. 정체감이란 나의 경험을 사회와 시대의 역사 속에 자리잡게 하는 것이기 때문이다.

지난 2년 반 동안에 20세기민중생활사연구단은 시민들과 지식인들의 관심 속에 실험적 작업을 해 왔다. 이제 작은 매듭을 지어야 할 때다. 이제 스스로를 돌아보고 자기를 성찰함으로써 학계로부터 주어진 일, 시민사회로부터 맡았던 일들이 보람되도록 해야 할 것이다.

이에 우리는 이번 심포지엄을 연구단의 협력기관이 있는 후쿠오카에서 개최하게 되었다.

우리는 20세기와 한국과 민중과 생활로부터 조금 떨어져 그 대상을 원경으로서 살펴보고 또 우리 자신의 모습을 돌아보려 하는 것이다. 이러한 疏隔은 조금이나마 觀照(theoria)를 가능케 해 줄 것이다. 볼리바르는 가까이서 관찰하고 떨어져서 판단하자고 했다. 우리의 소격은 어디까지나 密着觀察을 위한 것이다. 어려운 시대가 왔다고들 이야기한다. 가까운 관찰은 어려운 때일수록 필요하고 힘든 때일수록 성공한다.

현대 생활역사의 物證

우리가 현대 생활역사, 특히 민중의 생활역사를 구성하는 데에 있어서 가장 기본적인 자료는 물적 증거일 것이다. 현대생활에 관한 문자기록이나 서술이 기본적으로 심증적인 언증(증언)일 수밖에 없는 데 비해, 유물이나 유적은 일단 物證이기 때문이다. 물증도 잘못 해석될 수 있지만 그 자체로서는 거짓이 없기 때문에, 보수적인 많은 역사학자들이 보조적 사료로서 평가 절하함에도 불구하고 중요하다.

문헌사료보다 더욱 가치 있는 것이 물증적 사료이지만 그것은 한국 역사학으로부터 제대로 이용되지 못하고 있다. 따라서 이런 증거들은 인멸되기 일쑤다. 더군다나 개항기 이후 일제 강점기에 이르는 유물, 유적은 순수성을 인정받지 못하여 제대로 그 가치를 인정받지 못하고 있다. 이들이 제대로 보존되지 못하는 것도 이 때문이다. 식민지 시대의 체험을 떠나 오늘의 한국을 설명한다는 것은 어불성설이다. 식민지 시대를 부정한다는 것은 역사 왜곡이며 과거 은폐다.

물증에 의해 과거의 사회와 문화를 복원한다는 고고학도 요즈음 개발의 치닥거리에 바쁜 데다가 오래 된 것일수록 중요하게 다루는 전통에 빠져 있어 가까운 과거에는 눈 돌릴 겨를이 없다. 뒷날에 이 시대는 고고학 자료의 공백기로서 기록될 것이다. 어차피 전해 오는 삼국시대, 고려시대, 조선시대의 물증은 앞으로도 보존되겠지만 인멸

되어 버린 이 시대의 물증은 어떻게 할 것인가. 골동 애호가는 물론 학계로부터도 아무런 대접도 받지 못한 채 사라져 가는 한두 세대 전의 유물 유적은 영화나 방송 드라마 제작자들의 관심밖에 끌지 못하고 있는 것이 사실이다.

현대 한국의 생활역사에 대한 본격적 관심은 한국보다 외국 인류학자나 박물관에서 잘 나타난다. 한국 농가 한 채를 완벽하게 실어간 외국 인류학자나 현대 한국의 일상적 물질 자료를 체계적으로 수집, 정리한 외국 박물관은 우리들로 하여금 식민지적 상처를 재발시키게 한다.

현대 생활역사의 물증에 대한 우리의 천대는 민중 계급에 관한 경우에 더욱 심하게 나타난다. 예컨대 서적의 경우를 보자. 서정주의 시집은 보존되지만 유행가 책은 보존되지 않는다. 『사상계』나 『현대문학』 등은 전질이 보존되어 있지만 『아리랑』이나 『야담과 실화』 같은 책을 누가 보존하고 있는가. 당시 민중의 정서에 미친 영향력을 볼 때 미당의 시집과 세로보다 가로 길이가 길었던 삽화가 실렸던 유행가 책, 어떤 쪽이 보존 가치가 더 큰지는 쉽게 말할 수가 없다.

우선 개괄적인 유물 · 유적 종합조사부터 실시되어 인멸과 파괴로부터 보존해야 한다. 도시 개발을 위한 환경평가의 일환으로 이루어지는 고고학적 조사에 당연히 현대 생활역사를 대상에 포함시키거나 별도의 조사 작업을 설정해야 한다. 개발을 위한 파괴가 불가피한 경우, 지역 주민들의 생활에 관한 조사가 선행되는 것은 너무나 당연

한 일이다. 그것은 사라져 가는 것에 대한 예절일 뿐만 아니라 우리와 부모에 대한 자존심이기도 하다.

서울의 경우, 6 · 25 이후에 형성된 판자촌이나 청계천의 영세 봉제 공장은 물론 신문로의 호화 주택도 보존되어야 하였다. 가회동이 어느 정도 보존되는 것은 그것이 조선시대의 주택을 보여 준다고 생각되기 때문이다. 군산의 일제 건물은 물론 서울 보문동의 과도기 한옥도 조사, 연구되어야 한다. 한국의 초기 산업혁명을 상징하며 농촌의 공업을 대표하는 정미소, 식민지 지배자로 군림하던 일본인들의 주택들도 보존되어야 한다. 이들이 사라지고 나면 가까운 장래에 없어진 이것들을 복원한다고 막대한 자원과 인력이 허비될 것이다.

복원이라는 이름의 공사는 역사복원을 방해한다. 그것은 가벼운 구경거리를 제공하는 데 그쳐야 한다. 진짜 복원은 무형의 복원이어야 한다. 복원은 필요 충분한 근거를 전제로 한다. 그것들을 결여한 유형의 복원은 날조일 수밖에 없다. 황룡사 복원 논의는 많은 것을 시사한다. 보존 없는 복원이란 난센스다.

고고학이 선사고고학과 고대사, 역사고고학에 머문다면 이러한 現代生活에 대한 '歷史考古學' 또는 '考現學' 的 작업들은 연구 대상의 성격과 방법론적 특징 때문에 인류학이 단독으로 감당할 수밖에 없을 것이다. 그러나 한국의 인류학도들은 인류학의 한 분야인 물질문화 연구에 별로 관심이 없다. 이 분야에 대한 연구는 시급한 과제인 만큼 연구인력의 양성도 집중적으로 추진되어야 할 것이다.

사진은 책과 마찬가지로 정보를 담고 있지만 시각적 매체다. 시각적 정보를 담고 있는 사진은 사라진 사물에 대한 물증이 된다. 한 장의 사진에서 읽어 낼 수 있는 정보의 양은 피사체와 그 배경에 대한 지식에 따라 달라진다. 지난 백년간 한국인들은 공적으로나 사적으로나 적지 않은 사진을 찍히고 찍었으며, 이를 보존하고 있다. 그러나 세월이 지나면서 이를 제대로 판독하고 해석할 능력을 갖춘 사람들은 사라지고 있다. 개인적으로 간직하고 있는 사진들을 발굴해 내고 이를 수집, 정리하여 치밀하게 판독, 해석하고 과학적으로 보존하는 일은 현대 생활역사 연구를 위한 필수적 작업이다. 봉투에 담아 장롱 속에 넣어 둔 사진, 액자에 담아 안방 입구 높은 곳에 걸어 둔 사진, 그리고 인쇄된 학교 졸업 앨범은 그냥 추억거리로 남겨 두기에 너무 아까운 것들이다.

歷史小說과 現在小說

일찍이 洪以燮은 소설이 갖는 사료로서의 가치를 높이 평가한 바 있다. 그 가치는 현대 생활역사 연구의 경우에 특히 강조될 만하다. 우리는 소설의 작자가 자기 시대를 직접 다루었을 때 그 작품을 현재소설이라 하며 동시대가 아닌 과거를 다루었을 때 역사소설이라 부른다. 그러나 문화와 역사가 양립할 수 없고 과거와 현재가 二分法的으로 구분될 수 없다면 역사소설과 현재소설도 단절되는 것이 아니다. 역사기록이나 민족지는 사실 서술을 지향하는 데 반하여 敍事文學 작품은 사실주의적 소설을 표방하는 경우에도 픽션이라는 울타리 안으로 피신할 수 있어, 양자의 자료적 가치는 일단 구분된다. 하지만 역사 기록에도 史料批判이 필요한 것은 신뢰도에 문제가 있기 때문이다. 기록과 소설의 사료적 가치는 연속선을 이룬다. 역사 기록의 사료비판이 참되지 못한 부분을 가려내는 작업이라면 문학 자료의 사료비판은 참된 자료를 골라내는 작업이 되어야 할 것이다.

현대 생활역사를 총체적으로 구성하는 데에 나타나는 자료의 공백을 채우고 그 시대의 전체적 에토스를 이해하는 데에 소설은 중요한 자료가 된다. '典型性'을 추구하는 문학작품들은 다른 자료들에 비하여 문화적, 사회적 事象을 밀도 높게 정제하고 있는 경우가 많다. 특히 자료의 原初性이라는 시각에서 볼 때 역사소설보다 중요한 것은 작가 자신이 살았던 사회와 시대를 배경으로 하여 집필한 현재소설 작품이다. 追體驗보다는 直接體驗이 진짜에 가까운 자료를 제공하기 때문이다.

1930년대 지방도시 소시민을 그린 蔡萬植의 "濁流"를 분석한 洪以燮은 자신이 '조선 사회를 역사적으로 보는 의식의 한 소재로서 채만식의 문학'을 보았지만, '역사 증거로 채만식의 현실인식을 추구'했어야 했을 것이라고 말하여 Lukacs의 "역사소설론"에 접근하고 있다. 역사학

자 홍이섭조차도 작가정신이라든가 역사인식, 현실인식
을 중요시했으나 지금 우리에게 소설 자료가 중요한 것은
그러한 인식 자체보다 인식의 대상이 된 역사적 사실과
현실에 대한 자료다.

6 · 25를 전후한 시대에 대한 증언으로서 권정생, 하근
찬, 박경리, 박완서, 박정요 등의 작품과 이보다 앞선 일제
강점기를 그린 이기영, 채만식, 염상섭, 박태원, 최서해 등
의 작품을 이용하기에 앞서 우리는 자료적 부분과 허구적
부분을 구분해 놓아야 한다. 그러나 이러한 작업은 동시
대 사람이 아니면 어려운 일이다. 작가 자신의 설명과 同
時代에 同社會를 살아온 사람들의 텍스트 분석이 필요하
다. 이러한 작업이 시급한 것은 이러한 사람들도 생명에
한계가 있기 때문이다.

□述史의 중요성과 인류학적 방법

애당초 지배계급의 전유물이었던 문자는 나아가 물신
화되었으며 문자 자료는 구술자료보다 진정한(authentic)
것으로 평가받게 되었다. 따라서 기록되지 않은 사회의
역사는 Geschichte건 Historie건 이를 ethnohistory라 하게
되었으며 문자 아닌 구술 전기는 biography라는 말 대신
에 생애사 또는 생애담(life history)이라는 말로서 차별해
왔다. 역사 기록이 없는 사람들의 역사를 구성하자면 구
전자료를 문자자료와 동등한 가치를 가진 것으로 인정해
야 하며 생애담은 문자로 정착된 전기와 동등한 대우를

받아야 한다. 자료의 원초성이라는 관점에서 보자면 꾸밈 없는 이야기로 된 구전 자료의 가치는 작위적인 문자 자료의 가치보다 앞설 수도 있다. 우리는 5·18 당시의 '유비통신'이나 '카더라 통신'과 제도권 언론의 보도 내용의 차이를 통해 이러한 사실을 확인할 수 있었다. 더군다나 역사상 중요한 결정이나 명령은 문서보다 말로 이루어지는 경우가 많다. 예컨대 일제시대와 6·25 전쟁이 한국 민중에게 무엇이었으며 그것은 현대 생활에 어떠한 조건으로서 작용하였는가. 역사문헌은 이러한 생활역사 구성에 별로 도움이 되지 않는다. '노근리 사건' 같은 事件史조차 전쟁 기록을 통해 밝힌다는 것은 불가능하거나 아니면 터무니없이 답답하고 힘든 일이다.

歷史라는 두 글자의 단어에는 원래 문자 기록이라는 의미가 강하게 내포되어 있었다. 그러나 이 말은 이제 '히스토리'의 번역어로 쓰이고 있으며 이 단어의 뿌리인 historia라는 그리스 말은 원래 이야기라는 뜻이니까 구술 자료일 수밖에 없었다. prehistory니 protohistory니 하여 히스토리를 문자 기록에 국한시킨 것은 근래의 일이다. 원래의 뜻에 따른다면 구술된 역사를 그냥 history라 해야 하고 기록된 역사를 written history라 해야 할 것이다. 그렇다면 구술사라는 말이 없어지고 기록사라는 말이 생겼어야 할 것이다.

기록된 역사에서 가장 많은 부분을 차지하는 것이 개인의 전기인 만큼, 앞으로 수집되길 기대되는 구술사 자료

도 대부분이 구술 전기(라이프 히스토리)가 될 것이다. 구술
된 개인의 역사 또는 전기들은 제각기 하나의 과거사를
여러 관점에서 보여 주어, 이야기가 "羅生門"식으로 전개
될 수밖에 없지만 이 점은 구술된 전기만의 문제가 아니
다. 문자로 기록된 전기도 다를 것이 없다. 또한 구술 역사
나 구술 전기에는 과거의 사실과 현재의 관점이 어울려
과거사가 그것 자체로서 서술되지 못하는 경우도 많다.
하지만 이 점도 기록된 역사와 다를 바가 없을 것이다. 문
자 기록과 구술 사이의 차이는 본질적인 것이 아니다.

　우리는 기록되지 않은 부분을 찾아내어 이를 구술사 자
료로써 채워야 할 뿐만 아니라 구술사 자료를 주된 자료
로 삼아 역사를 다시 인식하고 서술해야 한다. 이를 위해
시급한 작업은 직접 생활 터전에 나아가 자료를 수집하는
일일 것이다. 현대사의 중요한 사건들과 그런 사건 속에
서 개인이 겪은 외상들은 자료 수집에 좋은 조건이 된다.
더군다나 책 한 권으로는 어림도 없다고 생각하는 할머니
들의 '신세타령'은, 그것이 '자서전'으로서 복권되는 한,
한국 현대 생활역사 자료의 무한한 재고목록을 이룰 수
있을 뿐만 아니라, 歷史의 民主化에도 크게 기여할 것이
다. 현재 전국에 무수한 잠재적 구술사 자료가 있듯이 인
류학을 비롯한 인문, 사회과학계에는 적지 않은 학문 예
비군이 있다. 위기에 처한 기초학문을 살리고 한국의 인
문 사회과학을 독자적인 것으로 발전시키는 길의 하나가
현대 생활역사의 발굴과 그 결과물의 연구에 있을 것이다.

　현대 생활역사의 물증들이 인멸되고 있듯이 증인들도 사라지고 있다. 일본의 岩波書店이 "私の昭和史"라는 제목으로 개인사 자료를 공모한 것은 소화시대가 끝난 직후였으며 S. Terkel은 대공황 40년 뒤에 이에 관한 구술자료 *Hard Times*를 엮어 냈지만 6 · 25는 50년이 되었으며 일제강점기가 끝난 시점도 60년 전이다. 우리가 수집할 수 있는 직접체험 자료의 上限은 기껏해야 70년 정도다.

　이제까지 적지 않은 회고록과 전기류가 간행되었고 '논픽션'이라는 사건 기록들도 나왔다. 그러나 대부분이 자기의 처지를 변호하는 명사들의 것이거나 큰 사건의 뒤안길을 이야기하는 데에 그치고 있다. 일단 문자로써 스스로를 표현할 수 있는 계급의 기록이라는 데서 한계가 주어진다. 민중 생활의 역사를 내세우는 "~어떻게 살았을까" 류도 총체적 접근과 거리가 멀고, 문헌주의를 벗어나지 못했다. 이런 문제를 극복하여 사람들의 생활 모습을 빠짐없이 겹침 없이 밝히자면 조직적으로 상당히 많은 수의 증인을 채택하여 각 증인의 전기를 체계적으로 채록하여야 한다. 우선 순위는 자료수집에 있다. 자료의 비판과 해석, 그리고 편집과 텍스트의 문자화 작업은 자료 수집을 바탕으로 하기 때문이다. 소수의 대상에 대한 집중적 자료 발굴은 결코 안전한 방법이 아니어서 O. Lewis의 *Five Families*에서 보이는 바와 같은 조사 방법은 일단 유보할 수밖에 없다. 시급한 상황에서 그런 방법에는 너무 큰 위험이 따르기 때문이다.

이 과정에서 필요한 것은 그 내용의 콘텍스트에 대한 이해다. 이런 이해를 위해서는 문헌사학의 성과에 의존하지 않을 수 없을 것이다. 문헌주의 역사학과 마찬가지로 경계해야 할 것이 문헌을 무시한 채 유물, 유적과 구술 자료에만 의존하는 에스노히스토리의 전통이다. 적지 않은 문헌이 이용 가능한 만큼 한국의 현대사 규명을 위해서는 이의 이용이 필요하다. 구전자료 이용에는 철저한 준비 작업이 필요하다.

結語

바야흐로 세기가 바뀌었다. 세월이 비연속적으로 진행할 수 없다면 세기의 전환이란 별 의미가 없는 것이다. 그러나 시간의 매듭은 우리가 못 다한 일을 마무리할 기회를 준다. 한 시대를 정리하지 않고 다음 시대를 준비한다는 것은 있을 수 없는 일이다. 새로운 세기에 들어서는 이 시점은 늦었지만 더 늦기 전에 우리가 살아온 시대를 증언하고 그 시대의 증거를 지킬 것을 요구한다. 볼테르는 18세기에 역사가 손가락으로 꼽을 수 있는 소수에 관한 기록에 머무는 것을 개탄했다. 20세기에 들어와 역사학은 보통 사람들의 일상생활에 주목할 것을 주장하였다. 그러나 대다수 민중들의 비근한 생활 모습은 여전히 역사에서 물러나 있다.

어느 시대에나 사람들은 자기 시대가 가장 급변한다고 보았지만 우리가 겪은 백년 세월은 진정 미증유의 세기였다. 이 시대의 자취를 보전하고 역사에서 소외된 보통 사람들의 역사를 그들의 입을 통해 받아 내는 일이야말로 오늘의 우리가 피할 수 없는 무겁지만 영광된 사명이다. 역사학과 달리 인류학은 발생 초기부터 역사 없는 사람들을 다루어 왔다. 역사 있는 민족이 역사 없는 민족을 연구하고 역사 있는 계급이 역사 없는 계급을 조사했다. 그러나 이제는 역사 없는 민족이란 허구이며 그들은 제국주의에 의해 역사를 빼앗긴 것이라고 생각하게 되었다. 역사로부터 소외되어 온 계급의 역사를 새로 구성하려 하고 있다. 그러나 역사를 빼앗긴 채 살아온 사람들의 역사를 대신 기록한다는 자세에는 문제가 있다. 우리는 그들이 스스로의 역사를 표현할 기회를 마련하여 주고 이를 정리할 각오를 해야 할 것이다.

현대 생활역사를 연구하거나 이를 위해 자료를 수집 보존하는 일에는 엄격한 방법론적 준비가 선행되어야 한다. 그러나 대상은 방법에 선행한다. 방법은 목적 또는 대상에 의해 결정된다. 목적지가 길을 규정하는 것이지 길이 목적지를 정해 주는 것은 아니다. 매일 없어지는 물증과 증인은 우리에게 탁상의 논의를 허용하지 않는다.

엮은이 20세기민중생활사연구단장

박현수(영남대학교 문화인류학과)

20세기를 산 민중들의
구술생애사: 그 의미와 특징

구술생애사의 의미

20세기민중생활사연구단은 한국학술진흥재단의 2002
년도 기초학문육성사업의 지원을 받고 지난 2년 동안 민
중들의 이야기를 모아 왔다. 출범 당시 연구단이 내건 기
치는 지난 세기를 살면서 격동의 역사 속에 묻혀 있었던
사람들에게 역사를 돌려주고자 하는 시대적인 소명의식
이었다. 세계사에서도 유례를 찾기 힘들 만큼 변화를 겪
으면서 살아온 우리 민중들의 삶을 되돌아보는 중요하고
도 의미 있는 기회였다.

민중생활사연구단에서 중점적으로 모아 온 자료는 구
술생애사이다. 구술생애사란 사람들이 자신들의 생애를
이야기하는 것을 말한다. 왜 이 방법이 민중생활사연구의

중심에 서게 되었을까. 첫째는 민중을 행위의 주체로, 나아가서 역사의 주체로 이끌기 위해서는 스스로의 이야기를 통해서 가능하기 때문이다. 지금까지 역사의 객체로만 머물러 있던 한국의 민중들을 역사의 주체로 바라보는 연구단의 시각은 역사학의 입장에서 보아도 일보 전진된 것이다. 이러한 시각을 대안적 역사라고 부르기보다는 올바른 역사 연구의 실천이라고 보아야 한다. 그러므로 민중이 스스로 하는 이야기는 그 자체가 역사로 기록되는 과정이다.

둘째는 20세기 초반에 태어나서 그 이후의 역사를 증언할 수 있는 사람들이 벌써 풍전등화 같은 존재가 되어 버렸다. 고령이나 질병 등으로 곧 역사의 무대에서 사라질 날이 얼마 남지 않았기 때문이다. 한시라도 빨리 만나서 이들의 경험담을 듣는 일이 시급하다.

셋째는 새로운 역사 연구 방법의 창안이라는 점에서 의미가 있다. 기존의 역사 연구에 있어서 구술사 채록은 보조적인 자료수집의 한 방법이었을 뿐이었다. 그러나 민중들이 경험한 기억을 구술한 내용을 하나의 사료로서 끌어올리는 작업은 기록의 역사 못지않게 필요한 영역이다. 그래서 연구단에서는 구술사를 긍정적으로 인식하면서 구술자료의 신뢰도와 타당도를 높이는 일에 힘을 기울이고 있다. 예를 들면, 구술된 내용의 사실 여부를 확인하는 작업을 충실히 하고 있다.

넷째는 구술생애사는 구체적이고 상세한 내용을 놓치

지 않음으로써 다른 자료에서 구할 수 없는 사실을 밝힐 수 있다는 장점이 있다. 더욱이 전체사의 흐름 속에서 한 개인이 겪은 미시적인 생애사는 역사의 실제를 만나도록 해 준다. 경험과 기억의 장치를 통과하여 나오는 구술생애사는 특정한 정치적 이념에 의해서 기록된 역사도 아니고, 이론적 틀에 맞게 쓰여지는 역사는 더 더욱 아니다. 단지 한 개인의 삶 전체를 통해서 역사적 실재를 만나게 될 뿐이다. 때로는 치열하게 부딪치면서, 때로는 초월자처럼 담담하게 살아온 한국 민중들의 삶을 있는 그대로 그릴 뿐이다. 이것이야말로 이론, 논리, 그리고 이념을 뛰어넘어 조우할 수 있는 역사적 진리가 아닐까 하고 생각한다.

마지막으로 구술생애사는 일방통행식의 연구가 아니라 상호교류가 강한 공동작업이라는 점에서 민중생활사연구에서 꼭 필요한 방법이다. 민중을 이해하기 위해서는 연구자가 정해 놓은 틀이나 작업가설 등에서 벗어나야 한다. 다시 말해서 구술자와 면담자가 만나서 함께 말하고 듣고 기록하는 공동작업을 통해서 역사를 새로 기록하는 일이다. 이 작업에서는 구술자는 되도록 자신을 객관화시키면서 신뢰성이 높은 이야기를 하는 자세가 필요하다. 면담자도 개인적인 욕심을 줄이고 상대편의 입장에 서야 한다. 면담자들이 원하는 방향으로 질문을 유도해서도 안 된다. 한편으로 면담자는 직업적인 감수성을 총동원해서 구술의 상황—목소리, 눈빛, 손짓, 몸짓 등—을 빠뜨리지 않고 구술사 채록 속에 넣어 두는 일도 중요하다. 이야기의

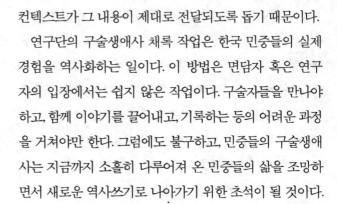

컨텍스트가 그 내용이 제대로 전달되도록 돕기 때문이다.

연구단의 구술생애사 채록 작업은 한국 민중들의 실제 경험을 역사화하는 일이다. 이 방법은 면담자 혹은 연구자의 입장에서는 쉽지 않은 작업이다. 구술자들을 만나야 하고, 함께 이야기를 끌어내고, 기록하는 등의 어려운 과정을 거쳐야만 한다. 그럼에도 불구하고, 민중들의 구술생애사는 지금까지 소홀히 다루어져 온 민중들의 삶을 조망하면서 새로운 역사쓰기로 나아가기 위한 초석이 될 것이다.

구술생애사 내용의 특징

스무 명의 연구자들이 만난 스무 명의 민중들의 삶의 모습은 그야말로 각양각색이다. 결국 마흔 명의 작업이기에 일사불란하게 구분을 지워서 통일된 내용과 형식을 갖추어서 낱권으로 만들어 내기는 어려웠다. 각 화자와 청자의 입장이 다르다는 점을 존중해 주어야만 구술생애사의 진면목이 살아난다. 또 한 개인의 생애가 마치 파노라마처럼 펼쳐지기 일쑤여서 이들을 특정한 집단에 분류하는 것도 어렵다. 예를 들면, 농사를 지으면서 이십 년, 장사를 몇 년 하다가 품팔이 노동을 하면서 이십여 년, 그 후 다시 농촌으로 돌아가서 농사를 짓는 일도 드물지 않다. 이러한 민중들의 생애를 어떤 기준을 가지고 분류할 수 있을까? 이들을 직업별 또는 계층별로 나눌 때 농민에 속할까, 상인에 속할까 아니면 노동자에 속할까?

구술자들의 이야기를 명쾌하게 구분짓기는 어렵지만

이들의 생업활동 가운데에서 공통점을 찾아서 묶어 주기
로 하였다. 마침 연구자들이 2차 연도 작업의 일환으로 민
중들의 생업활동에 주목하면서 구술을 받았다. 조사를 위
해서 사용된 생업활동의 분류는 농업, 어업, 노동, 그리고
상업이었다. 이러한 기준을 가지고 만난 사람들의 구술이
기에 이 책에서도 우선적으로 유사한 생업활동을 기준으
로 내용을 묶어 보았다. 그러나 한 동아리로 묶어 놓기는
했어도 그들의 생애가 유사하다고 보기에는 어색한 경우
도 많다. 이 점을 미리 알려서 독자들에게 양해를 구하고
자 한다.

　20인의 이야기를 크게 다섯 권으로 묶어 보았다. 첫 번
째 권『짠물, 단물』에서는 바다에 기대어서 한평생을 살
아온 네 사람의 이야기가 들어 있고, 두 번째 권『흙과 사
람』에서는 땀 흘리며 정직하게 땅을 일구며 살아온 네 사
람의 시골농사꾼의 기나긴 인생여정이 펼쳐진다. 세 번째
권, 『장삿길, 인생길』에서는 사회적으로 합당한 대우를
받지는 못했지만, 부지런히 그리고 최선을 다하며 산 상
인 또는 가내수공업자의 이야기를 담았다. 네 번째 권,
『굽은 어깨, 거칠어진 손』은 막노동꾼으로부터 전문직 노
동자에 이르기까지 모두가 힘을 다해서 산 네 명의 노동
자들의 생애이야기이다. 다섯 번째 권이 바로『고향이 어
디신지요?』이 책이다. 여기에서는 태어나서 살던 곳을 떠
나 낯선 곳으로 옮겨 살게 된 이주민들의 애달픈 이야기
가 실려 있다.

『고향이 어디신지요?』에서는 여러 가지 이유로 고향을 떠날 수밖에 없었던 사람들의 이야기를 모았다. 포항의 박경호, 나주의 여풍재, 평안도 피난민 연봉학, 그리고 만주에서 태어나 한국에서 성장했고 일본이 패망한 후 고국으로 돌아간 노무라 히로시가 이 책의 주인공들이다. 중국 산동성이 고향인 여풍재가 한국으로 들어와서 살기 시작한 지도 70년이 흘렀다. 그는 처음에는 군산으로 왔다가 다시 영산포에 자리를 잡고 포목점, 식당 등의 일을 하면서 살아왔지만, 한국 땅에서 화교로 살아가는 것이 얼마나 어려운지를 말하고 있다. 제2차 세계대전 이후 패망한 조국과 운명을 같이하면서 삶의 터전을 몽땅 잃고 일본으로 돌아간 일본인들—인양자라고 부름—은 조국에 가서도 쉽게 뿌리를 내리며 살기 힘들었다고 노무라 히로시는 회고한다. 일제시대 순사시험에 합격해서 고향을 떠나 도시로 나와서 교통순사일을 했고, 일본인들이 돌아간 후도 경찰을 했던 박경호는 당시의 혼란을 기억하고 있다. 식민지 아래서도 희망을 잃지 않고 도시로 나와서 경찰이라는 새로운 직업에 뛰어든 박경호의 생애이야기도 좋은 역사적인 자료가 된다. 한편, 고향을 등진 사람들의 전형은 월남인들이다. 이북에서의 터전을 모두 내놓고, 무작정 피난을 내려온 월남인들은 경제적 토대도 잃고, 가족, 친지, 친구도 잃은 채 새로운 삶을 개척해 나가야 했다. 이러한 질곡의 삶을 거쳐 나온 연봉학의 이야기 앞에서 우리는 숙연해진다.

독자들은 이들의 이야기뿐만 아니라 이야기와 관련된 사진들까지 곁들여서 볼 수 있으며 때로 구술자들이 소장한 사진이 없을 때는 직접 손으로 그려서까지 자신들이 걸어온 삶의 작은 부분을 드러내 주는 정성과 수고로움까지도 느껴 볼 수 있다. 그래서 이 책 속의 네 분이 자신의 생애이야기를 언어로만 들려 준다기보다는 온몸으로 보여 주고 있다는 것을 독자들은 깨닫게 된다.

구술생애사 구성 방식

구술생애사 채록작업이 화자와 청자 두 사람의 공동작업임을 보여 주기 위해서 이 책에서는 시각적으로 각각의 공간을 분리하였다. 화자가 말하는 부분과 청자가 들으면서 해설하고 해석하는 부분이 바로 그것이다. 민중생활단 연구단에서는 이곳을 구술자의 공간과 연구자의 공간으로 부른다. 구술자의 공간에서는 말하는 사람의 이야기를 될 수 있는 대로 그대로 드러나도록 하였다. 구술자의 사투리, 어눌한 말솜씨, 반복적인 내용 등도 독자들에게 그대로 전달될 수 있도록 하였다. 이러한 의도는 구술된 내용이 일차 자료로서의 기능을 유지하도록 하는 데 있다. 연구자의 개입을 자제하면서 구술자의 이야기가 잘 전달될 수 있도록 하는 것이다. 그러나 구술자의 이야기가 문자로 옮겨지면 대부분의 경우 가독성이 떨어진다. 구술이 문자로 바뀌는 순간 연구자들은 독자들의 입장에서 가독성을 생각지 않을 수 없다. 그리하여 이 책에서는 연구자들에게도 공간을 할애하였다. 연구자들이 독자들을 위하여 해설을 하기도 하고 주요한 내용을 뽑아서 간추리기도 하였다. 때로는 독자들이 이해할 수 없는 내용은 주를 달아서 친절하게 설명을 붙이기도 하였다.

이러한 구성상의 세심한 배려는 구술생애사가 단지 흥미로운 이야기의 차원을 넘어서 당대의 사회적, 경제적, 정치적 상황과 민중들의 인식세계를 알아볼 수 있는 사료가 된다는 점을 나타내기 위함이다. 이 구술생애사집은 각 개인들의 사적인 기억 속에 들어 있던 이야기들을 꺼내서 구술케 하고, 그것을 공적인 자료로 만들어 내는 데 그 목적을 두었다. 민중들의 구술이 개인적인 경험담의 범위를 넘어서서 당대의 문화를 보여 주는 자료집으로서도 기여할 것으로 본다.

이 책을 돋보이게 하는 생애사 연표와 좌담회 회의록에 대해 덧붙여서 설명하고자 한다. 생애사 연표를 작성한 이유는 두 가지이다. 하나는 국가적으로 중요한 일이 일어난 시점에 민중들은 어디에서 무엇을 하고 있었는가를 생각해 보도록 하는 것이다. 두 번째로는 각 구술자의 행적을 추적하면서 비교해 볼 수 있는 이점이 있다. 이 연표를 통해서 20여 명의 구술자들이 언제 어디에서 무엇을 하고 있었는가를 서로 대조하여 볼 수 있다. 이 책이 아니었더라면 한 장소에서 모두 만나 보기 힘든 사람들을 모아서 독자들에게 한꺼번에 만나 볼 수 있도록 한 것이 우리들의 임무이다.

이 책의 장점은 구술생애사를 표방하면서도 구술자료
에만 치중한 것이 아니라 사진, 기록 및 물증 자료를 최대
한 많이 수집하였다. 그 결과, 책에서도 다양한 볼거리를
제시하고 있다. 이 자료들은 구술자의 이야기를 보충하는
자료로 제공되고 있다. 물증자료 그 자체가 말해 주고 있
는 나름대로의 이야기도 있다. 또 독자들은 사진이나, 그
림, 가계도 속에 들어 있는 인물, 옷차림, 거리풍경, 건물,
집안의 물건 등을 통해서 구술자가 살아온 시대의 사회적,
경제적 상황을 알게 된다.

또 연구자들이 좌담회를 개최하면서 그 동안 생애사를
수집하는 과정에서 경험한 문제들을 허심탄회하게 논의
하였다. 그 좌담회의 내용을 여과 없이 실었다. 연구자들
이 현지조사를 나가서 구술자를 선정하고 그들의 이야기
를 듣게 되는 과정을 진지하게 논의하였다. 뿐만 아니라
생애사 수집이 끝나고 연구실로 돌아와서는 녹음을 풀어
야 하는 어려움도 맞닥뜨리게 된다고 고백하였다. 그리고
연구자들이 집필하면서 느꼈던 문제점 가운데 특히 구술
생애사가 자료로서 또 민중들의 진정한 역사서로 거듭나
기 위해서 짚어야 할 점들을 지적하였다. 이와 같은 연구
자들의 성찰적 자세가 구술생애사 연구를 발전시킬 수 있
을 것으로 기대된다.

이 책이 기획되면서부터 출판되기까지는 예상보다 많
은 시간과 노력이 들었다. 우선은 20명 개개인의 작업을
하나의 시리즈로 묶기 위해서는 크고 작은 문제를 해결해

야 했기 때문이다. 일의 성격상 일사불란하게 움직여지는 작업이 아니었다. 그러나 이 작업이 책으로 나올 수 있었던 것은 전적으로 박현수 교수님의 지도 아래 지난 2년 동안 동고동락하며 다져 온 연구교수들의 끈끈한 동지애와 팀워크의 결과였다. 또한 뒤에서 묵묵히 이 작업을 도와주었던 많은 연구원들의 노고도 빠뜨릴 수 없다. 그리고 마지막 공은 역시 출판팀에게 돌아가야 한다. 어렵고도 고된 작업인 줄 알면서도 선뜻 승낙하며 꼼꼼히 교열을 봐 주시고, 참하게 정성껏 꾸며 주신 소화가족들에게 감사드린다.

그리고 이 책을 만드는 데 가장 큰 공로를 세운 사람들은 바로 구술자 자신들이다. 연구자들이 수 차례 방문하면서 귀찮게 구는 것을 마다하지 않고, 자신들의 이야기를 진솔하게 해 준 구술자들에게 이 자리를 빌려서 다시 한 번 감사를 드리는 바이다. 지금까지 누구도 돌아보지 않았던 힘없는 민중들의 이야기를 듣는다는 것은 새로운 역사의 시작을 예고한다. 다시 말해서 역사의 민주화를 향한 노정이 시작되었음을 의미한다. 20세기민중생활사연구단의 이러한 역사적 사명감에 동조해 주신 구술자분들과 가족들에게 감사의 마음을 전하는 바이다.

20세기민중생활사연구단 공동연구원
함한희(전북대학교 고고문화인류학과)

일러두기

1. 책은 다음 순서로 구성되었다. 1) 책머리 2) 서론 3) 개인 생애사 구술 (①개인 약사 ②
   개인 가계도 ③개인 연보 ④개인 구술) 4) 생애사 좌담회 5) 20인 연보. 단, 좌담회의 경
   우, 본 생애사 시리즈 제5편 '고향이 어디신지요?'에만 실었다.

2. 생애사 좌담회는 생애사 구술 텍스트 작업에 참여한 20명의 연구자들이 구술 생애사
   에 관해 논의한 내용을 정리한 것이다.

3. 20인 연보는 생애사 구술에 참여한 구술자 20인의 연보를 하나의 연대기 속에 묶어 대
   비(對比)한 것이다.

4. 개인 생애사 구술 부분은 구술자의 구술을 중심으로 구성하였다. 그리고 독자의 이해
   를 돕기 위해 연구자 영역을 두어 용어나 자료 해설 및 핵심 구술 등을 첨가하였다.

5. 개인 가계도는 구술자의 상황에 따라 생략하기도 했다.

6. 구술은 최대한 구술자의 발음을 그대로 살렸으며 부분적으로 잘못된 사실관계나 이해
   불가능한 내용은 연구자가 바로잡았다.

7. 개인 구술 중 ( )는 구술자의 몸짓이나 표정 묘사, 사투리 해제 및 설명을 위한 부호이
   며 [ ]은 구술에서 생략된 말이나 이해를 돕기 위해 연구자가 첨가한 말의 부호이다.

8. 전문 용어나 부연설명이 필요한 단어들은 각주처리하였다.

경찰과 고아원 원장, 두 일로 90평생을 살아왔다

—박경호의 일과 삶

김일수(영남대학교 민족문화연구소)

구술자 박경호(남, 90세)는 1915년 경북 군위군 사직동에서 평범한 농민의 아들로 태어났다. 고향에서 초등학교를 마치고 법무사 일을 하는 할아버지와 농사짓는 아버지를 도우며 청소년기를 보냈다. 가정 형편이 크게 넉넉지 않은데다 취직을 원했던 어머니의 뜻에 따라 사회생활 준비에 많은 힘을 기울였다. 그때 청송군청에서 근무하고 있던 집안사람의 주선으로 청송군청의 임시직으로 근무하게 되었다. 그때 어느 정도 생활이 안정되면서 본격적으로 공직시험을 준비할 수 있게 되자 경찰시험에 응시해 합격하였다.

경찰교육을 이수한 뒤 대구경찰서에 배속된 박경호는 대구경찰서에서 2명밖에 없는 교통경찰이 되었고, 그 뒤에는 위생 사무를 담당하였다. 해방 후에도 대구에서 위생 사무를 담당하는 보안주임을 맡으며 경찰생활을 계속했다. 이 과정에서 대구에서 일어난 '10월 항쟁'을 경험하면서 성난 군중으로부터 죽을 고비를 넘기기도 했다. '10월 항쟁' 이후 포항으로 근무지를 옮겨 경찰생활을 할 때 국방경비대와의 충돌을 경험하였고, 또 좌익과의 충돌도 직·간접으로 경험하였다.

정부가 수립되던 1948년 9월에 경찰직을 사임하고, 포항에서 고아원을 열었다. 당시에는 일자리가 턱없이 부족했고, 굶주림이 심했던 터이라 거리 곳곳에는 정부에서도 어찌할 수 없을 정도로 걸인이 넘쳐 났다. 이들 가운데 고아들을 모아 고아원을 운영하기 시작하였다. 6·25전쟁이 터지자 7, 80명의 어린 원아를 데리고 경주 감포 쪽으로 피난을 갔다 오는 과정에서 큰 고생을 경험하기도 했다. 더욱이 사회복지정책과 지원이 크게 부족했던 시절에 고아원 운영은 그 자체가 고난이었던 것이다.

구술자 박경호를 통해 직장을 찾아 농촌에서 도시로 나오는 과정에서 도시화의 단면을 읽을 수 있다. 또한 식민지시대 경찰의 생활모습을 파악할 수 있을 뿐 아니라 이념적 공방이 거셌던 우리의 근현대사 속에 사회관계를 살필 수 있다. 특히, 구술자의 경험은 해방 후 '10월 항쟁'의 전개 과정의 전체적인 모습을 읽어 내는 데 큰 도움이 될 수 있다. 이 점에서 구술자의 생애사는 20세기 한국 사회의 사회관계를 파악하는 데 적절한 대상이 될 수 있었다. 다만, 구술자는 일제 강점기에 경찰생활을 했던 점에 대

"구술자의 경험은 해방 후 '10월 항쟁'의 전개 과정의 전체적인 모습을 읽어 내는 데 큰 도움이 될 수 있다."

▶ 구술자 박경호의 최근 모습

해서 어느 정도 역사적 죄책감을 갖고 있는 것으로 보였다. 더욱이 구술자에 대한 구술 작업은 노동, 농업, 어업, 상업 등 4개 부분의 생업을 중심으로 생애사를 연구할 때 누락되기 쉬운 중요한 근대적 직업을 포괄할 수 있다.

이 구술 생애사는 구술자의 사촌조카 이○숙의 소개로 지난 2004년 2월에서 7월 말까지 진행한 면접에 의해 이루어진 것이다. 추가 면담은 전화로 해결하였다. 90세의 나이에도 청력이 떨어지는 것 외에는 건강이 아주 양호하고, 기억과 화술이 정확한 편이었다. 특히, 구술자는 자신의 삶에서 '10월 항쟁' 때의 경험을 가장 크게 기억하고 있었고, 기록으로 남기고 싶어했다. 그 후 여러 차례 면접을 하는 과정에서 가족사항, 사진 기록 등을 제공받을 수 있었다.

박경호의 연보

1915년(1세)   경북 군위군 군위읍 사직동에서 1남 4녀 중 장
              남이자 외아들로 출생.

1936년(22세) 경북 청송군청에서 임시 고원으로 근무. 순사
              시험에 합격하여 대구경찰서에서 교통 순사로 근무

1945년(31세) 해방을 맞이함.

1946년(32세) 대구경찰서 보안(위생사무)주임을 맡고 근무중
              '10월 항쟁'을 경험. 포항경찰서로 전근하여 총무과에
              서 근무.

1948년(34세) 경찰을 사직하고 어린 거지들을 모아 고아원을
              차림.

1950년(36세) 6 · 25전쟁이 터지자 원생들을 데리고 경주 감
              포로 피난을 다녀옴.

2004년(90세) 현재 포항에서 포항어린이집 이사장.

할아버지가 요새 같으면 법무사요, 아버지는 사직동에서 농사짓고 살았어

군위읍에서 3km 떨어진 조그만 동네인 사직동에서 태어났지. 우리 어릴 때는 군위면이라 캤거든. 언제부턴가 군위읍이라 카데. 거기서 대정 15년(1915) 음력으로 11월 2일에 태어났제. 거기서 그렇지 농사짓고 할아버지가 요새 같으면 법무사요. 그때 군위에서 법무사는 할배(할아버지) 혼자밖에 없었다 카이. 그런데 할배가 우째해가(어떻게 해서) 사법서사 하게 됐는지는 나도 모릅니다. 할아버지가 할아버지 일로 내가 좀 거들어 줬다 카까(라고 할까) 독학하면서 할배 사무 보는 거 낮에 거들어 주고 그래 가지고 지냈죠.

농비는 할아버지가 도와주고, 일꾼을 말이야 큰머슴, 작은머슴 두 사람 거느리고 어쩡쩡한 입장에서 살았구만요. 내가 보기에는 농사지 가지고 여러 가지 제사, 우리가 5대 봉사를 모시걸랑. 그러니까 아버지는 항상 쪼달리지. 할아버지하고 아버지는 15살밖에 차이가 안 나. 할아버지는 13살 때 장개 가서 15살 때 우리 아버질 낳았다 말이지. [웃으면서, 허허허] 할머니는 [할아버지보다] 6살 만이야. 옛날에는 왜 그랬는지 알 수가 없어. 어릴 때 말이야. 집에 동네 할배, 할매(할머니)들이 마실[1] 오면 우리 할매가 할배와 혼인할 때 첫날밤 이야길 자주 해. [아이고] 첫날밤에 신혼 방에 들어가 할배가 술을 몇 잔 하시고 마 윗목에 그냥 쓰러져 잠이 들어 뺏다 카데(버렸다고 하데). 그래 할매가 신랑이 돼 가지고 할배를 바짝 들어다 요 우에 높이

1 일종의 동네 나들이를 일컫는 경상도 사투리.

고, 갓하고 도포를
벗기고 할매 옷고
름은 할매가 벗고
그래가 갔다 카데.
그러면서 저 영감
이 그때 날로 그
래 애를 먹인 기
라(거라) 카면서
옛날 애길 해요.
할매가 할배한테
빈정대는 소릴 자
주 듣고 그랬지.

◀ 구술자의 할아버지

　아버지는 사직
동에서 농사짓고 살았어. 아버지 형제는 두 분이었는데,
아버지가 맏이였어. 24, 5마지기 되지. 그때는 1마지기가
150평 정도 되지. 1마지기에 4가마니 정도 나오지. 대충
60kg 넣어서 1가마니 만들었지. 아버지도 일꾼이야. [아버
지는] 16살까지 한학을 배웠지. 일제시대가 되니 [한학이]
아무 쓸모가 없게 됐지. 그래가 또 할아버지한테는 [내한
테는] 증조모가 계셨는데 [그러니깐] 증조모를 옳게 모실
려면 장손이 살림을 맡아 살고 그래 가지고 자기는 사직
동에서 읍내까지 왕래하기 불편하니 조모하고 읍내하고
딴 살림을 했단 말이요.
　삼촌 살아 계셨으면 나를 대구로 보냈을 텐데. 삼촌은
청년단의 간부야. 삼촌은 군위청년단이라고 간판을 써 붙
여 가지고 말이야. 청년단원들이 조기회를 조직해 가지고
영차 영차 하며 동네 한 바퀴를 돌고 다녔지. 우리도 많이

▲ 구술자의 아버지

"그래 가지고
일본 사람들이 저거하는
와세다대학이라고 있거든.
조도전대학.
와세다대학에서 발행하는
중학강의록이라고 있어요.
그거를 받아 가지고 독학이죠.
독학은 나름대로 뭐
내가 했다고 생각합니다."

2 '호되게 당했지' 또는 '많이
   고생했지'의 경상도 표현.

따라다녔지. 그런데 삼촌이 면서길 했지만 반일사상이 강했거든. [청년회 활동으로] 동네 아이들한테 토론회를 열었지, 언변도 늘굴고(늘리고) 이론도 서게 만드는 술책인 것 같아.

삼촌은 22살 때 숙모가 아들 놓고 청춘 과부로 늙어가 죽어 뿟지. 내가 포항에서 모셨지. 내한테 있다가 죽었지. 삼촌 죽고 청년단에서 군위청년단 사무실 앞에까지 시체를 메고 영결식을 하는데, 청년단장이 눈물을 흘리면서 조사를 읽는 모습이 눈에 선하거든. 삼촌 죽고 집안이 크게 기울었거든. 내가 과부들한테 디일걸랑.[2] 그래가 할아버지가 벌은 돈은 마카(모두) 쌀 받고 된장 받고 해서 숙모한테 갖다 주었지. 그래가 집구석이 안 됐어.

어머니의 이름은 오ㅇ희인데 19살에 시집와서 37살에 죽었어. 내가 16살 때 엄마는 돌아가셨어. 내가 보기에는 농촌에서 병원이라고는 모르고 살았거든. 일본 놈 의사는 있었지. 내과는 전연 모르걸랑. 병원의 병자도 모르고 죽었어요. 우리 엄마 얘기는 말도 못해요. 내 밑에 여동생 4명을 줄줄이 낳아 놓고 죽었어. 막내가 2살, 3살밖에 안 되잖아. 막내가 늘 젖꼭지 먹고 자는 것이 버릇이거든.

[나는] 20살 때 결혼했고, [그때] 직업은 없었지. 머리에는 기름을 반들반들 바리고. 동백기름말이야. 동백을 짜 가지고 기름을 내고 말이야. 식용도 하고 머리에 바르기도 하고, 그래 가지고 늘 친구들하고 노래 부르며 놀았지 뭐. [아이고] 건달이지 뭐. [자세하게 쓸 필요는 없니더.]

결혼할 때 [부인은] 안동 권씨였어. [외할머니가 결혼을
서둘렀지] 우리 외할매는 의성 사람이야. 딸이 일찍 죽어
버렸단 말이야. 될 수 있는 대로 [나를] 외손자로 일찍 장
가 보낼라꼬. 그래야 장개 일찍 가야 된다고 말씀하시면
서 색시도 보고 왔는데 한 번 보라꼬 그랬단 말이야. 한 번
도 보지도 못하고, 누군지도 모르고 그래가 내뺄라 카다
가 어쨌던 장개는 가러개이 카는 바람에 할 수 없이 장개
를 갔지. [여기까지만 말하고, 머리 아픕니다.]

　22살인가 21살 때 나는 뭐시고 저 중학교도 못 마치고
아주 뭐 그런 면에서 영 무식한 편이지요. 그때 대구로 나
왔지요. 국민학교 6학년도 못 마치고 내 나름대로 독학이
라 카까 그러니까 그때 중학교 못 간 아들은 말이야, 중학
교 갈라 카믄 통신강의록도 없고 아무것도 없었어요. 그
때는 일제시대는 강의록은 있었다. 통신 뭐 공부한 저기

▼ 구술자가 말하는 와세다대
　학의 통신강의록 광고

없어요. 그래 가지고 일본 사람들이 저거하는 와세다대학
이라고 있거든. 조도전대학. 와세다대학에서 발행하는 중
학강의록이라고 있어요. 그거를 받아 가지고 독학이죠. 독
학은 나름대로 뭐 내가 했다고 생각합니다. [하하하]

니는 커거들랑 저런 데서 사무를 봐라

"직업이 없어 가꼬.
못 먹고 살아가 그러니깐
나는 말이야. 16살 때
죽은 우리 엄마하고
읍내에 갔거든.
쫄쫄 따라다녔거든.
그러면 말이지.
삼촌 집에 가거들랑.
할아버지, 할머니가
살았거들랑. 엄마는
병세가 있었다 칼는지 몰라.
'니는 커거들랑(커서)
저런 데서 사무를 봐라' 카는
말이 아직까지 잊혀지지 않아."

우리 [같이] 국민학교나 보통학교 졸업한 사람 갈 데가
없는 기라. 일도 하기 싫다. 그래 놓고 아버지 일로 거들어
드려야 되는데 우짜다가(어쩌다가) 거들지만은 밥 먹고 살
데가 없거든. 나이가 자꾸 많아지고 하니까. 유일한 보통
학교 졸업 맡은 사람은 면서기시험, 경찰관시험. 그때는
순사시험이라 캤어요. 면서기시험은 몇 회 군에서 저거를
하는데 경찰관시험은 1년마다 한 번씩 있었어요. 그러니
까 1년 있으면 나가는 숫자가 얼매다(얼마다) 얼매는(얼마
나는) 채용해야 되겠다 그런 게 있습니다.

직업이 없어 가꼬. 못 먹고 살아가 그러니깐 나는 말이
야. 16살 때 죽은 우리 엄마하고 읍내에 갔거든. 쫄쫄 따라
다녔거든. 그러면 말이지. 삼촌 집에 가거들랑. 할아버지,
할머니가 살았거들랑. 엄마는 병세가 있었다 칼는지 몰라.
'니는 커거들랑(커서) 저런 데서 사무를 봐라' 카는(하는)
말이 아직까지 잊혀지지 않는다 말이야. 먹고 사는 것이
제일 큰 원인이지만 엄마의 말이 크게 영향을 미쳤다고
봐야지. 그래가 시험을 봐 가지고 시험친다고 나름대로
공부를 열심히 했다 말이야. [허허허 역사가 많소.]

그때 소화 11년(1936)에 청송군청에 근무하는 친구한테

서, 그 사람은 친구지만은 우리 일가사람이라. 그 친구
가… "니 노니 청송군에 와가 임시 고원해 볼래" 카대. 그
때 돈으로 하루 얼맨도 모르겠다. 잊어뿟네. 하루 1원인가.
"임시 고원 하고 싶나 하고 싶거든 와가 해 봐라" 그래 가
지고 그러면 간다. 청송까지 간다 캐가 임시 고원 하고 있
었죠. 그라다가 경찰관시험이 전에부터 머리에 딱 박혀가
있는데 [있던 터에] 임시 고원 하면서도 공부를 했죠. 그라
고 [와세다대학 방송용] 중학강의록은 집에 있을 때 다 띠
고 그래 가지고 한 번 보이까네 청송경찰서 앞에 옛날 같
으면 방이 붙어 있는 기지. 그래가 시험 봤심니더. 그러이
까 문제는 1문젠데 경상북도 경찰국이 있거든. 국에서 전
국 각 경찰서에 내눴는 시험 문제집이 있거든. 시험 문제
가 있단 말이라. 시험 보기 직전에 딱 끊어서 노나가(나누
어) 주는 기라요. 문제는 1문젠데 경찰서에 나중에 알았는
얘기지만 전부 5백 4십 명이 지원해 가지고 30명이 합격
을 했는 거라요. 30명이.

그래 가지고 합격했는지 떨어졌는지 알 수 없이 지내고
있다니까 통지가 왔는데 신체검사 보러 오라 카대. 그건
어데서 보러 오라 카믄 안동경찰서 오라 카는데, 청송
은 안동서 개잡거든(가깝거든). 그래가 안동경찰서에 내일
같으면 오늘 가는 거지. 오늘 가 가지고 여관에 잘 줄도 모
르고 밥을 사 먹었거들랑. 점심도 사 먹고 저녁도 사 먹어
야 되니까 밥집에서 자라 캐가 돈 주고 잤지. 고 이튿날 안
동경찰서에 집결되었는 기라. 사방서 모집되었는데 예천
사람, 김천 사람, 의성, 경북 북부 청년들이 합격되었는 사
람이 모였단 말이라.

대구는 대구대로 모이고 아마 2군데밖에 안 모였지 싶

어. 잘 몰라. 거기서 뭘 하노 할 거 같으면은 쪼치바리(달리기)부터 먼저 시켰는 기라. 안동경찰서 뒷마당에 운동장에 그래 가지고 쪼치바리로 10사람씩 10사람씩 해 가지고 말목을 박아 놓고 말목 바깥으로 쪼차라(달려라) 카는 기라(라고 하는 거라). 구보라 카나 쪼치바리. 내가 또 1등 했거든 쪼치바리(달리기)도 10명 중에 1등. 또 그 다음에 20명, 30명 해가 1바꾸(바퀴) 돌아라 카거든(라고 하거든). 그것도 내가 1등인가, 2등했거든. 다 마쳤다.

조금 쉬고 있는데 교실에 들어오라 캐가 교실에 들어갔거든. 시험관이 저거 하는 기라. 면접시험이라 칼까. 그때는 구술시험 캤는데. 앉았으니까네 이름 부르는 대로 들어갔다. 시험관이 한 서넛이 앉았어. 들어오는 태도부터 머여(먼저) 보는 기라. 그런 거 알고 우리는 들어가거든. 인사하고 의자에 앉는 방법, 각도. 이래 앉는다든지 이래 앉는다든지 하는 것도 생각해가 가는데 그래 앉았다. 그 다음에 그 사람들이 묻거들랑. "경찰관이 왜? 될라 카느냐(하느냐)." "경찰은 치안을 유지하고 거리에 머라 카고(무엇이라 하고) 불량배들을 없애고." 그런 게 있어요. 시험 보는 사람 그런 거 싹 다 알고 있어요. 그래 가지고 한마디로 해서 "거리에 재판관입니다" 카고(라고). 가족사항은 어예(어떻게) 되노. 또 장개(장가)는 갔느냐 안 갔느냐. 형제는 몇 형제가 되느냐. 집에는 뭘 먹고 사느냐를 묻길래. 할아버지가 사법서사 그때는 사법서사라 캤거든. 아버지는 농사짓고 그래 삽니더라고 말했지. 그래 묻는 시간은 한 10분밖에 안 걸려. 좋다 나가라 캐가 나왔다.

그래가 다 왔는 사람 신체검사에 합격했는 사람만 했지. 그 외는 다 가라 캤지(가라고 했지). 신체검사 합격한 사람만이 구술시험 보고 그래 구술시험 본 뒤에 1시간쯤 바라꼬(기다리고) 있었다. 봉투지에다가 종이가 들었는데 봉해가 있으이 이거는 집에 가가 뜯어 보지 중간에 뜯어 보지 마라 카대(말라고 하데). 뭔지 궁금해가 집에 가가(가서) 볼 여가(틈이) 어딨노. 그래서 우선에 가다가 길가에서 뜯어봤거든. 뜯어 보이까네 경찰관 시험 합격자 통지서대. 요새 같으면 뭐라 카노(무엇이라 할까) 그때는 일본말로 고로와에 카는데(하는데) 합격자가 지키는 일 이런 거 써 놨는 기라. 우선에 합격되었으니 그래 알고 언젠가 경찰관 교습소에 입교한다. 그때 3개월 교육을 받아야 돼. 3개월인가 4개월인가 모르겠어.

올 때는 이불하고 뭐하고 가와야(가지고 와야) 되고 그거 다 쓰여 있어요. 가을에 한 10월 달에 발표됐는데 우리[는] 1월 8일 날 오라고 해. [대구]사범학교 앞에 경찰관 교습소 [해방 후] 남대구서 하는 자리가 교습소라. 사범학교 길이 있고 왼쪽 동산동 쪽으로…. 30명 합격이라. 30명 합격인데 머 몇이 합격인지 그때는 모르죠. 1월 7일 날 가 가지고 1월 8일 날 입교식을 하거든. 입교식 할 때는 거창하게 경찰국에서 고관들하고 금테 두른 사람들이 몇이가(몇 사람이) 와 가지고 참석하더라. 칼도 지다한(긴) 칼도 차고. 자네들도 이렇게 된다 이런 식이지 말하자면 하하. 몰라도 합격식을 하고 그 다음에 인제 누워 자는 방이 3개 있어요. 방이 3개 있는데 1번, 2번, 3번 같으면 한 방에 10석(씩) 그래 하대. 고래가(그래서) 날로 반장시키는 기라. 1반 반장을. 이놈의 자식들이 날로 와 반장시키는고. [혼자 말로] 내가 촌사람인데 그랬다고. 반장하라 칸다고 반장하고, 잘 때 말이야 '총원 10명 이상 없음' 카고 '사고가 있

으면 머 병원에 갔음 카고' 그거이 반장 하는 일이거들랑. [웃으면서 하하하]

그래 3달, 4달, 4달 교육이지 싶은데 하이까네 하기 전에 시험 많이 친다 카고 법률시험 많이 치는데 내한테 시험을 중간시험을 많이 친다. 해 먹기도 어려워요. 국민학교 나온 자격 가지고. 그래도 예비적으로 강의록도 보고 책도 보고 했는 때문에 많이 저게(도움이) 됐지. 딴 아들은 보면 말이라. 10명이 한 방에 자거든. 중간에는 신 신고 댕기고 이쪽으로 누워 자면 침대고 저쪽에 누워 자면 뭐야 침대자리 뭐야 다다미 깔아 놓고 여쪽에 5명 자고 저쪽에 5명 자고. 이불로 덮어쓰고 건전지 사가 이불 속에서 공부한다고.

마카(모두) 촌놈들이거든. 화장실 가다 이불 속을 보면 이불 안에 환하다고. 무슨 심보로 나는 공부를 안 했는지 모르겠어. 시험을 쳤으면 더 나았는지 모르지. 그 다음에는 저저 졸업할 시간이 다 되어가니까 어느 경찰서 갈래 이 카거들랑. 나는 의성에 외갓집이 있어서 외할머니가 날로 걱정해 주셔 가지고 나는 의성 갈란다. 의성이 큰 고을이라. 18개 면이라. 우리 군위 같으면 8개 면뿐인데 의성 갈란다 카고. [그런데] 졸업하고 니는 대구 가거라[고 발령을 받았어]. 대구 가는 아들이 다섯이라. 그중에 사범학교 맡아 가지고 선생질 하는 놈 있거들랑. 김○곤이라고. 그 사람은 박○희보다가 1년 선배쯤 될 끼라. 선생질 하다가 순사질 하고 싶어서 하는지 심보를 모르겠어. [무슨] 자극을 받아가 그랬는지. 또 중간에 시험 안 치고 빽으로 들어온 사람도 있다. 빽으로 왜놈들이 한두 놈 밀어 주는… 그래가 들어오제 재판소 말이야 요새 같으면 지방

"대구 가는 아들이 다섯이라. 그중에 사범학교 맡아 가지고 선생질 하는 놈 있거들랑. 김○곤이라고. 그 사람은 박○희 보다가 1년 선배쯤 될 끼라. 선생질 하다가 순사질 하고 싶어서 하는지 심보를 모르겠어. [무슨] 자극을 받아가 그랬는지. 또 중간에 시험 안 치고 빽으로 들어온 사람도 있다. 빽으로 왜놈들이 한두 놈 밀어 주는…."

법원 재판소 서기라 서기가 고게 [무슨 생각에] 경찰관 하고 싶노. 그거도 빽으로 들어왔는 기라. 한국 사람인데 임○건이라고 이름도 안 잊어뿐다(잊어버린다). 키도 쪼매하고(작고) 볼품도 없는데, 칼을 차면 칼이 질질 끌릴 정도로 [작았다]. 재판소 서기 해 봤지 지나 내나 별 생각하고 뭐이래. 그때는 논문을 갖다가 작문이라 캤거든. 작문 짓는 것도 별것도 아닌데 빽으로 들어와가 그건 또 와 순사하고 싶노. 재판소 서기 한 사람이.

그 사람들은 촌으로 가 뿌고(가 버리고) 조금 성적이 좋다고 하는 사범학교 나온 사람 선생질 하고 나왔다 카는 사람. 김○곤 카는 사람. 김○곤이 하고 김○공이 일본말로 김○공이다. 내하고 영일(迎日) 사람 두어키(두어 명) 하고 부산 사람 하나 하고 대구서 배치라. 그래가 내 같은 촌 사람들은 어리어리 하거들랑. 내재(나중에) 차차 알고 보이(보니) 성적이 좋았다. 대구에 마사와도(와도 또는 배치되어도의 경상도 표현) 괜찮다 그런 생각이라.

그런데 경찰에 있어 보니께 공부를 해야지 출세가 되지, 공부를 안하이 그러니까 저 승진해가 계급이 올라가야 돼. 나이가 40이다 50이나 되는 사람이 그때는 콧수염이 이래 되는 사람들이 까딱거리며 댕기는(다니는) 거 보이(보니) 조금 처량할 지경이라. 하빠리(하급) 순사짓 한다고 하는데 내가 5년 해 봤거든. 해 보이께 이거 계급 안 올라 가믄 아무짝에도 못쓴다 싶어서 열심히 공부를 했어. 방장 속에 들어가서 모기가 앵앵거리도 공부를 하이 되대. 봄부터 시작해가 [시험을] 쳤나 여름 거쳐가 가을에 순사부장시험, 한 계급 더 높은 거 요새 같으면 경사시험이라. 그래 가지고 [시험을] 쳤다. 그것도 구술시험이 있어. 그래 가지고 합격했는 사람은 경찰국으로 모이라. 그때는 경찰부라 칸다. 그래 또 갔다. 가 가지고 내가 교통순사를 했거든.

교통순사는 왜놈 한 사람하고 내하고 둘뿐이다

그때는 내가 또 체격이 괜찮았어. 교통순사 왜놈 한 사람하고 내하고 둘뿐이다. 대구 시내에서는 어디서 하노 칼거트면(근무하는가라고 하면) 구 도청 앞에 거 [조선]식산은행³[대구 지점]이가 식산은행 십자로에서 요만한 담벽으로 돼 있는 담을 만들어 가지고 담 위에 서가(서서) 이래 가고 저래 가고 할 거는 뭐 있노. 그때 자동차가 몇 대 있다고, 아무것도 할 게 없었다. 일본 놈 상관들이 자동차도 없거들랑 걸어서 꺼떡꺼떡 했제. 경찰국이라는 게 구(舊) 도청 안에 들어가 가지고, 오른쪽에 경찰국이 그 머 출근하고 하는데 교통순사들이 할 일이 없으이께(없으니까). 순사부장시험을 봐 가지고 후속시험을 보는데 그놈 꺼떡꺼떡 댕기는데 그 사람이 구술 시험관이라. 그래 보이까네 1달 쯤 있으니까네 합격 통지서 왔대. 좋더라.

그때 첫 순사 때 월급이 35원, 1년에 1원씩 올라가요. 2년 하면 36원 3년 하면 37원. 내가 하숙을 했거들랑. 대구 경찰서 앞에 경일여관에서 하숙을 했어. 나중에 살림도 했지만은 경일여관에 하숙비가 [1달에] 15원이라. 15원. 그래 그 할 만하네. 그때 구두 1켤레가 8원이라. 양복 1벌에 [값이] 30원이라. 촌아가(시골 출신의 아이가) 양복 있나 월급 받는 거 가지고 그때나 지금이나 장삿꾼이라 카는

3 지금 경북도청 자리는 경상감영이 되어 있으며, 조선식산은행은 상업은행 대구 지점이 되어 있다. 상업은행 대구 지점의 건물은 식산은행 대구 지점의 건물을 그대로 활용하고 있어 원형이 잘 보존되어 있다.

거는 묘한 기라. [신분이] 틀림없으면 월부도 준다 카거든. 1달에 뭐 2원씩인가 3원씩 줬어요. 네쿠다이(넥타이) 핀도 카우스 보톤 카는 기 있고, 전부 다 외상으로 [준다] 틀림없다 카이. 순사질 하면 신분도 틀림없으이. 그래 가지고 근 1년 동안 전부 35원이야. 양복 값하고 넥타이 값하고 구두는 따로 사지만 말이야. 구두는 수선구두 신고 댕겼지. 그래도 신사구두 신어야 되거든. [웃으면서 하하하.] 그런 세월이 다 있었어. 그라고 살림하는 사람은요 마누라하고 아 새끼(자식) 하나 둘 낳아 사는 사람은 말이야. 겨우 사는 기라. 저거

▲ 일제시대 경찰생활 때 동료와 함께 찍은 금오산 등정 기념사진

집에서 쌀 쪼매 보내 봐야. 다문(얼마만큼) 쌀 1말 2말 보내봐야 살지. 그라고 또 뇌물로 좀 먹어야 되는 기라. 뇌물로. [그런데] 뇌물로 먹을라 캐도 평순사한테 누가 주나. 젤(제일) 거지 한 가지라(마찬가지라). 그래 가지고 무슨 일이 생겼다. 가령 무슨 사건이라 카꼬(할까). 무슨 사건이 생겨 가지고 머 순사한테 부탁하면 과자 1봉다리(봉지) 가져온다든지. 고구마도 없다. 겨우 사는 거라.

평경찰은 5, 6년 했죠. 5, 6년 하는 가운데 교통경찰은 한 2, 3년 했죠. 그때 교통경찰 신났대이. 지나가는 처자들 마카(모두) 청치마도 보고 그 재미도 있고, 또 교통경찰이 말을 관리했는 기라. 대구 경찰서에도 말이 1마리 있었어. 말여물 썰이고, 말 머(무엇) 씻기고 하는 거는 다테이라고

"그때 첫 순사 때 월급이 35원, 1년에 1원씩 올라가요. 2년 하면 36원 3년 하면 37원. 내가 하숙을 했거들랑. 대구경찰서 앞에 경일여관에서 하숙을 했어. 나중에 살림도 했지만은 경일여관에 하숙비가 15원이라. 15원 그래 그 할 만하네. 그때 구두 1켤레가 8원이라. 양복 1벌에 30원이라."

말 마자하고 곰배 정자(馬丁). 아니 제일 상놈을 머라 카노. 우리나라 소 잡던 상놈 말이야. 백정. 백정할 때 정자가 곰배 정자 아이가. 말 백정이거든. 말에 붙어가 말 1마리 있는데다가 말 백정이 만날 먹이고 하는데다가 우리는 타고 다니는 왜놈 둘인데 왜놈 그인뜨라는(그놈은) 퉁퉁한 기 유도 선수다. 3단이고 3단이면 선수다. 타 봤자 가다가 말 내리면 내가 타고 댕기고 하하 우스개 얘기지만. 무슨 대회 같은 거 대구 시내를 걸을 수 있는 큰 대회 같은 거 하면은 순사가 말로 타고 다닌다. 보통 타는 말은 [손으로 높이를 가리키며] 요만(이만) 한데 요서(여기서) 요만한데 이놈은 머라카노(무엇이라 할까) 기마경찰 칼은 더 질다(길다). 말 위에서 타니까. 마카(모두) 쳐다바(쳐다) 본다. 쳐다바 보는 재미로 하는 기라. 돈 생기는 거는 하나도 없고. 젊은 세월[을 다 보냈거든].

그라다가 내가 순사부장이 됐거든. 한 계급 더 올라가가 외근 감독이라는 게 있어요. 대구에는 파출소가 13군데 있는데. [경찰서는] 대구경찰서 하나뿐이고, 남대구서도 없고 할 땐데 13군데 파출소를 돌아다니는 감독자가 있는데 그건 뭐라 칼거트면(하느냐 하면) 외근 감독이라. 파출소 직원들 감독하고 하는 또 외근 감독 일이라. 외근도 있고 우리도 있고. 그때 말로 순사부장은 둘인가 서인가 있고, 왜놈 순사부장은 다섯인가 있었어. 그라다가(그러다가) 한 계급 더 올라가면 경부보라 카거든(하거든). 요새 같으면 경위지. 시험을 쳤는데 해방 돼가 붙었는지 떨어졌는지 모르지. 그래가지고 저 해방 돼 놓으이 오래 백성들 원망이 많은 형사들. 고등계 형사들은 절딴(큰일) 나거든. 막 뚜드리(두드려) 패고. 그때 최석현[4]이라고 하는 유명

4 그는 일제시대 경북경찰부 고등계에 근무한 한국인 경찰로서 민족운동단체나 주요 인사를 검거한 경력을 가지

한 고등계 형사, 그 사람 경찰국에 있었죠. 나이가 우리보다 훨씬 많아요. 그 사람 아마 봉화 사람인가 그럴 거요. 사상가 잡는 게 1등이라고요. 대단한 사람이라 그 사람. 키도 크고 그랬는데. 해방이 되고 아마 [경찰을] 치우고 고향으로 갔든지 어디로 내뺐겠지. 그라고 이○우 알죠? ○우는 우리보다 1기 늦은 사람이요. 내가 45기 출신이거든. 경찰 뭐 강습소라 카나 교습소 45기 출신인데 ○우는 46기지. 헤헤. 영천 사람 금호장군이라고 알아요? 국회의원했어요. 김○도. 김○도도 내보다 1기 김대우하고 동기생이라. 순사질 해 먹다가도 국회의원 데리고 가면 자유당 때….

고 있어 악질 고등계 형사로 명성이 높았던 인물이다.

내가 30살 때 해방이 됐거든, 아따 거 참 눈에 환하다

내가 21살 때라. 처음으로 경찰관이 됐거든. 돼 가지고 내가 30살 때 해방이 됐거든. 1945년이라. 요게 46년이니까. 우리 경찰관 할 때. 내가 순사질 할 때 소화 12년(1937)라. 처음 교습소 갈 때가. 소화 12년에 경찰관에 돼 가지고 소화 20년(1945)에 일본 놈이 졌다 이 말이라. 해방 됐다고. 소화 20년(1945)에 1945년.

아따 그래 며칠 전에 2, 3일 전부터 라지오(라디오)로 천황 폐하 머라 카디라(무엇이라고 하더라), 그거를 중대 뉴스가 있으니까 꼭 들어 봐라고 하데. 2, 3일 전에 낮 12시에 일본아들(아이들)하고 한국아들하고 커다란 강당에서 뉴스라 캐도 그때는 일본 놈들이 거짓말을 많이 해가 어

"아따 그래 며칠 전에 2, 3일 전부터 라지오(라디오)로 천황 폐하 머라 카디라(무엇이라고 하더라), 그거를 중대 뉴스가 있으니까 꼭 들어 봐라고 하데."

데 점령했니, 어느 섬에 우예(어떻게) 했니, 어데 큰 전과가 나타나 가지고 뭐 그런 사건이 났는갑다 카고 했는데, 제일 첫 말이 말이야. "짐은 이제 전쟁을 종식한다." 첫말이 그 말이라. "짐와 고고니 타다카이오 슈우료 스으." 짐은 여기서 전쟁을 종료한다 그 얘기라." 우리 아들하고 일본 아들하고 섞어 가지고 의자도 없고 듣는 거 아이가. 한국 사람들끼리는 눈과 눈이 마주쳐 가지고 윗지(웃지)를 못하고 눈과 눈이 마주치면 좋다 카는 기고, 안 그라면 일본 아들은 막 눈물을 흘리고 발을 동동거리고 그런 법이 있나 카고 말이야, 고함을 지르고 하는 놈도 있고, 말없이 듣고 있는 놈도 있고 얼굴이 새파란데 말이야. 아따 거 참 눈에 환하다. 그래 가지고 그날 오전 12시에서 12시 땡 하고 주다이 뉴스 중대 뉴스 한다 카고 어떠컴(얼마나) 좋든지 간에 마카(모두) 칼이고 옷이고 벗어 내삐리고(내버리고) 사복을 해 입었다.

내가 잘 가는 보험회사 사장 하는 사람 있어. 보험회사 미쓰이 세이메이라고 삼정. 석삼(三)자 우물 정(井)자 생명 경상북도 지점장입니다. [구술자의 친척이 '세다'라고 하자] 세도 뭐 개코도 사건이 있어야, 뭐시가(무엇이) 있어야 되제 보험을 모집해가 와야지. [웃으면서 하하] 김○로 씨라고 여기 국회의원 했어. 아주 친하게 잘 지냈어요. 김○로한테 내보다 10년 장인데 어떤 직(때)에는 내가 말을 나하고(놓고) 어떤 직(때)에는 하소 하고 이래 지내는 사인데. 그래 가지고 뭐라 카노 왜놈 졌다 내하고 같이 가자 자전거 타고 대구 안지랭이 [무슨 공원 돼가 있나] 안지랭이 물탕까지 가는 기라. 그때 [그곳에는] 전신에 밭이고, 집도 없고 있어 봤자 쪼그라진 집 1, 2채 있고, 물 먹으로 오는 여자 남자 몇이 5, 6명 되는 사람이 물로 먹고 있더라고.
그래가 우리 가가 (가서) 자전거를 비탈에 디따 (즉시) 놓고
둘이가 고마 "조선독립 만세" [하며] 둘이가 고함을 질러
가 물탕 사람들 놀래가 이 사람들 미쳤나 어떤 시국인데
조선독립 만세 하노 카고 말이야 눈이 둥그레져가 "와이
카는교 와이카는교 잡히 갈랑교"(왜 이러십니까 왜 이러십
니까 잡혀 가실렵니까) "이제 뭐 12시에 일본 천황이 졌다
고 항복했다 고함을 질러도 괜찮다. 당신들도 조선독립
만세 하라고." 그래가 만세 [불렀던] 그기 생각키네. 그래
자전거 타고 죽 저리 해가 큰 장터⁵로 해가 전기가 와가
있더라. 어둑어둑하고. 어떠컴 좋든지.

내가 해방 돼 가지고 경위로 승진했어요. 경위. 누런띠
금띠 두르는 경위로 승진해서 대구경찰서 보안주임을 했
어요. 보안주임 할 일이 뭐고 칼거트만(무엇인가 하면) 그
때는 위생 사무가 요새는 시청에 안 있습니까 위생 사무
가 경찰에서 봤어요. 그게 경찰에 있었어요. 위생 사무라
칼거트먼 여관, 음식점 허가, 위생, 여관, 호텔 그런 거 위
생관계 사무를 경찰에서 봤는데 그라고 저 고물쟁이, 전
당소 허가를 경찰 보안계에서 보는 건데 보안계에서 위
생계도 보고 이제 말한 허가도 보고 본연의 자세 보안이
라 카믄(하면) 순 사무 본다. 그러니까 보안주임이지. 보안
주임.

그 당시에 대구역 앞에 유명한 여관이나 음식점은 말이
지. 왜놈 여관. 왜놈 싹 가 뿌고(모두 가 버리고) 한국 사람
이 차지해 가지고 우예(어떻게) 차지했는지 차지해가 있고.
여관으로 한국 사람 여관은 요리집은 금호관이라고 있어.
금호관. 기생 불러 놓고 뚱땅뚱땅 두드리고. 요새도 금호

*"안지랭이 물탕까지 가는 기라.
그때 [그곳에는] 전신에 밭이고,
집도 없고 있어 봤자
쪼그라진 집 한두 채 있고,
물 먹으로 오는 여자 남자
몇이 5, 6명 되는 사람이
물로 먹고 있더라고.
그래가 우리 가가(가서)
자전거를 비탈에 디따(즉시)
놓고 둘이가 고마
'조선독립 만세' [하며]
둘이가 고함을 질러가
물탕사람들 놀래가
이 사람들 미쳤나
어떤 시국인데
조선독립 만세 하노 카고
말이야 눈이 둥그레져가"*

*"이제 뭐 12시에
일본 천황이 졌다고 항복했다
고함을 질러도 괜찮다.
당신들도
'조선독립 만세' 하라고."*

5 대구에서 가장 큰 서문 시장
을 일러 대구 사람들이 하는
말이다.

호텔 있지요 그 자리라. 그리고 중앙파출소 옆에 무슨 여관이 있었는데 여관 이름 잊었다. 여관이 아니고 요리집 있었는데. 하도 오래 돼가 잊어버렸어.

(혹시 도수원은 기억나십니까?) 기억이 안 나는데. 기생은 말이야 우리 한국 사람 기생질 할라 카믄 3년을 공부해야 돼. 해방 뒤에 내가 보안주임할 때 자꾸 달성권번 하나만 있으면 되는데 누가 자꾸 저 대구권번 하겠다고 말이야 나는 뭐 허가 안 해 줬거든. 그리고 그 뒤에 내가 치우고 나서 됐는지 알 수 없어요. 순사 하던 놈이 대구권번 한다고 꺼떡거리고. 그런 일이 있었고 대구권번은 해방 뒤에 됐고 달성권번은 옛날 전통이 있는 달성권번 출신이다.[6] 유명한 지금은 다 죽었지만 창 잘하는. [녹주인가] 대구 사람이라 카더라만은(하더라만은). 전국으로 유명했지. 죽었다만은 나이가 우리보다 조금 적을 거야. 4, 5세 적지 싶은데. 마 그런 깁니다(것입니다).

머 10 · 1 사건 물어보소

머 '10 · 1 사건'[7] 물어보소. 이거 써 놨는 거는 하나도 거짓말 없고 틀린 말 없다.

(그때 좌익의 중요인물들을 몇 분을 거론하셨던데. 좌익세력의 중요 인물 기억나시면 말씀해 주십시오.)

이상훈, 신달수 머 그런 게 있어요. 여기도 가다가 간간이 쓰여 있지 싶은데. 이상훈 영감은 만날 한복 입고 약간 곰보거든. 할 일도 없이 돌아다니다가 해방 되고 이튿날인가 사나흘 지나니까 경상북도 지사는 이상훈이 된다.

---

6 일제시대에 대구에는 대구권번과 달성권번이라는 2개의 권번이 있었다. 대구권번은 일본인이 운영했고, 달성권번은 한국인이 경영한 기생 조합이었다. 여기서 구술자가 언급하는 권번의 이름은 일제시대의 그것을 잘못 말하고 있는 것일 수도 있다.

7 10월 항쟁에 대한 연구는 그 사건이 해방공간에서 갖는 역사적 의미에도 불구하고 연구가 많이 진행된 것은 아니었다. 그에 따라 1946년 가을 대구를 중심으로 일어난 이 사건에 대한 명칭이 '10 · 1 사건', '10월 폭동사건', '10 · 1 폭동', '영남 폭동', '10 · 1 소요' '46년 가을 폭동', '10월 폭동', '추수 폭동', '10월 인민항쟁' 따위에서 나타나듯 역사적 평가도 그만큼 편차가 큰 편이다. 이 명칭에 대해 당시 미군정 관계자는 '소요'로, 우익은 '폭동'으로, 좌익은 '항쟁'으로 표현했고, 학계의 평가를 크게 구분해 보면 '항쟁' 또는 '폭동' 따위로 나눌 수 있다. 10월 항쟁은 해방 후에 일어난 처음의 대규모 민중봉기였으며, 전국 각 지역으로 번져 나갈 만큼의 영향력을 보

◀ '10월 항쟁'을 주도했던 당
시 전평 대구시위원회의 건물

떠도는 소문이라. 신문에 난 것도 아니고. 대통령이라카나
대통령은 여운형이 된다. 이 박사 말도 없을 때라. 김구 선
생은 아직 중국서 안 들어왔고 이 박사도 미국서 안 온 시
대라. 이러쿵 저러쿵 유언비어라 카까(할까) 떠돌았죠. 또
뭐 물으소. 거 읽어 보면 다 안다.

　(힘드시겠지만 말씀을 좀 해 주시면 좋겠습니다. 그러
면 이렇게 여쭤 보겠습니다. 그 당시 특경대라는 것이 있
었지 않습니까.) 특경대. 특경대는 일제시대는 없었고 해
방 되어가 가지고 10 · 1 사건 뒤에 생긴 거요. 생겼는데
그러니까 특경 대장은 [자신이 쓴 글을 가리키며] 여기 있
제. 이ㅇ학인가. 이 뭐로 있는데 그 뒤에 치안국장했다가
경찰총수 했다. 내보다가 나이도 한 4,5세 적은 안데 말이
야. 내가 대구서에 보안주임할 때에 자가(그 사람은) 특경
대장으로서 대구서에 근무했다 이 말이라. 이 뭐고 자유

여 주었다. 특히, 10월 항쟁은
미소공동위원회가 결렬된 상
태에서 미군정의 대한정책이
좌우합작노선에서 한국인화
정책으로 변화하는 가운데
일어났다. 또한 좌익의 대미
노선이 우호적 입장에서 비
판적 입장으로 바뀌는 '신전
술'이 나온 뒤에 일어났다.
이렇듯 10월 항쟁은 해방 후
국내 정치 상황이 크게 바뀌
는 과정에서 미군정의 식량,
치안정책에 대한 불만과 좌
익이 대중을 동원하여 총파
업을 주도하는 과정에서 충
돌하여 일어난 것이었다. 결
국 10월 항쟁은 해방과 함께
개혁되어야 할 사회구조가
미군정에 의해 현상유지 또
는 재생산되는 것에 대한 저
항이었다.

당 때 경찰에 최고 총습니다. 특경대는 폭동 나면 진압하는 일이죠. 10월 사건 뒤로는 이름만 있었지 사실은 활동도 못했어요.

10·1 사건이 났을 때 총격전이 벌어졌다고 소문만 시가전이 벌어지는 거는 못 봤고. 나는 잘 모르고 들었지. 사건 발단은 그 전날 [10월 1일] 났거들랑, 고 전날 나가(일어나) 좌익들이 큰 군중대회를 대구역전[8]에서 했어요. 여기도 있지만은 최 무슨 한길(실제는 최무학)이 모르겠고 여하튼 말이야. 대구경찰서에는 우리 친군데 같은 계원인데 그 사람들이 저 시국이 하소연하니까네 전부 주요한 데를 갔다가 경찰이 미리 가가 경비를 합니다. 주요한 데를 경비 보내는 사람은 내라. 내가 대구에 지리가 환하거들랑. 대구 출신이고 하니까. 대구가 환한데 아직 묵으면 대를 편성해가 니는 역전에 가가 지키라 철도 지키라. 니는 변전소 지키라. 니는 수도산 지키라. 누가 어느 놈이 약을 탈지도 모르니까 수도산 안 있나 지키라 그랬어요.

그게 이제 10·1 사건 당일 날도 소연하니까 아침을 일찍 믹이가(먹여서) 대구역을 지키라고 보낸 사람이 한 20명 되는가 몰라. 내가 직접 니는 어디로 가라 대장은 누구다 이래 했는데 여게 [10·1 폭동사건과 내 쓰인 바와 같이 그날 사람 때리(때려) 죽이고 어짜고(어쩌고) 하는 날은 말이야 의전학생들이 앞장을 서 가지고 해 놓으까네 중고등학생도 쭉 하제 [곧장 따라하는 것이야] 경찰이 총 가지고 있으니까. 총을 쏠 수도 없는 기고. 군중들이 있고 군중들 안에 좌익들이 구호를 '경찰은 총은 없애라. 경찰은 해산하라' 카고 '무장해제하라' 카고 고함을 지르고 그 외는 구경꾼이거든. [구경꾼도] 가세하지. 구경꾼이 전부 저

"그게 이제 10·1 사건 당일 날도 소연하니까 아침을 일찍 믹이가 대구역을 지키라고 보낸 사람이 한 20명 되는가 몰라. 내가 직접 니는 어디로 가라 대장은 누구다 이래 했는데 … 의전 학생들이 앞장을 서 가지고 해 놓으까네 중고등학생도 쭉 하제, 경찰이 총 가지고 있으니까. 총을 쏠 수도 없는 기고. 군중들이 있고 군중들 안에 좌익들이 구호를 '경찰은 총은 없애라. 경찰은 해산하라' 카고 '무장해제하라' 카고 고함을 지르고."

8 당시 대구역 광장에서는 남조선총파업대구시투쟁위원회 주도로 전매국노조쟁의지원시민궐기대회가 열렸다.

쪽 편이 되는 기라. 전부 배치하고 나서 요새 같으면 9시 쯤 되었을까. 따르르릉 경비전화가 내렸다(울렸다) 말이라. 내가 받았는지 누가 받았는지 몰라요. 의전학생이 선두를 해 가지고 대구서 쪽으로 간다. 난리났다 말이야. 각제(갑 자기) 이런 아들 모아가 니는 어디서 어디 지켜라 니는 어 디 지켜라 이래 가지고 급파했거든. 쇠끄대이 줄을 쳐 가 지고 쇠끄대이 줄 안으로 못 들어오게 해라. 그게 되나. 군 중 앞에 그거 아무 소용없는 짓이다. 이 안에도 쓰여 있지 만 내가 대구 있을 때 달전⁹ 걸려가. 눈도 노랗고 손도 노 랗고 오줌도 노랗고 하는 병에 걸려가, 대학병원에 입원 해가 1달인가 2달 입원해가 있을 때 주치의라는 사람이 박사라. 주치의 하던 사람이 그날은 선봉장 선에 서 가지 고. 내가 대구 정문은 이○학이라 카는(하는) 그러니까 자 유당 시절 대한민국 경찰 총수거든. 이○학이 앞문을 경 비를 하고 이○학이는 이놈, 저 일제시대 그 기관총이 경 찰서에 하나 있었어. 그놈을 떡 놓고 해가 엎드려가 있는 거 내 눈에 환하다. 엎드려가 있다가 군중이 오면 다르르 르 갈길라고 그래 이○학이는 앞문을 맡고 뒷문은 내가 맡았다. 뒷문은 쇠끄대이만 쳐놓고 더 이상 들어오면 안 됩니대이 카고 있는데, 배 교수가 왔는 기라. 배 박사가. 주 치의가. 와가 앞면도 없고 아무것도 없소. 아이고 박사님 카고 했단 말이야. [배 박사는] 들은 체 만 체하고 "총 내 삐리시오(버리시오) 경찰 무장해제 하시오." 배 박사 그것 도 말이야 우리 나이보다 몇 살 더하지. 그래 가지고 참 그 래 앞장섰더라 이 말이라. [웃으며 하하하] 무슨 얘기 하다 치웠뿟노.

　그래 맞다. 12시쯤 됐거든. 일반 민간인들도 대구서로

9 황달의 경상도 사투리인 듯 하다.

슬슬 기들어 오고 말이라. 친구 하나가 여기도 [10 · 1 폭동사건과 내 쓰여 있어요. 천훈이라고 국민학교 동기생 댕기던 놈 있어. 일제시대에도 천석꾼 아들이거든. 선산 장천하고 내한테 와 가지고 "이 사람아 큰일났대이. 전부 파출소 다 뿌사지고(부숴지고) 파출소 있는 사람들 맞고 글태(그렇다). 적당할 때 피신해라." "피신할 때가 어딨노 사방 군중인데 피신할 데가 없다." 그래가 있는데 서장실에서 부른다 카거든. 서장실에 갔다. 누가 있노 하면 경찰국장. 요새 같으면 경찰국장이지. 서장하고 경찰국장하고 민간인이 한 2~4명 있고. 민간인이라 카는 거는 좌익 고수하고 경찰 고수하고 타협하는 기라.[10] "경찰은 무장을 해제하시오." "안 된다." "경찰은 무장 해제하시오. 안 그라믄 이 사태 수습 안 됩니다." 흥정하고 있는데 역전 쪽에서 말이야 경찰하고 노동자들하고 싸움이 붙었다 이런 정보가 서장실에 들어왔는지 거짓말 정본지 알 수 없지만은 날로 부른다 카거든.

그래가 서장실에 가이까네(가니까) 좌익당 고수 몇이하고 경찰국장하고 있는데, "부르셨습니까" (경찰이라 카는 거는) 서 가지고 모자 벗고도 이카거들랑(이렇게 자세를 취하지). "그래 박○호가 미안하지만은 말이야, 저게 말이야 역전에서 아침에 배치했는 경찰부대하고 마루보시, [마루보시라 카믄 통운인데, 역전 광장에서 마루보시까지 2, 3백미터 될까 고래 될 꺼야] 고서(거기서) 머 총소리가 듣기고 싸움 일났다는데 경찰부대를 박○호가 가 가지고 일본말로 하자면 히키아게 철수시키라, 자네가 가가 철수시키라." "아침에 마카(모두) 배치했는데. 내 손으로 마카 배치했는데 되겠습니까." "재주대로 한 번 해 봐." "간 굶구로

10 당시 대구경찰서 서장실에서 경찰 당국과 민간인 대표 간에 시위에 관한 협상이 진행되었다.

내가 좀 생각해 보고요(생각했다, 생각해 보고) 갔다 오겠습
니다." 그래 가지고 야 가다가 죽는 거 아이가, 이 생각이
딱 드는 기라. 그런데 또 이상한 머리 속에 살라 카이까네
(살려고 하니까) 그런 머리가 돌아가는지 몰라. 의전학생들
은 말이야. 오랑캐로서 오랑캐를 친다고. 의전학생들을 좀
이용해야 되겠다는 생각이 들더라고. 섬광처럼 말이야. 우
야노(어떻게 하지). 몇이나. 많이도 필요 없다. 너댓이만 하
면 될 끼다. 내생각도 그기라. 앞뒤로 서고 양옆에 서고 하
면 안 되나.

날로 앞에 무디기(무척) 큰 놈들 안 있나 와샤와샤 카고
고함지르는 놈한테 대장되는 놈한테 무슨 중요한 의무가
있어 가지고 역까지 가는데 어깨 힘 있는 학생 너이만 차
출해도고 했지. "와 그렇습니까?" "서장실에 명령인데 주
요한 임무를 가지고 있다. 서로 좌익측하고 좌익측이라는
게 군중측하고 합의했는 일이다." "그렇습니까."

그래가 너이가 왔대. 대구서 현관 안에서 중대한 임문
데 날로 경호해야 된다. 앞뒤로 서고 좌우로 서고 해가 역
전까지만 가도고 해가 그 사람들 좋다 카고 갑시다. 대구
서 앞에서 저쪽까지 옛날에 이도가미아(伊藤紙店)라 캤는
데 미나카이(三中井)[11]에서 쫙 북성로가 북성로 도로까지
꽉 채였는 기라. 북성로 도로 지나니까 그래 가지고 역전
경찰서 앞에서 학생들한테 고함질러라 캤거든. "길로 좀
티워 주시오.'" 길 티울 재주가 없는 기라. 캤는동 안 캤는
동 천지 듣길 리가 있나. "학생들이 이분은 중요한 임무를
띠고 저까정 가야 되는데 길 좀 티 주소" 이런 식으로 우
예(어떻게) 용하게 토깨이(토끼)질보다 적게 해 가지고 군
중을 비켜 나가는데 옆으로 가는 기라. 옆으로 옆으로 의

11 일제시대 대구에서 가장 큰
백화점으로서 3층 건물에
엘리베이터까지 설치되어
있었다. 이 미나카이(三中
井)백화점은 일본인 상권인
북성로에 위치해 있었다.

*"이런 식으로 우예 용하게
토께이질보다 적게 해 가지고
군중을 비켜 나가는데
옆으로 가는 기라.
옆으로 옆으로 의전학생도
옆으로 나도 옆으로 가니까네
북성로 가니까네
환하게 티워 있는 기라.
얼마나 좋던데 쪼매 가다 하니
길목에서 가다가
작은 십자로타리 있거들랑.
노자라 카나 뭐라 카노
폭도라 카나
저놈 경찰이다라고 확 캐 뿌면
죽는 기라."*

전학생도 옆으로 나도 옆으로 가니까네 북성로 가니까네 환하게 티어 있는 기라. 얼마나 좋던데 쪼매(조금) 가다 하니 길목에서 가다가 작은 십자로타리 있거들랑. 노자라 카나 뭐라 카노 폭도라 카나 저놈 경찰이다라고 확 캐 뿌면(해 버리면) 죽는 기라.

의전학생들이 "이분은 중요한 임무를 띠고 역전 가는 길인데 해치면 안 됩니다." 또 가다 또 요런데 또 있거들랑. 마침 내 아는 마루보시 반장쯤 되는 통운 반장 되는 사람이 내보다 나이 좀 많은 김 뭔데 이름도 잊어뿟는데(잊어버렸네). 눈이 둥그레가 "아이구 박 부장 일로 우짠(어쩐) 일이고 이 사람들부터 치우도록 해라. 아이구 내가 잘 아는 분인데 경찰로 있지만은 좋은 사람이다." 그래 가지고 그때 얘기 조금 한다. 그래 가지고 역전에서 저리 가는 달성공원 쪽으로 질(길)이라 카믄(하면) 굉장히 너른(넓은) 질(길)인데 말이야. 시민회관에서 원대동쪽으로 가는 길 말이야. 태평로. 요래 보이까네(보니까) 경찰이 저거 말이야 엎드리 총 해가 있는데 내가 말이야.

내가 학생들한테 캤거든. "나는 도로 복판에 서가 갈 참이니까 당신들 학생들 상할까 싶어가 제일 겁났거든. 이쪽 도로 편에 둘이 가고 이쪽 도로 편에 둘이 가고 될 수 있으면 내하고 보조 맞추자. 내가 이리 가면 당신네도 요리 가고 내가 안 가면 당신네도 안 가고. 잘못하면 큰일 나거들랑." 그래 가자 캐가 나는 요새 시민회관 쪽으로 길 복판에서 쭉 가는데 내가 또 경찰 총에 맞으면 어떡하나 싶은 생각이 들어. 한 가지를 내가 딴 사람이 보면 미친놈인가 생각할지도 모른단 말이야. 그렇기나 말기나. 학생들 둘썩 둘썩(둘씩 둘씩) 따라가고 갔단 말이야. 가이까네(가니까) 사람 얼굴로 알아볼 수 있는 지점까지 갔단 말이야. 내가 복판에 서가 오이까네(오니까) 내가 아는 경사가 하나 쫓아와 가지고 "박주임 우짠 일입니까" "내가 서장하고 국장한테 중대한 명령을 받고 이리 왔노라. 명령서도 내 갔다 왔단 말이야." 경찰국장 명함에다 여도 쓰여 있어요. 경찰은 마카 경찰국으로 경찰국이 어딨냐면 중앙보통학교 앞에 거기 국이라. 요새도 중앙초등학교.[12]

그래 가지고 인제 갔다. 가 가지고. 내가 가만 생각해 보이 경찰 못해 먹겠다. 영 불쌍하게 그러니까 차 한 잔도 못 먹고 아침만 경찰서 밥 한 숟가락 얻어먹고 그래 가 가지고 요소요소 지(저) 나름대로 엎드리 가지고(엎드려서) 시내 사태가 심각하고 사람 죽고 한다는 것도 듣고 있거든. 몇 시간을 엎드려가 있으니까 그게 사람 할 짓이가 말이다. 총소리도 못 듣고 경찰이 엎드려 있는 거만 봤다 이 말이야.

내 아는 경사가 인솔잔데 역전부대 인솔자로 지가 먼저 와 가지고 경례하고 전부 모아가 경찰국으로 철수다. 철수 명령으로 명령서 가왔다. 경찰국장 명령서다. 우선 그새 또 무슨 규율 세울 거도 어딨노 차렷 경례 시키고 그래 뭐 우야고, 어디로 가고 카고 뭐를 타고 가노 얘기하다가 역전 한 구석에 마침 일제 자동차가 4톤짜리 일본 시대는 4톤 이상 없었거들랑. 4톤짜리 쪼매(조금) 움직거리는 차를 쫓아가가 잡아오너라. 우리 부대 다 실고 거또 꺼떡거리는 노동패라 카까(할까) 좌익패라 카까 저거도 몇이 탔다. "총을 마카 땅에 내라 놓으시오." 노동자들 시키는 대로 한다.

내라 가지고. 한쪽 구석에 놓고 말이지. 나는 헤나(혹시

12 지금은 2 · 28중앙청소년공원으로 조성되어 있다.

"역전파출소 앞으로 멀리서 이쪽 동향만 보고 있으니까 쫙 모여드니까 졸병 미국 졸병 저놈이 겁이 났는지 몰라도 칼빈총을 가지고 '가라가라' 가라 카는 거 우예 알았는지 '가라가라' 카고 말이야. 총을 대고. 한국 경찰한테는 칼지 몰라도 미국 놈한테는 안 되거든."

나) 전화가 말이야. 역전파출소에서 경찰서장실까지 전화가 안 된다 카는 거를 알고 왔거든. 헤나 그새(그 사이) [전화가 연결] 됐는가 싶은 생각에 역전파출소에 자동차하고 사람하고 마카 태워 놓고 있고 내 혼자 터벅터벅 걸어가 이기 역전 광장 같으면 자동차를 여 놔두고 역전파출소는 여 있다. 내 혼자 걸어와 가지고 전화를 한다. 경비전화하고 보통전화하고 다 있거들랑. 이래 보이까 자동차가 스르르 가. 경찰관하고 노동자하고 태웠는 자동차가 슬 가뿌는 기라. "막 안 서나" 고함을 질러도 들었는지 안 들었는지 내 혼자 역전파출소 안에 헤드라이트 자리에 여름에 쓰는 뭐고 총지내 가도. 화이바 모자가 뒹굴어져 있고 옷도 아무데나 있고 안에 보이까네 피 흔적도 있는 것 같애. 어데서 누가 한 대 맞았는지 우예(어떻게) 될른지.

역전파출소 지내서 저쪽에 중앙통 쪽에 중앙로 쪽에 점빵 (점포들) 안 있나. 점빵들 밑에는 사람이 꽉 채이가 이쪽 동향을 보고 있는 기라. 일반군중이지. 저거는 아이라. 데모꾼들은 아이라. 역전파출소 옆에는 역 뒷문으로 들어가는 큰 문이 있대이. 요기는 한 스무나무 살 뭇는(20살 먹은) 놈이 키도 쪼매한(조그만) 놈이 MP 칼빈총을 매고 서 있는 기라. 역전에[는] 통(완전히) 비가(비워) 있지 나는 파출소 혼자 있다가 심심어가 저거 하는 데 갔다. 미국 사람인데 말이야 그때 말이야. 약간 단어 어어 카고 그놈아도(그 사람도) 좋아하대. 여 쓰여가 있을 끼다. 칼빈총 매고 있는데 군중들이 말이야 역전파출소 앞으로 멀리서 이쪽 동향만 보고 있으니까 쫙 모여드니까 졸병 미국 졸병 저놈이 겁이 났는지 몰라도 칼빈총을 가지고 "가라가라" 가라 카는 거 우예 알았는지 "가라가라" 카고 말이야. 총을 대고. 한국 경찰한테는 칼지 몰라도 미국 놈한테는 안 되거든. 그러이까(그러니까) 마 또 쫙 가고. 군중들도 어리석었던 시대야. 역전파출소 앞에는 자전차가 말이야. 여남은(몇) 대 고물 자전차, 새 자전차 내가 만일의 사태에 대비해가 내 빼야겠다는 생각을 하고 자전차를 하나 골라 놨는 기라. 유사시에는 내가 내뺀다. 옷도 글때는(그때는) 말이야. 밑에 주봉(바지)은 경찰 여름바지를 카키색이라. 위에는 노타이 바람이라. 모자도 없고 아무것도 없어. 그래도 보는 사람은 경찰인지 아는갑대.

[경찰] 냄새가 나는 모양이지. 그래가 있는데 한참 있으니까 저 8군 쪽에서 왈왈왈 카면서 뭐가 오는데 보이까네 대포라. 왈왈 와가 역전 광장에서 삑 틀었는데 4댄가 5댄가 와가 삑 틀어가 다시 가고 겁내기도 겁내지만은 대구 경찰서가 포위되가(포위되어) 있거든. 가는지 안 가는지 나는 모르지. 내뺄 때는(도망갈 때는) 이때다 싶어서 자양구(자전거)를 타고 탱크 젤 뒤에 꼭두바리에 중앙로 쪽으로 가는 기지.

야 아바이[13]가 말이야 야 아바이가 덕○상회라는 금방을 하고 있었어. 그러니까 어데고(어디고) 대구극장 들어가는 송죽극장에서 둘째집인데 셋째집이 금방을 했거든. 할 수 없이 야들 집에 피하는 수밖에 없겠다 싶어. [경북에서 최고 큰] 바깥에서 보이까네 들어가는 문 위에다 덧문 해 놨대. 땅땅 두디리가(두드려서) 문을 열고 나오는데 야 어마이라. "아이구 오빠요. 험한 소리 안 들으이 만문 다행이시더. 들어가시더" 캐가 자양구(자전거)하고 저 안에 살림집 안에 2층에 올라가가 태현이[14]가 낳아 가지고. 1년도 안 됐다. 1년도 안 됐는데 저녁에 어마이라 카는 게 아를

"[경찰] 냄새가 나는 모양이지. 그래가 있는데 한참 있으니까 저 8군 쪽에서 왈왈왈 카면서 뭐가 오는데 보이까네 대포라."

13 구술 자리에 동석하고 있던 외조카를 가리키는 말.
14 구술자의 아들 이름.

안고 왔는데 눈물을 찔 흘리매 [남편이 살아 있다] 다행이
다 생각하겠지.

머시마(남자 아이) 내 안아 봤지. 다부(다시) 주고 그래서
그날 저녁에 그게 어마이하고 아하고 보내고 내가 맨 몸
으로 있으니까 허전하거든. 평소에 권총을 잘 안 차는 사
람이거든. 집에 맽겨(맡겨) 놓고 왔는데 상재비다. 상재비
[이름은 상점] 중학교 다닐 때 [막내 둘째 삼촌 친정 쪽에
우리 아버지의 둘째 남동생] 상재비한테 야 거 가 가지고
거는 중학교 아들이 란도세루가 [일종의 루꾸사꾸. 쌕] 책
넣는 가방 말이다. 이리 미고 저리 미는 식으로. 할 때에
권총을 우리 집사람한테 캐가 고 안에 넣어가 자동차 타
고 그래 보냈거든. 집에 보내놨디만은 한참 있다 왔는 기
라. '가 왔나' 카이 '가 왔다 캐.' 아따 권총 하나만 내한
테 있어도 얼마나 힘이 되는지 그래 가지고 권총 받아가
차고. 경찰 간부라 카는 기. 경찰 간부가 또 내뺐다 칼까
봐(도망갔다 할까 봐) 상재비(상점이) 시켜가 경찰국에 경찰
서는 형편없이 됐는 줄 알고 경찰국에 보초 서는 아들한
테 가가 전해 좌래 캐가(주라고 했어). 편지지에 써가 봉투
에 넣어가 줬단 말이야. 그게 뭔고 하면 대구서 보안주임
박경호는 여기 살아 있고 무슨 동네요 그게 있다 이래 소
재를 알봐 놓고(알려 놓고) 저녁 되가 알아봤지 싶은데 하
룻밤 누버(누워) 잤다.

아침 묵고 있으니까 점빵(점포) 대문 두디리는(두드리는)
소리가 땅땅 나거들랑 폭동이 왔는가 세상이 바뀐 줄도
모르고 아무것도 모르는 기라. 안에 들어앉았으니 권총
딱 이래가 들고 말이야 너거 어마이한테 문 열어 줘바라
(주어라) 폭도는 아닌 것 같은데 나는 마 안비는 (보이지 않

는) 데서 숨어 가지고 현직 경찰이 말이야 여남은씩(몇 명
씩) 왔는 기라. 얼매나 좋노. "아이고 박주임 여 계셨구나."
"그래 내 경찰국에 소재 알바 놓고 여기 여동생 집이다.
그래 쓰리쿠드 타고 대구서에 가 가지고 수색한다고 한
열흘 이상 집에도 못 갔다. 밥도 거서 묵고."

　그새 또 우리 아부지(아버지)가 촌에서 내 죽었다 소리
들었는 기라. 촌에는 별별 유언비어가 많거들랑. 대구 경
찰 다 죽었단다 카고. 영감님이 걱정이 돼가. 내가 장남에
다가 외아들이라요. 밑에 여동생들 쫙 있고. 자동차가 댕
기나(다니나) 아무것도 없거든. 군위서 대구까지 130리라.
50km 이상은 안 되나 그자. 그래가 대구까지 걸어왔다고.
당일치기로. [갑자기 기억이 아른한 듯] 내가 몇 살 때
10·1 사건 났노. 내가 31살인가 32살이다. [아버지는] 내
보다 24살 많다. 계산해 봐라. 50살 넘었디다. 그러니까 머
촌사람이 되노니 한복 입은 채 양복은 평생 안 입어 봤으
니까. 한복 입고 모자 씨고(쓰고) 고무신 신고 그래가 군위
서 대구까지 130리라 130리 택이라. 걸어서 왔다고. 아들
죽었는가 싶어서. 아부지 애간장이 얼매나 녹았겠노. 그래
가지고 집에 찾아왔단 말이라. 우리 집에 적산 일본 집에
찾아오니까. 동인동에 있었어. 동인동 옆에 공장 이름이
먼지 모르겠어. 무슨 거 왜놈 공장이 하나 있었는데. 동인
동은 우리집 바로 앞에. [갑자기 기억을 놓친 듯] 어데까지
얘기했노? 인자 와 보이까네 왔다. 오셨다. 안 죽고 살았거
들랑. 군위서 소문이 우예 났노 카믄 (어떻게 났는가 하면)
일본 할배 안 있나 일본 할배 경호가 죽었다 카더라 죽은
줄 알았다고. 그 양반이 좀 삐딱했다. 반 뺄갱이쯤 반도 안
된다. 1/3 뺄갱이쯤. 그저 뺄갱이 얘기하면 약간 동조했는

> "그새 또 우리 아부지가 촌에서
> 내 죽었다 소리 들었는 기라.
> 촌에는 별별 유언비어가
> 많거들랑.
> 대구 경찰 다 죽었단다 카고
> 영감님이 걱정이 돼가.
> 내가 장남에다가 외아들이라요.
> 밑에 여동생들 쫙 있고
> 자동차가 댕기나
> 아무것도 없거든.
> 군위서 대구까지 130리라.
> 50km 이상은 안 되나 그자.
> 그래가 대구까지 걸어왔다고.
> 당일치기로."

아저씬데 그래 가지고, 죽었다고 소문이 났는 기라.

오셨다는 얘기 들었거든 쓰리쿠타 타고 집에 갔거든. 집에 가가 절하고 아이고 영감님 말이야 울지는 안해도 상이 하나 없어. 아들 내 하나뿐이거든. 딸이 내 여동생 너이나 있는데 말이야, 살아 있는 것만 해도 대단하다 싶어. [또 기억이 흐트러지는 듯] 그래 가지고 어디까지 얘기했노? (할아버지가 아들 살아 있으니까 절을 하고 쓰리쿠타 타고 인제 오셔 가지고) 쓰리쿠타 타고 와가 아버지 보고 큰 절로 하고 그래 가지고 살아 있다 카고 별로 말도 없어요.

부자간 상봉하고 살아 있다 싶어가 얼굴만 봐도 아버지 화색이 난다. 그날 돌아가셨는지 하루 자고 돌아가셨는지 모르겠지만 군위까지 백 3십 리거든. 오늘 왔다가 하룻밤 주무시고 그 이튿날 갔지 싶은데 걸어서 왔다가 걸어서 가시고 그래. 나는 집에 와 가지고 마누라 얼굴도…. 마누라 얼굴은 너거(너희) 집에 숨어 있을 때 아(아이) 업고 와가(와서) 보고 아버지 와 계신다고 소문 듣고 보고 그 다음 열 며칠 동안 집에 못 갔거든. 책상 위에 누워 자고 밥은 그 안에서 뭐 해 주는 사람도 있고 얻어 묵고 사태 수습할 때까지 전신에 말이야 나는 일제시대부터 쪼매 했거든요. 경찰을 쪼매 하고 그 이후에는 신병들을 신삐이 안카나 [또 기억을 놓친 듯] 어데꺼정 말하다가. 아. 아버지는 오늘 오셨다가 내일 가시는 심정이 어떻겠노 말이라. 심정이. 아들이 하나 있는 거 내 하나뿐이고 여동생이 너이 있는데 저거 만약에 죽어 뿌면 집구석이 망한다는 생각이 들었겠죠. 살았는 거만 봐도 별 말이 없어요. 자주 말하는 어른이 아니거든. 큰 절 한 번 하고….

(10 · 1 사건 끝나고 나서 대구 시내에 그 분위기라든지.

"부자간 상봉하고
살아 있다 싶어가 얼굴만 봐도
아버지 화색이 난다.
그날 돌아가셨는지
하루 자고 돌아가셨는지
모르겠지만
군위까지 백 3십 리거든.
오늘 왔다가 하룻밤 주무시고
그 이튿날 갔지 싶은데
걸어서 왔다가
걸어서 가시고 그래."

시위 진압이 어느 정도 되고 그때 이야기를 말씀해 주십
시오.)

내뺀 사람도 있을 꺼고. 나는 보안주임이라서 전혀 관
여하지 않았어. 내가 하는 보안주임 카는 거는 자동차 사
건 오도바이 사건 보안이라는 거는 고물쟁이 허가 내주는
거 음식점 허가도 보안에서 내줬다.

(보도연맹은 어떠했습니까?)

아. 보도연맹. 우리 있을 때 보도연맹이 있었는지 없었
는지 모르겠는데. 퇴직은 6 · 25 이전에 했는데. 그러니까
대구서 보안주임으로 있다가 10 · 1 사건에 약간 유공자
라 상부에서는 그래 알았는 모양이제. 그래가 경찰국으로
갔어요. 그때는 국으로 가는데 총무과 요새 같으면 경무
과 총무과 서무주임 그러니까 저 뭐 같은 경위라도 무게
가 있는 자리요. 거기가. 거 있다가 [갑자기 기억을 놓친
듯] 인제 뭐 물었노? [퇴직하던 시점] 거게 있다가 그러니
까 저게 언제 10 · 1 사건이 언제 났어? 47년도까지 봄인
가까지 그러니까 보안주임 자리 있다가 경찰국으로 갔다
가 경찰국에서 1년 한 1년 안 있었지 싶으다. 대구서에 보
안주임으로 대구서가 아이고 포항서에 보안주임으로 그
때는 공안주임이라 캤다.

포항서에 1년 있었나 우예 됐노 가만히 있거래이. 계산
해 보고. 여하튼 포항 와 가지고 1년 뒤에 때려 치워 뿟어.
경찰 때려 치워 뿟어. 9년 만이라. 일경시대부터 시작해가.

> "47년도까지 봄인가까지
> 그러니까 보안주임 자리
> 있다가 경찰국으로 갔다가
> 경찰국에서 1년 한 1년
> 안 있었지 싶으다.
> 대구서에 보안주임으로
> 대구서가 아이고 포항서에
> 보안주임으로
> 그때는 공안주임이라 캤다."

○ 순경이 쏴 가지고 말이야, 국방경비대 MP가 하나 죽었다

(전에 무슨 말씀하실 때 포항 쪽에 큰 사건이 나 가지고 굉장히 어려운 시기였다고 말씀하신 것 같습니다).

안강 쪽인가 큰 사건 나가. 포항에 왔는데 공안주임이라. 경비하는 책임, 일반 보안. 책임자지. 뭐 물었노? [포항 쪽에 오셔 가지고 안강 쪽에 큰 사건인가 있어서 진압하고 하시던…] 그래그래 그거는 경찰이 말이야 이노무(이놈) 자식들이 말이야. 뭐야 그 왜 기계면이 있다. 거가 장군출신이 많대. 기계면에 뭔 얘기하다 치와 뺏노(얘기하다 말았지) 기계면에 그래 경찰이 말이야. 경찰이 많이 죽었는강. 국방경비대가 아니고. 국방경비대는 국방경비댄데 그 밑에 MP 역할하는 그 뭐라카노 경찰 역할하는 군인들. 좀 있으면 안다. 경찰 총에 MP가 죽었다고. 저놈들이 저 꺼저(저기까지) 와가 술로 쳐 먹고 그때 경찰하고 군인하고는 와이래(왜 이렇게) 견원지간(犬猿之間)이라. 그러니까 군대가는 아들은 말이야. 경찰에 어느 정도 압박을 받았다 카믄(하면) 이상시럽지만 경찰을 싫어하고, 지는 군인이 됐다고 또 경찰 싫어하고 그래 가지고 이노무 새끼 함(두고) 보자 카던 시절이라.

뭐 얘기하노? [1사람이 죽었는 거] 국방경비대지. 국방경비대에서 파견돼가 거 가만 있거래이. 기계면에 파견돼가 포장을 치고 파견 나온 아들이 한 여남 되는가 몰라. 한 소대라. 이래가 뭐로 해가 ○순경이라 카는 놈하고 말이야, 싸움이 붙어가 총으로 다 죽이 뻤다. 그기(그것이) 큰

"그때 경찰하고 군인하고는 와이래 견원지간(犬猿之間)이라"

사건이란 말이다. 그래 가지고. ○순경이 쏴 가지고 말이
야. 그 사람들이 죽었다. 국방경비대 MP가 하나 죽었다.

그래가 내가 진압하러 갔거든. 그래 해결. 수습하러 갔
는 기라. 소장 지가(그 사람) 가야 되는데 내한테 가라 카
네. 소장 말을 들어야 되거든. 갔다. 가가 수습을 하고. 수
습이 별 게 있나. 더 이상 확대 안 되도록 하는 기지. 대구
에서 말이야 국방경비대 그때는 MP라 캤나 MP도 아이지
(아니지). 그래 인자 어데까지 얘기했노? 수습하러 가가
MP라 카자 그마. MP가 한 트럭 왔는 기라. 한 트럭이 왔
는데 인원수가 한 30명 넘지 싶다. GMC 타고 왔는 기라.
[국방경비대원이] 내렸다(내렸다). 이노무 자식들이 하매
본서하고 연락하는 거 상부하고 연락하는 촌에 가면 면사
무소하고 지서하고 그뿐이지. 그 두나만 [연락하지]. 그래
가 수습을 하는데 무슨 쓰리코트 아이고 그거보다 큰 거
이름 뭐고? 그래 트럭 같은 거 타고와가 대위라. 대위가
젤 고수라. 고 밑에 특사상사하고 하사겠지. 그 사람들 와
가 제일 첨에 점잖게 나오데. "요새 어째 되었습니까" 묻
길래 대답할 사람 없어가 "나는 본서에 보안주임이다. 보
안주임인데 사건 수습하러 서장 명령을 받고 온 사람이
다"라고. 신분 먼저 밝히고. 그래 가지고 타고 왔는 사람
이 한 트럭 왔으니까 나중에 보니까 면사무소 우체국 그
사람들이 차지해가 있어. 그래 가지고 인자 대위가 총 책
임자로 왔다. MP라고 써 놨더라. 대위도 "우예 됐소" 점
잖게 나오데. 내 나름대로 선은 이렇고 후는 이렇게 되어
가 이렇습니다 말하겠는데 그놈 특무상사가 "이노무 새
끼들 사람 죽여 놓고 무슨 변명이 필요하냐" 카면서 욕하
는 기라. 내가 대위한테 캤거든. "이래 나오면 안 된다. 나

> "○순경이 쏴 가지고 말이야.
> 그 사람들이 죽었다.
> 국방경비대 MP가
> 하나 죽었다."

> "그래가 내가 진압하러 갔거든.
> 그래 해결.
> 수습하러 갔는 기라"

> "MP라 카자 그마.
> MP가 한 트럭 왔는 기라.
> 한 트럭이 왔는데
> 인원수가 한 30명 넘지 싶다.
> GMC 타고 왔는 기라."

는 본서에서 나온 서장대리로 나온 사람인데 이렇게 나오면 내가 무슨 말을 하겠노 말이야." 참말을 해도 거짓말로 아는데 카고. 이래 가지고 말을 하고 있거들랑 저거는 저거대로 앉고 우리는 우리대로 앉고 조금 있으니까 아야야야 하고 틀림없이 헌병들한테 지서원들이, 순경들이 두디리(두드려) 맞는데 그 소리 듣게 되면, 지서주임이라 카는 사람이 내보다 나이 많은 사람이야. 그때 나이로 50살 되는데 지서주임 신 경사라. 신 경사 어마씨(어머니)가 내가 서장대리로 왔다 카는 거를 알고 있으니까 아이고 어른요 우리 아들하고 지서원들 국방경비원들한테 두디리 맞고 있니더(있습니다). 갖잖치도(우습지도) 안하다 (않단) 말이다. 난국을 수습해야겠다 싶더라. 내가 차고 있던 권총을 책상 위에 놨거든. 가만 놓는 것도 아니고 일부러 꽝 소리 나도록 놨단 말이야. 대위보고 "당신도 말이야 수습하러 온 사람이고 나도 일개 경찰을 대표해가 수습하러 왔는 사람인데 저래 지서원들 두디리 맞으면 우예 되노 말이야." 형사들도 와가 있는데 한 네댓밖에 안 왔어. 자 한 번 할라카믄(하려면) 해 봅시다. 협박조로 나갔거든 우리도 생각 다 있소. 이런 식으로 나갔다. 내 생각은 제일 수습하는 첩경은 서로 말로 해 가면서 그래 하는 게 상수요. 너무 강하게 나가지 맙시다. 강하게 나가면 싸움하는 수밖에 없지요. 말도 되지도 않는 소리요. 대위한테 약간 공갈조로 말했거든. 대위란 놈이 부하들 시키가 야야 철수시키라 철수시키라 해가 싸움을 말리는 기라. 두디리 맞은 사람은 많이 맞았는 기라. 시설주임 같은 사람은 나보다 나이가 7, 8세 많은 사람이야. 신 경사도 나이 많은 사람이고 두디리 맞아가. 이래 가지고 인제 그 당시 본서에

"내 나름대로 선은 이렇고 후는 이렇게 되어가 이렇습니다 말하겠는데 그놈 특무상사가 '이노무 새끼들 사람 죽여 놓고 무슨 변명이 필요하냐 카면서 욕하는 기라.' 내가 대위한테 캤거든. '이래 나오면 안 된다. 나는 본서에서 나온 서장대리로 나온 사람인데 이렇게 나오면 내가 무슨 말을 하겠노 말이야.'"

서 전화가 왔거든. 서장한테. 그렇다 카는 거를 하매 보
고를 해 놨거든. 막히가(막혀) 있어도 전화는 우체국하고
어데고(어디고) 어데하고 몇 군데 면사무소 막아 놓으면
면은 꼼짝 못하거든. 저 사람들은 내하고 서장하고 직접
전화하는 거 내가 듣기만 하고 있으새이(있으십시오). 말하
소 캐가 저 사람들 말이야 국기대라 하기도 하고 MP라
카기도 하는데 저거들 말이야 건드려 놓으면 골치 아프다.
살살 달개가(달래) 보내는 수밖에 없다. "포항서 요리집에
요리를 시켜가 술하고 준비를 해 놓을 챔이니까 전부 데
리고 오소." 대위한테 캤거든. "여러분 해도 빠지고 저녁
도 됐는데 말이야 서장이 저녁 한 끼 낸다는데 갑시다. 당
신네들 뭐 우예 가노. 촌 지서관 내 밥 묵을 데도 없고…."
좋다고 가자고. 저놈들 GMC 한 차라. 그때 내 눈에는 한
차라. 한 차야 됐겠나만은 한 30명 됐지. 쓰리코트하고 민
간트럭하고 타고 가가 가이까네(가니까) 어데 저 백운장
이라는 요리집이 있어. 요리집에 채리 놓고(차려 놓고) 기
다리고 있어. 앉아 가지고 좋으니 나쁘니 니 잘했니 내
잘했니 우스개 소리도 하고 욕도 하고 그래가 그놈들 밤
중에 보냈다. 술을 쳐 먹이가 보냈다. 아따 시겁했대이(어
휴 혼났다). 젊은 아들이 욕을 하고 대드는데 상사라 카믄
(하면) 날 보고 눈을 동그렇게 해가 이래가 하는데 그래가
뭐 수습돼가 저거대로 가 뿌고 우리도 우리대로 가 뿌고
말이야.

　상부끼리야 모르겠지만은 잘 됐겠지 아무 일도 없는 거
보면. 아따(어휴) 경찰에 있다가 말이야 그날 같이 아들
야… 지서원들은 마카 기가 죽어가 실컷 두디리 맞아 놓
으까네. 그렇지 그렇지. 그래가 언제 내가 경찰 치우고 대

구역전에서 딱 그놈하고 사복을 입고 [마주쳤는데] 그때 대위라. 내 모른 척하고 지나가고 지는 올케(옳게) 못 봤을 거야. 나는 똘돌이(똑똑히) 봤는데 역전에서 봤어 역전에서. 경찰이라 카는 게 그게 경찰 9년 동안에 죽는 고비가 말이야. 10 · 1 사건도 완전히 죽는 고비거든.

포항 그때 공안주임으로 와 가지고 거서 좌익하고 붙었는 기라

그라고 또 포항 그때 공안주임으로 와 가지고 거서 좌익하고 붙었는 기라. 좌익이 경찰 총에 한 놈 죽었는 기라. 그 죽었는 놈을 갖다가 얼마나 선전을 해 가지고 중앙에서 변호사 지낸 좌익들 거물 오고 저 시장 장터에서 장례식을 하는데 좌익 하나 죽었는 거 선전하는데 그 사람들 선전하는 거 거창한데. 글(그)때 또 이놈 좌익인지 경찰은 경찰관 신병인데 자동차에다가 휘발유 넣다가 휘발유 넣는데 이놈이 라이타 실험한다고 캤다가 마 내 혼났다. 소방서서 출동하고 난리가 나고 해. 그기 드럼통에 꽉 휘발유가 곧 터질라꼬 자꾸 드럼통이 문디(문둥이) 얼굴매로 터질라꼬. 터졌으면 나도 죽고 다 죽었다. 안 터지고 묘하게 진화가 되었거들랑. 마 아따 저게 저 뭐고 좌익 하나 죽었는 거 장례식 할 때 인민위원회 위에서부터 내려오고 해가 지방위원을 해도 힘이 나거든. 경찰도 말이야. 영덕서하고 경주서하고 오긴 왔지만은 힘이 없단 말이야. 사람을 죽여 놓으니까 힘이 없는 기라. 여게도(여기에도) 또 말이 1마리 있었어. 포항에도 말이 1마리 있었어. 말을

"저 뭐고 좌익 하나 죽었는 거 장례식 할 때 인민위원회 위에서부터 내려오고 해가 지방위원을 해도 힘이 나거든. 경찰도 말이야. 영덕서하고 경주서하고 오긴 왔지만은 힘이 없단 말이야. 사람을 죽여 놓으니까 힘이 없는 기라."

타고 장례식장을 한 바퀴 돌았거든. 내 다음에는 가다도 내고 내 시위도 하고 이런 식으로 했는데 말이 욕을 육두문자로 해가 '경찰 놈들 죽인다' 카고 여자가 말이야 호통을 치던데 불쌍하기도 하고 대응이 뭐라 내빼는 게 일인데. 그런 변이 어디 있겠노. 또 뭐 죽을 고비 숱하게 있었어.

(해방 후 경찰생활 하신 것에 대해서는 어떻게 생각하시는지요.) 그래 경찰을 왜 했노 카먼 이래 말할 수 있다. 나는 당연히 경찰했다고 말하지. 왜 했노 카먼 이 박사[이승만]가 좌익 싫어 가지고 우익 세운 거 아니가. 그래 가지고 이 박사를 지지했지. [이승만 박사를] 좌익만 지지 안 했지 뭐. 이 박사는 지지하게 된 건 그때 우리는 하빠리(하급) 공무원 아이가. 상부에서 시키는 대로 따라간 거 아이가. 김두한 [드라마] 그거 봤제. 그거하고 딱 맞아 들어간다 말이야.

그런데 말이지요. [같은 민족끼리 싸운 것은] 일반적인 좌익의 공세에 경찰은 옳게 대응도 못했어. 얼마나 숫자가 많았는지 말이야. 내하고는 부닺힌 일이 아무것도 없었지. 주로 보안 사무 요즈음으로 말하면 위생 사무를 봤으니깐 말이야. 아이고 10 · 1 사건 말이야 그 참. 요새 가만 생각하면 죽은 사람하고 부상당한 사람들 말이야. 치료비나 보상비 같은 거 왜 안 주느냐 말이지. 그걸 못한 게 아쉬워. (경북)경찰청 총무과 서무주임으로 근무하면서 그걸 처리할 수도 있었는데…. 상부하고 싸워서 우라내지(우려내재) 못했는가 유감이야.

"그래 경찰을 왜 했노 카먼 이래 말할 수 있다. 나는 당연히 경찰했다고 말하지. 왜 했노 카먼 이 박사가 좌익 싫어 가지고 우익 세운 거 아니가. 그래 가지고 이 박사를 지지했지."

1948년 9월 15일에 경찰을 치워 뿌고 고아원을 채렸는 기라

대한민국 1948년 나는 9월 15일에 치워 뺏다(치워 버렸다). 확실하게는 모르지만. 왜 관뒀나 하면 경찰이 싫은 것도 아니고 저게 경찰도 말이야 사무 보는 계통에 있으면 보통 일반 관공서 사무 보는 거 한 가지요. 나는 사무 보는 계통이거든. 사실은. 내가 경찰 9년 있었지만 도둑놈 옛날에 도둑놈 1사람인가 2사람밖에 못 잡았어. 순찰 돌다가. [갑자기 기억을 놓치며] 또 무슨 얘기 하다 치웠노? 8월 15일 날이. 내가 9월 15일 날 치웠나. 글(그)때 해방 뒤에 포항도 거러지(거지) 천지요. 거러지. 아 거러지(아이 거지). 어른 거러지. 노인 거러지는 별로 없고. 보안주임은 거러지 청소하는 것도 임무라. 위에서 상부공문이 내려오거든. 거러지 좀 없애라. 외국 사람이라도 보면 보기 싫다고 대한민국이 새로 됐는데. 거러지 보낼 택이 있나 전부 순경 시켜 가지고 트럭에다 붙잡아 온나 하고 공문이 내려오면, [거지를] 태워가 영천 지내서(지나서) 어데고(어디고) 고개 넘어. 하양꺼정(까지) 덜 가고…. 영천 고개 넘어 우예 되나(어떻게 되나) 모르겠다. 고개 넘어 풀어 놔 뿌고 차만 오거든. 우야겠노(어떻게 하겠느냐) 말이야. 먹여 살리지도 못하고. 너거(너희들) 포항[에] 다시 오지 마라 카고. 카믄 그 이튿날 그 인뜨라들(그 사람들) 와가 있는 기야. 재주가 좋아. 거러지가 많아 가지고 고아원을 해야 되겠다 카는 [생각이 들데].

옛날 내가 소설을 뭘 보노 하면 장발장 소설을 봤다. 레

미제라블이가. 한국 소설은 이광수
가 썼는 『흙』을 봤다고 『상록수』도.
그런 것도 멋대가리 없는 것만 보지.
그러이(그러니) 내가 머리에 잠재해
가 있었거든. 내가 거러지(거지) 대장
한 번 해 볼까, 이런 생각도 들고 말
이야. 그런데 인제 저게 또 있어요.
포항 지역에 글때는(그때는) 영일군
하고 포항시하고 갈 리가 [행정구역
이 구분되어] 있을 때 포항시에서
영일군하고 어불러 가지고 (함께) 거
러지수용소 하나 맨들자(만들자고)
캤는데 (계획을 세웠는데) 수용소 맨
들(설치할) 장소도 없고, 돈도 없
고…. 해방 돼가 돈이 있나 사람도

▲ 구술자가 직접 연 포항양육
원 앞에서

못 구하고, [밖에] 나가면 거러지 1시간 내에 수십 명 보
고…. [거지 대장] 한다고 사업계획 해가(세워서) 도(道)에
다가. 너거는(너희들은) 와 사업계획 내놓고 안 하노(않느냐
고) 캤는데(했는데) 돈이 없으니까 못하는 기라. 그러니까
글(그)때 내가 대들었는기라. 내가 하겠소. 이 자리 옆에
자리 고아원을 채렸는 거라.

글때는 [포항]시가 아니고 포항읍이 되고 영일군수 밑
에 포항읍이. 내가 할 챔이니까. 옳구나. [공무원한테] "사
업계획만 해 놓고 할 사람도 없제" 카니까. "진짠교" 하며
되물었다. "이 자식은 경찰 간부 한 사람이 왜 할라카는
(하려는가) 공, 몇 달 하다가 내빼는(도망하는) 거 아인강(아
닌가) 싶고 기부나 받아가 내뺄랑가." 그래 생각하는 기

관장도 있었거든. 그래가 이름만 내한테 맡기고 서류도 아무것도 없는 기라. 자기네가 할라꼬(하려고) 계획해 놨는 거를 사업포기 해 뿌고 나는 내대로 시작하면 되는데 그래 이제 경찰에 있으면서 쪼매 한 3, 4달 먹을 거를 벌어 놨는 게 있는 거라.

이게 적산집이거든. 일본 놈의 집이라. 저쪽 편에 (지금 유치원 하는 데를 가리키며) 사무실채하고 사무실 옆에 소먹이는 마구하고만 내가 얻었는 기라. 4백 평인 기라. 얻어잖네(얻었는 게 아니고) 미리 들어가가 사는 사람이 있었거들랑, [먼저 들어와 살고 있는 사람들이] 있는데 [그 사람들한테] 돈을 주고 중간에 소개하는 사람이 "마 여기 적산 집에 있을게 있나 마 다른 데 가서 사는 게 안 좋나 카거들랑." 소 먹이는 마구 고쳐가 아들 수용소 하면 되겠다 싶어가 그래가 샀는 기라. 얼매 주고 샀는지는 몰라. 그리고 그 뒤에 교실하고 뒷마당하고는 내가 그 뒤에 하나썩 하나썩 사 모돘지(사 모았지). 돈이 생겨가 사 모둘 수가 있었어. [또 기억이 끊어진 듯] 어디까지 얘기했노? [고아원 시작하는 거. 애들 모으는 거. 6 · 25 나는 게] 그 사람들 좋다 카면서 내한테 맽기고(맡기고). 저거는 저거 책임 면해 뿌고(면해 버리고).

내가 죽으나 사나 맡아가 하는 긴데 거러지가 아 거러지 어른 거러지 할배 거러지는 별로 없어요. 전신에 삐딱삐딱하고 아들 거러지는 철사에다 깡통 묶아(묶어) 가지고 [깡통을 돌리는 시늉을 하면서] 이래 가지고 돌리면서 놀고 하는데 아따 거러지 말이야. 저녁에 잘 때는 우예(어떻게) 자노. 요즘처럼 무연탄시대가 아이고(아니고) 장작불시대라. 여관들이 있는데 여관에 방에 불 땔 때는 집안에 담

쳐 놨으면 이게 여관방이거든. 바깥에서 불 때거든. 거러
지 아들은 [아궁이에] 불이 꺼지도록만 기다리는 거야. [아
궁이에] 불이 꺼졌다 싶으면 물로 가지고 퍼 뷔가 그 안에
들어가 자는 기라. 불 때는 안(아궁이)에 들어가 자는 기라.
내가 고아원 9월 달에 채렸으니까 내가 9월 15일인가 내
가 대한민국하고 맞춰가 15일로 했지 싶다. 경찰이 잡아
오제 어른 거러지는 받을 재주도 없고 고아원 한다 캐 놓
으니 경찰서에서 막 잡아오는 기라. 아들은 내뺄 놈들은
며칠만 있으면 다 내빼뿌는 기라. 그래 가지고 [또 기억을
놓친듯] 어데까지 얘기했노? 아니 내뺄 놈은 다 내빼고 남
을 놈은 남고, 박화자는 일빠따다. 박화자 쩔룩발이. 가들
은 고아원 생기기 전에 포항읍시대에 불쌍한 아들이 있으
면은 자식 없는 집에 갖다가 양녀로 보내는 제도가 있었
는 모양이라. 남의 집 양녀로 갔던 안데(아이인데) 고아원
이 생겼다 캐 놓으니 아들 키우는 쪽 어마씨, 아바씨(엄마,
아빠) 말이야. 아들 키워도 재미도 없으이 고아원에 갖다
주는 기라.

　(그러니까 그때가 48년돕니까 49년돕니까?) 48년도에
대한민국 생겼제. 49년도인가? 6·25 바로 전해지 싶다.
이 지역에선 고아원이 처음이라. 걸뱅이 천지고. 정부도
도저히 감당도 못한다. 정부에서 도와줄 [엄두도 못내지].
정부도 미국 놈한테 얻어가 주제. 양식은 쪼매끔 줬다. 3
홉썩. 3홉썩 주고 그 외는 아무것도 없는 기라. 원장이 책
임이라. 무슨 수를 써서라도. 안 굶기고 살아라. 너거사(너
희들은) 우야든지(어떻게든지) 간에 살아라. 그라다가 6·25
전쟁이 났는 기라. 옷은 우예 생겼노(마련했는가) 하면 고
아원이 생겼다. 고아원 원장하고 포항읍장하고 둘이 각

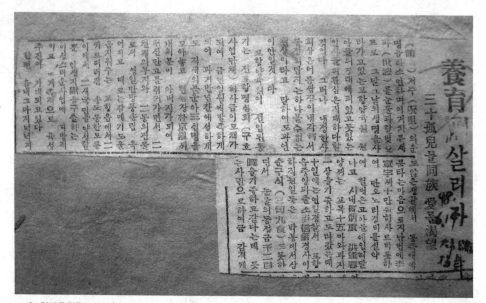

▲ '포항양육원을 살리자'는 당
시 일간지 기사(『대구일보』
1948. 6. 19.)

*"피난 갔지. 한 70, 80명
됐을 끼라.
내 그 아들 먹여 살리는 데
욕봤다. 피난은 감포로 해가
걸어서 5살, 6살짜리가
있으니까 업고 갈 수도 없고
걸어갈 수도 없고…."*

동네 공문을 띄우는 기라. 공문을 띄워 놓으면 고아원이
라는 게 생겼는 기가배. 뭐를 돌라 칼거트면(할 것 같으면)
헌옷가지 주소. 헌옷가지. 그래 가지고 헌옷가지 [상태가]
형편없다. 요새 보면. 그거 하고 삼베 꼬장주에다가 삼베
처매(치마)에다가 그런 거 많이 들어오지. 그때는 그때대
로 청년단이 있었다. 청년단을 시켜가 좋은 일 좀 하라 크
면 돌아다니면서 한 집에 하나썩 그때도 대한민국 설립되
지도 않은 때인데 형편없을 때에 옷이 있을 리가 있나. 그
래도 못 쓰는 거, 입다가 버리는 거 얻어다 입혔지.

(그라다가 6 · 25가 났다. 6 · 25가 나 가지고 고아원 아
들하고 어떻게 하셨습니까) 피난 갔지. 한 70, 80명 됐을
끼라. 내 그 아들 먹여 살리는 데 욕봤다. 피난은 감포로
해가 걸어서 5살 6살짜리가 있으니까 업고 갈 수도 없고
걸어갈 수도 없고…. 큰놈들도 딴 짐이 안 있나. 이불이라

든지 된장이라든지. 그때 소는 없었고 말은 1마리 있었다. 하루 10리, 20리 가면 많이 가는 기고 그러니까 감포까지 가는 데 물론 큰 동네 들어가가 10일도 있다가 20일도 있다가 갔지만은. 그러니까 6 · 25동란이 우리가 피난 갈 때가 8월 달에 갔나 가 가지고 감포 가기 전에 이 동네 가 가지고 쉬고 저 동네 가가 쉬고 이래 하다가 정세를 봐서 감포까지 가 가지고 있다가 전세가 유리하다 싶어가 들어오는 거지. 나름대로 고생했다. 그래도 얻어먹진 안했대이. 아들 시켜가 이 동네 가가 밥 얻어 온네이. 저 동네 가가 밥 얻어 온네이 그런 소리 안 하고. 밥은 꼭꼭 해 먹었다. 양식은 우예 구했노(어떻게 구했는가) 이런 얘기 나오겠제. 우리 집에 노새 1마리 있었다. 아들 큰놈 국민학교 이상 되는 아들은 다문 쪼매라도 요기에다 양식 넣어가 갔거든. 큰애[이]는 큰아대로 넣고. 대송면에 유 서방이 선생질 하고 안 있었나. 내 사촌 제뱁니더(제매입니다). 유 서방 집에 쌀가마니를 몇 가마니를 갖다 놨지. 큰 도움 됐지. 분산해가 실고 갔지만은 말이야.

(그 옛날에는 소규모 집 식구만 해도 먹고 사는 게 힘들었는데.) 유 서방 집에 갔제. 유 서방 집이 여가 대송면이라 카면 15리나 20리밖에 안 된다. 전쟁은 나가 있제 유 서방 집에 미리 여기서 아들 시키가 그리 말이야. "양식하고 옷가지하고 자네 집에 갖다 놓을 챔이니 그래 알아라" 캐 가지고 "좋다" 캐가. 몇 보따리 갔거든. 쌀도 몇 가마이 갔거든. 그때 노새를 1마리 먹였어. 노새에다 실고 가가 놓고 그래 인자 전쟁 툭 터졌다. 포항은 8월 11일 날 새벽에 인민군이 들어왔는 기라. 포항 사람들은 못 나가는 기라. 포항 사람들 나갈 사람은 나갔지만. 송도에 많이

> "그래도 얻어먹진 안했대이. 아들 시켜가 이 동네 가가 밥 얻어온네이. 저 동네 가가 밥 얻어온네이 그런 소리 안 하고. 밥은 꼭꼭 해 먹었다."

왔대이. 송도 솔밭 속에서 전부…. [말한 것을 잊어버린 듯] 또 무슨 얘기 하다 물어라 잊어뿟다(잊어버렸다). 그래 가지고 저 아이고. 하루 5리, 10리 걸으면 많이 걸었고. 5살, 6살짜리는 업고 가기도 그렇고 몇이 작은 아들은 몇이 안 되지만 데리고 갈라카이(가려고 하니깐) 어렵단 말이라.

그래 전쟁중에 말이야. 감포까지 갈 때는 갓난아이는 없고 그래도 마카(모두) 5, 6살 되는 아이가 있었다. 한 감포까지 갔을 때는 한 70, 80명 됐어. 중간에 마 우리는 고향 갈랍니다 카고 큰놈들은 내뺄 놈은 내빼고, 정식으로 인사하고 가는 아도 있고, 그래가 가고 뭐. 피난 갔다 왔거들랑. 피난을 1950년에 전쟁 안 났나 50년에 안 났나. 이북놈들 저리 올라갈 때 [50년 9월 달] 그래밖에 안 됐나. 그래 맥아더가 상륙했다는 소리 듣고 들어가도 좋다 캐가 우리도 9월 27일 날인가 걸어가 왔는데. 오이 또 좋은 수가 있는 기라. 내가 걸뱅이 노릇 잘하는 기라. 감포에 가면 해군 출장소가 있다. 포항에서 피난 왔는 고아원인데 아들하고 어른하고 한 80명 되오. 되니까 배를 타고 포항까지 가는 도리가 없느냐 연구 좀 해 주소. 함부래 안 된다 카는 사람은 안 되고 고아원이 뭔교 캐가 고아원은 부모 없는 아들 키우는 데요. 날로 한 번 보거들랑. 그때 서른 몇 살밖에 안 되니까 젊은 사람이 용하다 카는 생각이 드는가. [기억을 자주 놓치며] 어데까지 했노?

가져갔는(가져간) 양식이 다 떨어졌거든. 감포에 그러니까 바닷가에 저거 아이요. 움막을 지가(지어) 가마때기에다가(가마니에다) 쇠끄대기에다가 작은 배에다가 그물에다가 그런 요걸 갖다가 바닷가에 있는 고기 잡는 사람 창고.

그걸 빌리가(빌려) 자기네 물건 놓고 우리 아들 잘라 카이
그래 가지고 여자들 여남씩썩 열은 안 된다. 거 저 보모 아
줌마들 말이야. 아줌마도 델고(데리고) 갔으니. 동네 방을
얻어가 우리 정미소 있는 동네는 피난민은 안 잤던 동네
라. 피난민 겪어 보면 피난민 깍쟁이라 카고 그런 일이 있
거들랑. 그러니까 인심이 좋아요. 내하고 할마이하고 요기
몇이 남자 키 큰 아저씨하고 상필이하고 그놈들 저하고
아들하고 같이 자고 키 큰 아저씨 엄마가 왔나 나이가 70
되는 할매가 와 가지고 날로 괴롭혀가 멋하러 여까지 와
가 전쟁 전에 와가 겪어 보더니만 군위서 이꺼정(이까지)
키 큰 아저씨가 있으니까 아들 보러 왔다가 전쟁 나가 피
난 갈 때까지 못 가고 있는데 할매하고 몇이 방을 얻어가
재이고 그랬다.

▼ 포항양육원 원생들

우리가 피난 갔다가 한달 며칠 만에 왔다. 와 가지고 이 집은 그때 없었다. 밭이다. 아들 키울 집이지. 말이 요새 맥히이. 6 · 25 동란 나던 해라. 50년에 피난 갔다가 다부 돌아왔거들랑. 설 하나 지났다. 1951년 정월 초사흘 날이라. 양력인지 음력인지 잊어뿟다. 정월 초사흘 날 키 큰 아저씨가 그때 우리 직원입니다. 대문 달으러 밤에 요새 9시나 10시쯤 안 됐겠나. 거 하얀 보따리가 있어가 대문 아이가 그제 대문 나무로 됐거든. 이 밑에 보따리가 하나 있거든. 조금 감이라 칼카 느낌이 있어 가지고 그래 가지고 내한테 연락이 왔거들랑. 보따리가 하나 있는데 조금 이상하다 한 번 보자. 피 보니까(펴 보니까) 아이라. 대총(태반)을 이만큼 달았는데 대총(태반)을. 우리가 생각해도 이노무(이놈) 자식아들이 해수욕장 솔밭 속에서 아를 낳았구나 싶은 생각들더라고. 보자기에 싸여 가지고 그래 가지고 난리가 났다. 니는 물 디파가(데워고) 니는 헌 보재기 있거든 가 오너라. 니는 실 가 오너라 캐 가지고 그래 가지고 저 무슨 가시개(가위) 가 오너라. 물에 다 넣으가 소독을 시키라 캐가. 그걸 [태반] 묶았거들랑. 대총(태반)을 묶아가(묶어가) 끊어 내고 그기 ○득이 아이가. ○득이. 정월 달에 얻었다. 바를 정자 얻을 득 자 해가 성은 내따라가 박○득이라. 그라고 옛날에 ○옥이라고 안 있었나 ○옥이도 정월달에 얻었는 옥이다. 인제 뭐라 캤노.

아들이 계속 들어오거든요. 1달에 하나 들어오기도 하고 2달에 하나 들어오기도 하고 처치 곤란이라. 젤 처음에는 2~4 시까지는 우리 할마이가 죽은 ○용이하고 그 안에다가 넣어가 같이 키웠는 기라. 그때는 우유가 없어요. 국산도 없고 미국산은 아예 없어요. 아를 먹이는 방법을 암죽이라. 백찜을 찌 가지고 백찜을 찌고 물로 끓이고 백찜을 그 안에 넣어 가지고 개면 숟가락으로 떠믹이는(떠먹이는) 기라. 쪼매한(조그마한) 숟가락으로. ○득이 그래 키웠어요. 그래가 감당을 못해가 아들 계속 들어오니까. 우리 내외간하고 아들하고 자는 방에 아들은 계속 들어오니까 아들 방을 새로 하나 만들어야 될 태세라. 그때까지 천상(어쩔 수 없이) 내 방에 재여야 되거든. 한 이불 속에 자는 기지.

고것들 자다가 울면 암죽을 먹여야 되거든. 고거는 내 아이디어라. 서랍. 일본 농 택이라. 다이. 서랍이 있거들랑. 그라믄(그러면) 요게 인자 불씨는 남폿불이라. 호야가 있고 이놈을 서랍을 빼 가지고 남폿불을 밑에 놓는 기라. 냄비에다가 한숨 자고 일나면 냄비에 물이 바글바글 끓는다. 끓는 물에다가 백찜떡 1, 2마리하고 설탕 설탕은 점빵에만 파니까. 우유가 있을 리도 없고 우유공장도 없고. 대구 같은 데 가면 있겠지. 개가지고 빽빽 우는 놈 입에다가 할마이가 떠 먹였다. 그런 짓을 얼매나 했다고. 자다가 잠을 올케 못 자요. 울어싸가(울었어).

송도 땅이 2천 평 있었다. 내 월급쟁이 치우고 나와 가지고 고아원한다고 채리 가지고(차려 가지고) 도구 뭐 사고 했는 거 남았는(남은) 거까(것으로) 조금 조금씩 샀는 게 한 2천 평 있었다. 1968년이다 69년이다 1977년인가 10년 뒤면 언제고.

67년쯤 되가 정부에서 고아원도 허가를 내야 됩니다. 허가를 낼라카믄(내려면) 법인체를 만들어야 합니다. 학교 만들듯이. 공문이 왔거들랑. 고아원은 뭐 필요하노, 이사는 몇이나 있어야 되고, 감사는 몇이나 있어야 되고…. 도

"고것들 자다가 울면 암죽을 먹여야 되거든.
고거는 내 아이디어라.
서랍. 일본 농 택이라. 다이.
서랍이 있거들랑. 그라믄 요게 인자 불씨는 남폿불이라.
호야가 있고 이놈을 서랍을 빼 가지고 남폿불을 밑에 놓는 기라.
냄비에다가 한숨 자고 일나면 냄비에 물이 바글바글 끓는다.
끓는 물에다가 백찜떡 1, 2마리하고 설탕 설탕은 점빵에만 파니까.
우유가 있을 리도 없고 우유공장도 없고.
대구 같은 데 가면 있겠지.
개 가지고 빽빽 우는 놈 입에다가 할마이가 떠 먹였다.
그런 짓을 얼매나 했다고."

"67년쯤 되가 정부에서 고아원도 허가를 내야 됩니다.
허가를 낼라카믄 법인체를 만들어야 합니다."

▲ 포항양육원을 찾은 캐나다
복지단체

*"고생했다 카믄(하면) 고생했는
기로. 글(그)때 하고 싶어서
했는 일이니까
내가 무슨 마음이 들었든지
간에 후회도 없고
없습니더만은
세월 늙어가 이젠 뭐…"*

청에 가면 사회과라는 게 있거든. 알아보이 뭐뭐뭐 필요
하다 캐가. 내 이름으로 하나하나썩 사다 모았는 땅이 있
는데 땅 2천 평 되지요. 법인체….

아이고 그런 세월 겪었고 아, 그래 할 수 없어 가지고
젖 믹이는(먹이는) 유모를 구했습니다. 아를 낳아가 자기
아 키우면서 아가 1, 2살 되는 아는 젖이 여유가 있거든.
그래 저 소문 내가 유모를 젖 있는 유모를 구해 가지고 어
지간하면 1년만 지내면 암죽 먹으면 되거든. 아주 갓난 알
라(아기) 때 젖을 안 먹으면 안 되거든. 그래 사람 젖을 먹
여가 그래 키웠는 기라. 고생했다 카믄(하면) 고생했는 기
로. 글(그)때 하고 싶어서 했는 일이니까 내가 무슨 마음이
들었든지 간에 후회도 없고 없습니더만은 세월 늙어가 이
젠 뭐…

(근데 선생님 기력이 대단하십니다. 젊은 사람들도 말

씀을 3시간 넘게 하시기가 쉽지 않는데 말입니다. 하하하
하)

　(옛 고아원생 사진첩을 보며) 사람 사업 할라카마 참 어려
운 거지. 결혼식 시키라면 돈이 얼마나 드노. 돈 가지고 되
는 것도 아니고, 마카 행복하게 살아야 되는데….

　(마지막으로 하고 싶은 말씀 있으시면 하시죠.) 일제시
대 경찰 한 사람이 뭐가 자랑스럽겠노. 먹고 살 방도가 없
고, 어릴 때 어머이 말씀이 영향을 받아 경찰 했지만 자랑
할 게 없다. 다만 사람잡는 일은 안했다 카능 기 다행인
기라.

*"일제시대 경찰 한 사람이 뭐가
자랑스럽겠노.
먹고 살 방도가 없고,
어릴 때 어머이 말씀이
영향을 받아 경찰 했지만
자랑할 게 없다.
다만 사람잡는 일은 안했다
카능 기 다행인 기라."*

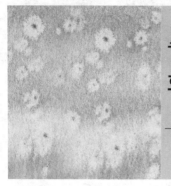

중국인 비단장수 여서방
화교로 살아가기

―나주 영산포 중국인 포목점 주인 여풍재의 일과 삶

박이준(목포대학교 호남문화콘텐츠연구소)

"중국인 비단장사로 살아온
여풍재의 삶을 통해
격동의 근현대시기
민중들의 궤적을 따라가 보자 "

　　여풍재의 고향은 중국 산동성 엔타이구로 중국인이다.
그는 1947년 징병을 피해 혼자 인천으로 들어왔으며, 그
때 그의 나이 16살이었다. 그가 인천으로 들어오게 된 것
은 일제 강점기부터 장사를 하던 숙모가 살고 있었기 때
문이다. [여풍재의 숙모는 한국전쟁 직후 대만으로 이주]
인천에 들어온 여풍재는 숙모의 소개로 무역상을 하던 집
에서 점원생활을 시작했다. 1년여 동안 점원생활을 하던
그는 무역상 주인에게 신임을 얻어 주인의 권유로 광주
송정리로 내려오게 된다. 당시 광주 송정리에는 인천 무
역상 주인 동생이 포목점을 하고 있었다. 그는 광주 송정

리 포목점 점원으로 또 다시 약 7년간 이곳에서 일했다.

그는 22살이 되던 해인 1953년 현재 부인을 만나 결혼하였다. 부인은 한국 태생 중국인으로 군산 출신이었다. 처갓집은 일제 강점기부터 군산에서 포목점을 경영하였다. 여풍재는 처갓집에 대해 "그 사람(아내)은 중국인이어도 여기 태생이고, 전라북도 군산에서 살았다. 일정시대 그 사람들 여기서 장사를… 3군데서 했어. 군산이 본점이고, 줄포에 지점, 함열에도 지점이 있었다"고 회고한다. 여풍재는 결혼 이후, 처갓집이 가게 운영에 곤란을 겪게 되자 2년간 군산에서 살며 처갓집 가게 운영을 돕기도 하였다. 여풍재는 이후 영산포에 포목점을 개점하면서 독립하게 된다. 그가 영산포에 자리를 잡게 된 것은 영산포의 상권이 다른 지역에 비해 좋았기 때문이다. 그는 개업 초기 처갓집과 주변사람들의 도움을 받아 포목점을 열었다. 당시 영산포에는 화교들이 약 30여 가구 정도가 거주했으며, 중국인 포목점은 6~8곳 정도 있었다.

여풍재는 한국이 화교로 살기에 너무 힘든 곳이라고 말한다. 화교는 선거권은 물론, 의료보험, 재산권 제한과 자녀들의 교육에서 많은 차별을 받았다고 말한다. 특히 자녀들이 국내에서 대학을 졸업해도 화교라는 이유로 취직하기는 그리 쉽지 않았다고 한다. 여풍재는 한국에 살면서도 주민등록증이 없는 현실에 대해 "중국 주민등록증이 아니라, 대한민국 거주 등록증이 있어요. 중국은 패스포드밖에 없고. 대한민국 법에 따라서 작년에 우리가 바뀌었지. 그전에는 한 5년마다 한 번씩 바꿨는데, 지금은 영구적으로 사용하는 것으로 바뀌었어. 재작년에 바뀌었나 보네요"라고 말한다. 그는 무엇보다 한국인들이 자신들에 대해 "처음에 우리 여기 왔을 때, 보통 한국 사람들 말하는 습관 있어요. '떼국 놈' 그런 말했잖아요. 거 습관성이야"라며 씁쓸해 한다.

화교인 여풍재는 화교협회와 상조회 등 개인계를 중심으로 사회관계를 형성하고 있다. 상조회에 대해 그는 다음과 같이 회고한다. "서로 맘이… 뜻이 맞고, 1달에 일 없으면 만나서 밥도 먹고, 그것이 뜻이지. 옛날에 나주 원로들이 다 영산포를 다녔었어요. 그분들이는 내가 다 친하게 지내는 아는 사람들이고. 나도 공부 못했지만, 중국 주민등록 작성할 때도 시청에서 다 협조해 주고 그랬었어. 나는 남 도울 일 있으면 도와주고 그랬어. 중국 사람은 나밖에 없어요. 다 나가 버렸어. 죽은 사람은 죽고."

여풍재는 비단장수가 다른 업종에 비해 상대적으로 인정받는 것으로 이해한다. 그의 말을 들어 보자. "장사하는 사람이 장사를 하면, 옛날에 비단장사 하면 그래도 양반 장사여. 깨끗한 장사잖아. 천한 장사 아니여. 지금 식당 같은 것이 천한 장사지만. 식당에서는, 장사하면은 누구한테 하수하는 소리는 안 듣잖아요. 식당하면은 있잖아요. '야! 빨리 갖고 와' 그런 사람 있잖아요"

여풍재의 여가는 생업과 뚜렷이 구분되지 않는다. 그는 물건 구매를 하기 위해 다른 지역을 돌아다녔던 것도 여가의 한 부분으로 생각한다. 그 외 여가활동에 대해 "한국 사람하고 마작도 하고, 화투도 치고, 술집이도 많이 다녀 보고, 친구들 따라서…"라고 회고한다.

징병을 피해 혼자 한국에 들어와 정착한 여풍재는 중국에 남아 있는 가족들에 대해 애틋한 마음을 가지고 있다. 그의 회고를 들어 보자. "부모, 자식 간에는 어디 가도 그리워하지. 그 당시는 가고 싶어도 못해요. 말하자면, 1984년도엔가 한국에서 이산가족 찾기 프로그램을 할 때, 그때는 중국 가는 것은 공산 국가 가는 것이라고 해서 대한민국에서 못 가게 해요. 그래도 그 당시는 어떻게 해서 우리는 일본 경유해서 중국 갔었어요. 그 당시 갔다 오는 사람 조사하고 뭐 하고⋯ 조사할 것 뭐 있어. 자기 고향 갔다 오는데. 가고 싶으니까 나는 그 당시 나주에서 그런 거(조사받은 것) 없었어요. 인지상정이지. 사람이라면." 그러면서도 여풍재는 나주 영산포가 자신의 제2의 고향이라고 말한다.

▲ 여풍재 씨의 최근 모습

  징집을 피해 10대에 인천을 거쳐 광주 송정리, 군산, 나주 영산포 등지로 이주하면서 포목점을 하였던 여풍재. 화교로 한국에서 홀로서기 위해 장사를 선택했다는 여풍재. 그의 자식들 역시 화교 2세로 한국에서 뿌리를 내리기 위해서는 장사꾼이 되거나, 대만으로 이주하는 길뿐이었다. 그래서 나주에서 현재 중국집을 개업해 자리를 잡았다는 그의 아들에 얽힌 사연을 '담담하게' 이야기하는 그의 모습에서 지난 격동의 20세기를 살아온 화교의 또 다른 모습을 읽을 수 있었다. 그리고 중국 비단장수 여풍재가 보여 준 삶은 20세기 화교 상인층의 한 표상이다.

  (면담 내용 중 일부는 52년간 함께한 부인의 기억이 더해졌음을 밝혀 둔다)

여풍재의 연보

1934년(1세) 중국 산동성 엔타이구 출생.

1947년(14세) 징병을 피해 인천 숙모집으로 피신. 인천에서 무역상 점원으로 취직(약 1년 근무). 광주 송정리 포목점 점원으로 이직(약 7년 근무).

1950년(17세) 한국전쟁을 겪음(나주 삼도로 피난). 현재 부인과 결혼.

1953년(20세) 전북 군산으로 이주(약 2년 동안 거주)

1957년(24세) 나주 영산포로 이주.

1959년(26세) 포목장수 시작.

1984년(51세) 중국음식점 「남경식당」 개업(아들과 동업)

2004년(71세) 나주에서 소일.

내가 살던 고향은 중국 산동성이요

[내가 태어난 곳은 중국] 산동성이요. 여기로 치면 면소재지에 살았어요. 산동성 옌테구. [부모님은] 일정시대 쪼금, 가게 장사도 좀 하고, 해방 후로 우리도 해 먹을 것 없으니까, 장사가 안 되니까 농사도 짓고, 나도 농사 안 지은 것 없이 다 해 봤어요. (부모님께서 농사를 얼마나 지으셨던가요?) 집에서는 장사하면서도, 농사는 그리 많지는 안 해. 그런데 일반 중농 정도는 해. (무슨 장사를 하셨는데요?) 일정시대는 잡화장사를 해. 생활 일용품 그런 것들 팔았었어요.

[우리 형제는] 다섯인데. 내가 한국 나와서 막둥이 중국서 죽었제. 내가 둘째. 5형제 다 남자여. 어머니가 지금 돌아가신 지가 얼마나 됐을까? 아버지는 50대에 돌아가셨어요. 못 뵙고. 어머니는 돌아가실 때 가 봤제. 어머니가 언제 돌아가셨는지, 나도 잊어버렸네. 시방. 아버지는 오십 몇 살에… 옛날 사람들은 다 그 정도에 돌아가요. 어머니는 97세에 돌아가셨어.

[학교는] 국민학교 다녔어. [국민학교도] 못 마쳤어. 3학년 [중퇴했지]. 그 당시는 꿈이라도 여기 한국 와서는 야간학교라도 당길란다 했는데, 못 다녔어.

공산주의는 자원병인데, 그러나 할 수 없이 그 길을 가야 돼. 지금은 많이 변화됐지. 우리 사는 시대하고, 지금 사는 시대하고는 많이 틀려. 그때는 먹고 살기가 힘들고, 그리고 우리가 장사할 때는 아이들 학교 갈키기도[1] 힘들어요. 그러나, 그래도 어쨌든 여기서는 아이들을 갈치고, 다

[내가 살던 고향은] 산동성이요. 여기로 치면 면소재지에서 살았어요. 산동성 옌테구. [부모님은] 일정시대 쪼금, 가게장사도 좀 하고 해방 후로 우리도 해 먹을 것 없으니까, 장사가 안 되니까 농사도 짓고, 나도 농사 안 지은 것 없이 다 해 봤어요.

1 가르치다는 뜻.

지들이 따로따로들 살고, 출개[해서] 다 여우고 그런 거지. 인생 다 마무리된 인생이지, 나 같은 나이는…

(나주를 고향이라고 생각하시겠네요?) 그렇지. 제2의 고향이지. 우리 막둥이는 대만서 사는 애는 집도 있고, 아파트도 있고, 또 자기 사는 별장 비슷한 것도 있어요. 아버지, 어머니 오시면 [모신다고] 그것이 단독주택이라도, 마련해 줄 테니까 와서 살으라고 해. 근데 기후가 안 맞아요. 우리가 사는 방식이, 생활방식이 안 맞아. 중국 우리 고향이나 여기하고 똑같아요. 근디, 우리가 나이가 먹어서 그럴까 지금 보는 젊은 사람은 맨 카드빚이 빚이… 옛날에 우리 살 때는 안 그랬거든. 돈을 계획적으로 써야 될 것 아닙니까. 없으면 못 쓰고. 지금 세상은 그런 거 아니잖아요. 그래서 아, 이것이 사람이 내가 나이가 먹었구나.[생각하지]

군대에 갈 나이 되니까 피난와서 이러게 된 거여. 정착하게…

원래, 내가 대한민국 올 때는 한국이 대한민국이 없었어.[내가 한국에 온 것이] 16살인가? 집안 숙모 따라왔어. 숙모님이 그전에 일정시대 여기서 살다가 해방 되니까 중국이 인자 말하자믄 제2차 세계대전 끝날 때여. 그러면 그 사람들도 정세가 안정되니까 중국 들어가서 살라고 하니까 중국 공산주의 돼 버렸어. 내가 여기 한국 나올 때만도 대한민국이 없었어. 그때는 임시 피난을 나와 가지고 장사를 했지. 해방 이태 해[2]에 내가 왔으니까. 피난… 고향에 있으니까, 군대에 갈 나이 되니까 피난을 와서 이러게 된

"우리 사는 시대하고, 지금 사는 시대하고는 많이 틀려. 그때는 먹고 살기가 힘들고, 그리고 우리가 장사할 때는 아이들 학교 갈키기도 힘들어요."

여풍재는 중공군의 강제징용을 피해 숙모가 살던 인천에 잠시 피신하려 하였으나, 이후 중국이 공산화되면서 한국에 남게 되었다.

2 1947년을 말함.

거여. 정착하게… 우리는 그 당시는 교육도 제대로 못 받았어요. 왜 그러냐면 전쟁 통에는 학교 다니다가 말다가 쉬었다가 말다가 이리 되니까 목적이 그래도 이리 와서는 애기들이라도 공부를 갈치라고 했는데, 막상 맘대로 안 되었어. 아이들 넷이라도 대학교 나온 것이 한나밖에 없어. 큰 놈은 학교 안 다니고, 여기 일 보는…[3]

그 당시는 전기도 이북에서 가져오고, 와 가지고 한 2달인가, 전기 끊어졌어요. 인천서 살다가 그래 가지고 송정리 가서 7년간 월급생활을 했었어.

[한국에 온 것은] 피난. 평화만 정착되면 도로[4] 다시 갈라고 하니까, 여기는 민주주의 국가, 거기는 공산주의니까 들어갈 수가 없잖아요.

[공산주의는] 지식 관념에 그런 것[5]이 있지. 왜그냐면 공산주의라는 것은 선전밖에 없어. 실적이 없어 그 사람들은… 지금은 여기서 대한민국이 공산주의 좋다 . 어쩌고 하지만은 지금은 많이 변화되었어. 옛날 세상에는… 우리가 산 시대가 고생 많이 했어요. 6 · 25 사변 나서 송정리서 살았거든. 피난을 어디로 갔냐면은 삼도면 해룡리로 갔어. 우리가 거기서 사는 데서는 풀을 많이 베어다 줬어요. 송정리서 남의 월급생활 할 때 6 · 25 당해서, 피난을 우선 시골로 가야 되니까. 시골에 가서는 할 일 없이 풀만 베 주고, 그 집이 농사짓는 집이어서 퇴비를 많이 해다 줬어요. 우리가.

그 당시는 집안 관념상 그게[6] 틀려요. 옛날 시대에는 다 개인 재산 증식을 마음대로 할 수 있었지만, 공산주의는 그런 게 아니잖아요. 그 자유가 없어요. 우리 여기 사람들은 모를 것이여. 공산주의가 어떻게 된 건지. 남한 사람들

"옛날 세상에는…
우리가 산 시대가 고생 많이
했어요. 6 · 25 사변 나서
송정리서 살았거든.
피난을 어디로 갔냐면은
삼도면 해룡리로 갔어.
우리가 거기서 사는 데서는
풀을 많이 베어다 줬어요.
송정리서 남의 월급생활 할 때
6 · 25 당해서, 피난을 우선
시골로 가야 되니까.
시골에 가서는 할 일 없이
풀만 베 주고,
그 집이 농사짓는 집이어서
퇴비를 많이 해다 줬어요."

3 현재 나주 시내 중국 음식점인 '남경식당'을 운영하는 아들을 지칭함.
4 다시라는 뜻.
5 반감.
6 공산주의에 대한 인식.

은… 그 사람들은 경험을 해 가지고 그것이 불편하고, 자유가 없는 것을 느끼지만은 한국 사람들은 그걸 모르잖아요. 살짝 6 · 25 동란 그 몇 개월간인데… 공산주의란 것이 처음에는 모든 면에서 좋아요. 실제로는 그렇지 않아요. 자유가 없잖아요.

(처음에 인천으로 나오셨나요?) 첨(처음)에 인천서 1년 남의 집에 있다가, 그 집이 무역상 했는데 장사가 안 돼. 실패해 가지고, 그 동생 집이 송정리서 포목점을 했어. 그 당시 포목점이 쪼끔 했는데, 우리가 가서 돈 많이 벌어줬어요. 전쟁 나기 전에 송정리로 왔어. 그 집에서 장사 한 7년간 했지. 월급생활 했다는 곳이 바로 그곳… 그래 가지고 결혼해 가지고 전북 가서도 2년간 살았어요. 그 당시에는 영산포에는 장사 좋았어요. 우리가 여기서 장사할 때도 광주 사람은 시장 돌아다니는 사람은 다 우리 집에 와서 도매로 물건을 샀었어요. 그 당시 내가 장사할 때도 목포서는 제일 크게 하는 사람이 서씨라고 있어. 그때 광목 대리점하는 사람. 서씨여. 우리가 장사할 때도 부산, 대구 같은 데서는 전부 이북 사람이 상권 잡고 있었어요. 광목 대리점이 목포가 있고, 광주에 있고 그랬죠. 전남방직 있는데…

중매로 결혼했지. 중국 사람하고

(몇 살에 결혼하신 건가요?) 22살인가? 우리 집사람은 19살. 큰아들은 20살에 낳았지. 그 당시 시대는… 솔직히 지금 세상 같으면 얼마든지 연애하겠어. [웃음] 그래도 건

실히 살려고, 내가 우선 먹고 살아야지.
지금 사람들은 그렇지 않잖아요.

[결혼은] 중매로 했지. 중국 사람하고.
그 사람은 중국인이어도 여기 태생이고.
전라북도 군산에 살았어. 일정시대 그
사람들 여기서 장사를 3군데서 했어. 군
산이 본점이고, 줄포에 지점, 함열에도
지점이 있었어. 지금도 영산포 같은 데
서는 강변에서 시장 큰길, 다리 밑에까
지 중국 사람이 지어 놓은 집이 많이 있
어요. 지금도…

(부인 친정에서도 포목장사 같은 걸
하셨나요?) 했지. 해방 후로 인자 아버지[7]
돌아가시고 나니까 집안이 망했지. 암

▲ 여풍재의 결혼 사진

것도 없지.[8] 그래서 장사 못하니까 내가 거기 가서 한 2년
했지. 줄포 가서 2년 살았어요.

(중매를 어떻게 하신 건가요?) 옛날에 어른들이. 다 장
사 뭐… 장사하면서 연결되어 있는 어른들이 했어. (어르
신께서는 홀홀단신이셨잖아요?) 홀홀단신. 이래도 내가
그 당시 장사해서 이름이 상당히 내있는 편이야. 전라남
북도는 내 이름 모르는 사람이 없어. 그만큼 장사 잘하고
착실하고, 지금 생각하면 그 당시 자기 집에 가자는 한국
처녀들 꽉 찼었어요. 그런데 그게 부담감이 가. 죄 짓는 것
같고. 지금 애들은 그렇지 않잖아요. 연애 안 하고 사는 사
람들이 어딨어. 지금 세상에. (정말 결혼 전에 연애 한 번
안 해 보셨어요?) [웃음]

(결혼은 의식적으로 중국 분하고 하신 건가요?) 그렇죠.

"결혼은 중매로 했지.
중국 사람하고
솔직히 지금 세상 같으면
얼마든지 연애하겠어."

7 장인을 뜻함.
8 아무것도 없었다는 뜻.

"내가 그 당시 장사해서
이름이 상당히 나 있는 편이야.
전라남북도는
내 이름 모르는 사람이 없어.
그만큼 장사 잘하고
착실하고…"

"장인은 좋은 집안이여.
명필이에요. 일정시대
군산 초등학교 [화교학교]
설립자예요. 그 당시는
[학교가] 서울에 있고
그 다음에 군산이
제일 빨랐을 거야.
일정시대니까. 중국에서
교사를 초청하고…
설립자예요."

우리 사는 세상하고 지금 세상은 틀려요. 그 당시는 먹고
살아야 하니까. 어쨌든 내가 장사하면서도, 시골에는 학교
도 못 다니고 남의 집에서 밥만 먹여 주어도 좋은 그런 사
람이 많았거든. 나도 젠장 없이 사니까. 내가 영산포서 살
면서 시골 사람이 한나(한 명) 있었는데, 목포 가서 치우
고.[9] 즈그 엄마는 돈 없은께, 내가 물건 대 주고 팔아서 갚
고 그랬거든. 학교도 내가 고등학교도 입학시켜 주고, 즈
그 동생 아플 때도 내가 치료해 주고, 내가 그런 식이었어.
사실 말하자면, 그런 사업을 많이 했어요. 없으니까. 우리
도 없이 사니까 동정심이 나서… 나는 남 해치는 것은 못
해. 나는 지금도 나주서 장사하지만은 [나주시청] 국장, 과
장들, 지금 다 퇴직했지만은 다 친구들이여.

(장인께서는 일제 때 군산으로 건너오신 겁니까?) 그렇
죠. 자기 집안 형님이 여기서 장사를 하고 있어서 왔어. 일
정시대 때 학교 세우기가 어려웠을 거야. 전라남북도에서
내 나이 조금 더 먹은 사람들은 일정시대에 전부 군산학
교에서 나왔어. 내가 우리 집 사람하고 5살 차인데, 내 나
이보다 더 먹은 사람이 우리 집 사람하고 동창이야. 왜 그
러냐면 지방에 학교 없으니까 나이가 많이 먹어서 학교
다닐 수가 있잖아요. 또 시골에 있고 하면, 집사람은 그곳
에 있으니까 6살에 학교 갔지만, 우리 아이들도 큰 놈하고
막둥이도 6살에 학교 갔어요. 보통 학교를 7, 8살에 가잖
아요. 옛날 학교가 아주 귀할 때는 10살에 학교 가요.

[처갓집 사정은] 일정시대 그때는 우리 집사람이 13살
엔가 장인이 돌아가셨어요. 장인은 좋은 집안이여. 명필이
에요. 일정시대 군산 초등학교 [화교학교] 설립자예요. 그
당시는 [학교가] 서울에 있고 그 다음에 군산이 제일 빨랐

9 결혼식을 올려 주었다는 뜻.

을 거야. 일정시대니까. 중국에서 교사를 초청하고… 설립
자예요. 배운 집안이야. 말하자면, 자기 동네서 [중국 본토]
일정시대에 여자 중학교[를] 자기 집안서 설립한 학교도
있었어요. 중국서는 농촌서 중학교 하나 차릴려면 보통
일이 아니여.

가족은 아들 셋, 딸 하나

[결혼 후 아이가] 너이.[10] 아들 셋, 딸 하나. (한국에 친척
이라고는 숙모님이 유일한가요?) 지금은 다 돌아가셨어.
그때 인천에 살아 가지고 나중에 피난은 부산을 갔었어.
부산서 난중에 대만 들어갔어 [숙모가]. 나는 지금 큰아들
은 여기 있고, 둘째 아들은 광주에 있고, 막둥 아들은 대만
가서 대학교 졸업하고 의사로 있어. 딸은 거기다 여우고.[11]
막상 여그서 그 당시는 영산포서… 영산포학교 소학교 있

> *"나는 지금 큰아들하고*
> *영산포에 있고,*
> *둘째 아들은 광주에 있고,*
> *막둥이 아들은 대만 가서*
> *대학교 졸업하고 의사로 있어.*
> *딸은 거기다 여우고."*

10 네 명이라는 뜻.
11 자녀를 결혼시킨다는 뜻.

◀ 여풍재의 가족사진

거든. 한국서는 호남서 전국적으로 알아줘요. 국내 학교로… 거기서 졸업해 가지고 대만 갔어. 여기서 국민학교 졸업하고, 중고등학교는 서울로 갔어. 지금 한국에서도 시골에서 학교 나와서 서울대학처럼 제일 좋은 학교 들어가기 힘들어요. 그런데 우리 아이는 대학에 들어갈 때 장학생으로 들어갔어요. 한국하고 대만하고 학교 공부하는 거(것이) 차이 있어요. 한국 학교는 내가 알기로는 그 당시 빽이 있으면 장학금 탈 수 있어. 거기는 그렇게는 안 돼. 정식 학점 따야… 우리 국민학교에서 백 점 만점에 80점 만점, 90점 만점 있잖소. 80점 이상 되야, 85점 이상 되야, 그게 저… 장학금을 탈 수 있어. 정부에서, 그래도 우리 애기는 거기서 장학금 안 타. 자기 실력으로. 첨(처음)에 들어갔을 때는 좀 힘들었지. 한 1년 정도는. 공부하는 사람이어야 공부하지, 공부 안 하는 사람은 아무리 머리 좋아도 소용 없어요.

부모 입장은 그래도 어려웠어도 다 갈칠려고[12] 그랬는데… 우리 둘째도 대학교 3학년 다니다가 그만뒀어. 지금 광주 황금동 스왓치 대리점 해. 그 당시 대만서 정식 대학교 나온 사람이 드물어요. 내가 송정리[에서] 7년 살았지만은… ○○고등학교 있죠? ○○건설인가? 고○○ 사장. 내가 송정리 있을 때, 그 사람은 대학교는 뭐… 껄렁 껄렁… 지금 전남서 제일 큰 건설회사로 있잖아요.

(송정리에 계실 때, 전쟁이 났나요?) 그렇죠. 터져 가지고, 그 집서 나왔어. 난중에[13] 한 3년인가 4년인가 결혼해 가지고 있다가 줄포로 갔제. 내가 장사를 해 줬는데, 그 당시 우리 사는 세상에서는 친구들이 다 조금 빌려 달려면 빌려 주고 그랬었어요. 그 당시 농사짓는 사람이면 일 년

12 가르치려고.
13 나중에 라는 뜻.

먹을 것을 다 준비해 놔. 쌀
이나 밀이나. 그래서 피난은
갔지만, 먹고사는 것은 걱정
없었어요. 송정리 살 때 전
쟁이 난 건데, 집이 다 타 버
렸어. 2채가… 점원으로 일
하던 그 주인집이 불탔어.
생활을 그 주인집에서 같이
했었는데… 그 당시는 [인
민군이] 포위를 하고… 시

▲ 여풍재 자녀의 유치원 시절

내에 있으면 [인민군에게] 포위당하니까, 시외 농촌을 가
야 안전하게 살 것 아닙니까. 전쟁 나면 피난 안 간 사람
어디 있었어? 다 갔어.

비료장사, 소금장사, 사과장사… 고생 많이 했어

(결혼하고 약 2년 동안 장사하셨단 말씀이시죠?) 어…
장사가 안 된께 시골에서 포목장사 했어. 내가 영산포에
살면서도 그 당시 광주 본정 같은데… 그 당시는 광주 시
내 인구[가] 5만여 명밖에 안 돼요. 충장로 있잖아요? 내가
영산포에 집 살 때는 광주 가서 본정에서 집 살 수 있었어
요. 영산포 그때 장사 잘돼. 왜 그러냐 하면 강진, 해남 그
쪽에서 다 올라오고, 우리가 장사할 때도 목포에서 장사
꾼들이 와서 물건 띠었었어요.[14]

(그 당시 광주에서 포목점 하시던 분들은?) 다 죽었어.
(물건은 어디에서 가져왔나요?) 대구, 부산. 5일마다 여수,

14 물건을 도매해 갔다는 뜻.

부산. 배로 가가지고. 한국서 그때 창진호. 여수에서 부산 가는 제일 큰 배여. 침몰이 된 배. 그 배로 우리 많이 다녔어요. (왜 부산, 대구에서 물건을 가져왔습니까?) 그전에는, 맨 첨에는 대구와 부산에 공장 좀 있고, 그리고 맨 첨에 할 때게는 대한민국에는 물건이라는 게 별 거 없어. 그 당시는 집이들은(여러분들은) 모를 거여. 결혼식에는 [혼수로] 그래도 일본에서 밀수 들어온 거 알아줬어요. 말하자면 모본단, 유똥 등 그런 거 있어야 시집을 가… 장가를 가… 그런 옷 한 벌 살려면 나락 5, 6섬 팔아야 옷 한 벌을 사. 그 당시에도 일산[일본산]을 제일 좋다고 했제. 비료 같은 것도. 맨 첨에는 대구, 부산에 공장들이 조금 있었어. 부산에 조선방직이 있고 그러니까 이것이 지금 이○○ 씨는 ○○물산, 즈그 아버지가 이○○이여. 이○○는 즈그 아들이고. 그 사람이는 어떻게 성장한 줄 알아요? 밀수를 해서 성장을 했어. 그 당시는 뭘 했냐면, 한국에는 설탕 같은 거 없잖아요. 시장에 장사들이 사카린 같은 거 팔아. 사카린 밀수해서 돈 번 거야. 그 사람들이… 암 것도 없는 사람들이야. 그러나 현대 정○○이 같은 사람도 그렇잖아요. 아무것도 없는데 어떻게 해서 자수성가 했지?

(송정리에서 월급생활 하실 때 얼마나 받으셨나요?) 월급이라니? 그것은 그때 세상에는 주인 좋은 대로 받아. 지금 생각하면 억울한 것이 뭐냐면, 우리가 인공 때 월급을 못 받은 것이… 그 당시 광목 값이… 돈이 없으니까 광목으로 줍니다. 주인이 6·25 사변 후에는 물가가 확 뛰었잖아요. 옷 같은 것 무지하게 비쌌거든. 없은께… 몇 배 뛰어버리니까 주지를 안 해. 마지막에 내가 거그서 7년간 살 동안도, 돈이 우리가 그 당시 한 번 나갔다 하면 비료장사,

소금장사, 사과장사 내가 다 해 봤어. 전부 대한민국 땅에
서 다 돌아다녀 봤는데, 돈이 내가 결혼할려고 나갈려니
까 똑같이 월급, 즈그 조카도 있고 처남도 있는데, 제일 잘
한 사람은 나하고 즈그 조카하고 잘하는데… 월급 똑같이
하는데, 내가 나갈 때게는 절반밖에 안 줘. 그래도 그 당시
는 말 못해.

　(송정리에서 나주로 언제 오신 건가요?) 언제였을까?
송정리에서 온 거 아니여. 줄포에서 왔지. 장사 안 되니까
친구들이 도와 가지고 영산포 와서… 몇 년도인지 나도
잊어버렸소. 집이 말하니까 그렇지, 여 경진상회나, 요 근
처 시장 장사하는 사람들 다 우리 손 거쳐서 도매해 가지
고 다 한 사람들이여. 우리는 장사… 애들 키우고… 나는
돈에 욕심 없었어. 돈이 많이 있으면 뭣해. 먹고 살만치만
있으면 되지. 그리고 애들 갈치는 목적인데, 지금은 시대
가 그렇게 안 되데. 나중에 포목점 장사가 안 되아. 이 장
사[15] 시작한 것이 뭣 때문에 시작했냐면, 우리 둘째 아들
이… 이 아들은 돌아다니는 체질인데, 대학교 3학년 때 고
등학생 연애하는 아가씨가 있어. 서울서. 그것이 대학교
못 들어가. 그래서 나중에 취직을 한다 뭐 그래서, 대학교
땡겨 버리고[16] 아들이 들어온 거여. 첨에는 광주 지하상가
에 뭐 장사를 시켜 주라고 했는데, 가만히 보니 나주서 중
국집이 다 매상이 안 돼. 장사란 것은 사람이 하기에 매였
어. 뭣이든지 사람이 노력해야 장사가 돼. 그 집이 안 되니
까 말하자면, 한국 사람한테 다 채이고, 우리한테 내줄 때
한 2년 계약으로 했는데, 계속 계약할 수도 있다. 그래서
투자해서 집 좋게 수리해 놓고, 그 사람이 할 때는 2, 3만
원[에] 팔았는데, 우리가 장사하니까 몇 십 배 팔아요. 장

"월급이라니?
그것은 그때 세상에는
주인 좋은 대로 받아 …
[당시 월급은] 돈이 없으니까
광목으로 줍니다."

"나는 돈에 욕심 없었어.
돈이 많이 있으면 뭣 해.
먹고 살 만치만 있으면 되지.
그리고 애들 갈치는 목적인데,
지금은 시대가
그렇게 안 되데."

15 여풍재는 현재 둘째 아들과
함께 중국음식점인 남경식
당을 경영하고 있다. 중국음
식점 '남경식당'을 지칭함.
16 대학을 중퇴했다는 뜻.

사 잘되니까 자기 집 달라고 해. 장사… 남이 잘하니까 나도 잘할 수 있다? 그렇게 하는 거 아니에요. 막상 장사하니까 아들도 왔지. 둘째 아들 여워야 쓰는데[결혼 시켜야 되는데] 집이 있어야지. 할 수 없이 아파트 하나 사고… 여 집 살 때 어떻게 샀는지 알아요? 나 그만큼 신용 좋아요. 외상으로 샀어. 새마을금고에서 빌렸는데, 내가 이 집 안 사면 거기도 부도나게 생겼어요. 새마을금고 대부를 많이 해 줘 가지고, 8천 7백 얼마에 이 집을 샀어. 그 집(남경식당)은 수리하는 데 1억 얼마를 먹었거든. 그때 돈으로 커요. 돈이 아무것도 없어서 은행으로, 친구로 빌려서… 지금 세상은 형제간이 있으면 형제간의 우의는 좋은데, 며느리는 안 돼요. 결혼해 가지고 둘이 있으면서 안 돼. 서로 가져다 먹을려고만 하지 나눠 주는 게 없어. 고생 많이 했어 나.

(25살쯤에 영산포에 오셨겠네요?) 그랬지. 그때 영산포에 비단집이 대여섯(다섯 혹은 여섯) 집 있어요. 광주서 양동 시장서 아주머니들이랑, 나주 여기 내가 다 알거든. 그래서 여기 와서 장사한 거야. 영산포는 다 없어졌는데, 둘이 있는데, 한 집은 포도시(겨우) 안감 좀 팔고 부자가 하는데. 다 이사 가고, 장사가 안 되니까 자연적으로 …

(영산포에서 장사 시작하실 때, 가게를 얻어서 하신 건가요?) 얻어서 몇 군데를 왔다갔다 이사하고… 영산포 안에서. (장사 시작하실 때 자본금이 얼마나 있으셨던가요?) 돈이 조금 있고. 처갓집에서 쪼금 있고. 친구들이… 그 당시에는 내가 전라남북도에서 인기가 좋은 사람이여. 어디 가도 신용으로. 대구 같은 데도 외상으로 얼마든지 가져왔어. 신용으로 빌려서 쓰고 그랬어. 가게는 첨에는 18평

얻어 가지고 난중에는(나중에는) 20여 평짜리로 옮기고, 그때 나락 값으로는 3백 몇 석이여. 그 돈이면 광주 가서도 얼마든지 집을 살 수 있었어. 그 당시는 영산포가 황금지대여. 영산포가 좋았었어요.

(담보가 있어야 대출을 받았을 것 같은데요?) 나 그전에 영산포에서 포목점 장사할 때 다 얼굴 알고… 신용담보로… 내가 아는 친구들, 다 알아 어느 정도는 사회에서… 지금도 무안 군청에서 뭔 과장 하나가, 영산포 사람이야. 내 아는 친구 동생인데, 그 사람 목포시청 건설국장도 하고… 내가 아는 친구들은 가사(가령) 이것이 검은 것인데, 흰 것이다 해도 그거 인정해. 왜 그러냐면 사회에서는 항상 정직해야 돼. 우리는 그렇게 건실하게 살았고.

(영산포가 호황을 누렸던 이유가?) 그 당시는 교통이 말하자면, 농촌이 그 당시라도 한국이 발전하는 것이 우선 농촌서 유지하니까. 그 당시는 한국이 공업국가가 아니잖아요. 전부 농촌도 먹여 살린 것이지. (영산포가 장사하기 괜찮다고 생각해서서 줄포에서 내려오신 건가요?) 그렇지. 그러니까 광주에서 장사하는 사람도 영산포 가서 장날 아침에 물건 사 가지고 왔다니까. 그렇게 됐었어요. (영산포에서 장사하실 때는 물건을 어디서 가져오셨나요?) 대구, 부산. 나중에 동대문도 가고. (비료장사, 사과장사 등 안 해 본 장사가 없다고 하셨는데?) 그 당시 장사는요. 포목점 하면서, 일본에서 수입 들어왔거든. 비료가… 촌에서는 그 당시는 장사하기가 좋아요. 농촌에서 미리 돈 주고 가서 사 올리려고 하는 정도라, 물건이 없어서 못 팔아. 그 당시는 포목장사 하면서 부업으로… 장사라는 것은 닥치는 대로 하는 거니까. (장사를 주인하고 같이 한 건가요?

"가게는 첨에는 18평 얻어 가지고 난중에는(나중에는) 20여 평짜리로 옮기고, 그때 나락 값으로는 3백 몇 석이여. 그 돈이면 광주 가서도 얼마든지 집을 살 수 있었어. 그 당시는 영산포가 황금지대여. 영산포가 좋았었어요."

구술자는 장사꾼으로서 자신의 신용에 대한 굉장한 자부심이 있어 보였다.

아니면 독자적으로 한 건가요?) 이익을 따로 나누는 게 아니라, 월급으로 받았죠. 옛날식은 다 그런 거여. 한국 시골에서는 1년에 얼마 다 정해 놓고 했지만, 중국 상도덕에서는 내가 하는 대로 주인이 알아서 줘.

(나주, 영산포에 그렇게 화교가 많았나요?) 많이 있었죠. 둘이 합쳐서 삼십 몇 가구가 될 거여. 영산포에 그 당시 잡화상으로 ABC상회라고 있어요. 그 집이는 첨에는 없으니까 손해가 많지. 전부 돈 내고 그 집에서만 물건을 가져갔으니까. 나중에 세금이 어쩌고 저쩌고… 장사가 안 돼. 도시만 발전되었지 시골에서는 안 되지. 장사가…

(도매만 하셨나요?) 장에 돌아다니지는 않고, 도매만 하고 시골에서 아는 사람들이 와서 사고. 대도상회는 매일 5일장으로 돌아다니다가 나중에 정착했지. (자본이 더 컸다는 말씀인가요?) 자본 그런 것보다도 신용이 있으니까 그 사람들보다는 컸지. 우리는 왜냐면 쓸 것이 많고, 그 사람들은 결혼해 가지고 아이들 갈칠 것 뭐 있어. 땅이나 밭이나 맘대로 샀지. 우리는 그러게 안 됐어요. 허가가 있어야 했고. 집 하나 사려도 허가 신청을 해야 돼. 그 당시 뭐, 30평, 20평, 50평 이상 맘대로 못 샀어요. 빚이 많아요. 그래서 한국 화교들은 전부 중국 들어가고 미국으로 갔죠. 지금은 맘대로 할 수 있죠. (언제 그 규정이 바뀌었나요?) 김대중 씨부턴가. 김영삼 정부 때도 허가 신청을 했는데, 지금은 백 평 이상도 살 수 있어. 보통 농촌에서는 자기 자신이 돈 벌어서 느는 게 아니라 도시 근처에서 땅, 밭 있는 사람은 부동산 해서 돈 버는 거여. 한 푼, 두 푼, 모여서 버는 거 아니여. 시대가… 그러니까 요새는 대한민국 젊은 사람들 어쨌든 남의 것을 일확천금 한 번 먹어 볼려고 하

"광주에서 장사하는 사람도 영산포 가서 장날 아침에 물건 사 가지고 왔다니까. 그렇게 됐었어요."

"촌에서는 그 당시는 장사하기가 좋아요. 농촌에서 미리 돈 주고 가서 사 올려고 하는 정도라, 물건이 없어서 못 팔아. 그 당시는 포목장사 하면서 부업으로… 장사라는 것은 닥치는 대로 하는 거니까."

는 이런 식으로 하니까 우리가 사는 시대하고는 전혀 틀려. (그러면 어르신께서 재산을 형성하신 것이 순전히…) 모은 것도 없지. 지금은 나 먹고 사는 것. 막둥이는 다달이 백 5십~2백만 원 보내 줘요. 거기는 의사니까. 대만에서… 지금 41살인가. 졸업하자마자 취직이 되니까, 국립 병원에 들어가 가지고 나중에 사립병원 스카웃으로 나갔지. 능력이 있으면 어디 가서든 대우받아. 능력이 없으면 안 되아.

(곗돈 같은 것 부어 보셨나요?) 우리는 없지. 그런 조직이. 그래도 사람은 서로서로 돕고 사는 것이 그것이 인지상정이거든. 솔직히 내가 하는 말이, 나주 영산포서 이렇게 오래 살았어도, 맘만 좋지 돈은 없소. 그 당시는 여기서 내가 부산에 많이 취직도 시켜 줬어요. 시골 아이들 없으니까 우동 집이나, 하다못해 남의 집 식모살이라도. 내가 부산에 식모 하나 소개했는데, 그 집에서 농이여 뭐 다 해서 딸처럼 여워줬어요. (신용이라는 게?) 신용이라는 것이 자기가 남한테 욕심 안 부리고… 사회생활이라는 것은… 이것이 욕심 한 가지밖에 없어요. 욕심을 부려서는 안 돼요. 인간답게 살아야지. 지금은 자꾸 많이 가져서 뭐하는 것이여? 소위 대통령이라는 사람이 집이는 보기가 어떨는지 모르지만, 전두환 같은 사람이 전부해서 나는 25만 원밖에 없다고 했잖아요. 통장에… 이것이 돈이라는 것이 뭐야. 먹고 살 만큼만… 대통령은 연금만 받아서 먹고 살 것 아니에요. 자기 노력으로 번 것이 돈이지. 남한테 거짓말해서 거시기 한 것이 뭡니까.

(장사는 사모님하고 같이 하신 거죠? 역할분담은?) 역할분담이 어디가 있어. 옛날에 사는 방식이 한국이나 중

> "집 하나 사려도 허가 신청을 해야 돼. 그 당시 뭐, 30평, 20평, 50평 이상 맘대로 못 샀어요. 빚이 많아요. 그래서 한국 화교들은 전부 중국 들어가고 미국으로 갔죠."

국이나 똑같아. 옛날에 종업원 있고, 애들 키우는 식모도 있었어요. 그때는 사람 구할 수가 있고, 지금은 돈 있어도 그럴 수가 없어. 늙으면서 둘이 했어.

(집안 살림이나 경제권은?) 관리하나마나 다 알겠습디다. 그 사람 맘대로 해. 구애 안 받아요. 허영심이 그렇게 없어요. 우리 집사람이 맘이 좀 넓은 편이여. 우리 집사람이…

(중국집 시작하면서 포목점 그만두신 건가요?) 중국집이 여그 시작하고… 포목점이 안 돼. 시골에서 장사가 현상유지 포도시(겨우) 먹고 살 정도 하다가 정리한 지 한 10여 년 됐어.

(농사나 다른 걸 해 보겠다는 생각은?) 그런 생각은 없고. 그 당시 논이나 밭이라도 좀 사 보면 쓰겠다. 외국 사람이라 맘대로 사지도 못하고. 그 당시 논, 밭만 사놨어도 지금 다 돈이잖아요. (논밭을 살 수는 없지만, 빌려서 경작을 한다든지.) 그런 것이 없지. 장사하는 사람이 장사를 하면, 옛날에 비단장사 하면 그래도 양반 장사여. 깨끗한 장사잖아. 천한 장사 아니여. 지금 식당 같은 것이 천한 장사지만은… 식당에서는… 장사하면은 누구한테 하수하는 소리는 안 듣잖아요. 식당 하면은 있잖아요. '야! 빨리 갖고 와' 그런 사람 있잖아요. 그러나 내가 장사 경영할 때는 그런 사람 없었어요. 있더라도 내가 용납 안 해. 내 성미는… 똑같은 사람이니까. 우리가 저 밑에서 빌려서 장사할 때, 그 집 장사 안 되니까 내가 빌려서 잘하니까 어떤 사람… 그 당시 경찰… 형사들이 와서 갑자기 나한테 반말 해. 내가 눈을 딱 뜨니까… 벌써 내가 지방에서 오래 사니까, 아니까, 그 사람들을… 왜 네가 도대체 뭔데 나한

테 반말이냐 말이야. 나는 지금이도 습관이에요. 누구한테 반말 안 하는 게. 사람이라는 것이 상대방을 존중을 해 줘야 내 인격이 올라가는 것이지.

(식당 하는 것이 이전에 포목 장사하시던 것에 비하면 천한 장사라고 생각하신다는 말씀이죠?) 그렇죠. 천한 장사죠. 딴 거 뭐… 비단장사, 포목장사는 무장무장[17] 가는 장사여. 안 되니까. 먹고 살라고 하면 할 수가 없잖아 그것은….

(영산포에서만 계속 가게를 하신 건가요? 나주 시내에서는 안 하시고?) 그렇죠. 나주는 그때는… 나주, 영산포는 천지 차이였었어요. 장사하는 과정에서도 나주 사람이 고급 살려면 영산포서 사야 돼. 나주 제일상회 같은 데 땅은 아주 쌌어요. 영산포하고 비교할 수가 없어. 땅이….

(살림집도 영산포 가게랑 겸해 있었습니까?) 그렇죠. 그 당시는 딴(다른) 데다 집을 산다고 해도 안 돼. 그만큼 여유도 없지만은 정부서 허가를 안 해 줘. (그러면 영산포 가게 정리하시면서 이 아파트로 오신 건가요?) 그렇죠. 집 팔아 가지고 여기 이사 온 거여. 아휴… [집 판 가격은] 싸. 몇 푼 안 돼요. 내 집 산 사람은 길이 나니까, 한… 우리 산 집이 20평밖에 안 돼요. 장사하면서 조그맣게. 그 사람 사는 사람은 한 4~5천만 원 벌었어요. 내 집 산 사람은 땅 12평 떨어졌고, 길이 나가니까. 나는 그런 거 욕심 없고, 내가 필요한 만큼만. 이 나이 돼서 밥만 안 굶으면 됐지, 돈이라는 게 더 필요 없는 거 아니에요?

(가게가 어느쪽에 있었습니까?) 선창에. 선창 사거리 조금 내려간 데 [가게가 있었고]… 상호는 덕풍호. 첨에 전화 나온 번호랑 지금 똑같아요. 내 전화번호가 전화국에

"옛날에 비단장사 하면 그래도 양반 장사여. 깨끗한 장사잖아. 천한 장사 아니여. 지금 식당 같은 것이 천한 장사지만은…"

17 계속해서라는 뜻.

▲ 집안에서 증언하는 여풍재
의 모습

처음 개통할 때 받은 번호 그 전화. 지금도 서울 도매상가 같은 데서 카달로그 보내 줘. 장사하는 줄 알고….

(이 아파트로 오실 때 구매를 할 수가 없어서 전세를 사시는가요?) 여기는 원래 전셋집이니까, 구입을 할 필요가 없어요. 2식구 사는 데 필요 없어.

(자녀들과 별도의 재산을 갖고 있는지?) 없어요. 원래도 없었고. 애당초 나주 집 살 때도 아들 명의로 했고. 그 당시 자기가 장사하려고 말하자면 명의를 샀었거든. 중국집은 지금 큰아들 명의. 첨에는 둘째였고… 그때는 호적이 한국에 없을 때는 못 사. 그래서 둘째 아들 명의로 샀는데, 나중에 빚 좀 졌지. 그때 돈 7~8천만원이면 큰돈이에요. 그 집이는 왜 그랬냐면, 내가 돈이 한 3천만 원이 있었는가… 8천 3백짜리를 외상으로 샀어. 지방에서 신용이 있으니 그렇게 해 주지. 그 당시 일이 그렇게 됐어요. 내가 나주서 장사 잘하니까. 새마을금고 집이에요. 집이 아주 구식집이에요. 수리해서 그렇게 됐지. 그게 좁은 골목이에요. 집이 대지까지 해서 130여 평이에요. 그 집이… 내가 그 당시 집을 살 때는 새마을금고 부도나기 직전이여. 내 돈 3천만 원이 들어가서 회생했어. 그러지 않았으면 새마을금고 회생 못했어.

(아니, 몇 천만 원 하는 돈을 담보도 없이 신용만으로

대출을 받으셨단 말씀이세요?) 나중에 은행에 이전을 했
지. 중국집을 담보로. 첨에는 안 되니까 그래서 어떻게든
지 내 명의로 돌려 보자고… 은행에서 어떻게 하는 방법
이 있었어. 내가 워낙 신용이 좋으니까. 그 당시 영산포에
처음 국민은행 생길 때여. 지점장이 내가 아는 친구여. 내
가 광주 가서 집 산다고 하면은 대부해 준다고 할 정도로
친구여. 그때 목포수협에 기름 도둑질 사건이 있었어. 그
때 수협에서, 대학원까지 다닌 영산포 사람이 취직이 안
되니까 어찌해서 영산포 수협에서 뭐 하는 걸로 취직이
됐어. 나중에 목포로 발령이 나니까 안 갈려고 그래. 대학
원 다닌 사람인데, 나같이 국민학교도 졸업 못한 사람인
나한테 물어봐. 그래서 이 사람아! 학교 선생이라도 취직
을 할려면 돈 몇 백만 원 내야 취직이 되는 형편인데, 왜
안 가. 놀고 있는데… 대학교 나왔다, 대학원 나와 공부 많
이 하면 뭐 할 것이여. 사람이 뭣이든 직장은, 아! 이것이
내가 먹고 살 직업이다. 부모 밑에서 의지하고 있겠는가
해서 목포로 갔어. 내 말 듣고… 목포 가니까, 나보고
적금 하나 들라고 그러대. 그래서 들어 줬지. 근데 들어주
고 난께 그 친구가 나보다 몇 살 덜 먹었어. 가 가지고 집
산다고 돈 좀 해 달라고 나더러. 그래서 줬지. 그런데 나
중에 기름 도둑질 사건이 나서 그 사람도 걸렸어. 위에 사
람이 해도 다 걸려. 결국 그 사람은 어떻게 나중에, 나보
다 젊은 나이였지만 죽었어요. 근께 사람이란 것은 어디
가서 착실하고 충실해야 되는 것이지, 이날 평생에 내가
남한테 혜택을 많이 줬지만은 내가 혜택 받은 것은 하나
없어. 친구들한테 얼른 생각하면, 내가 그렇게 인덕이 없
는가? 하기사 세상 산 것은 다 그렇게 팍팍하게 사니까 그

"선창 사거리 조금 내려간 데 [가게가 있었고] 상호는 덕풍호. 첨에 전화 나온 번호랑 지금 똑같아요. 내 전화번호가 전화국에 처음 개통할 때 받은 번호 그 전화."

"근께 사람이란 것은 어디 가서든 착실하고 충실해야 되는 것이지, 이날 평생에 내가 남한테 혜택을 많이 줬지만은 내가 혜택 받은 것은 하나 없어. 얼른 생각하면, 내가 그렇게 인덕이 없는가? 하기사 세상 산 것은 다 그렇게 팍팍하게 사니까 그렇게 됐죠."

렇게 됐죠.

(현재 중국집 장사가 이렇게 안 되는 이유가 혹시 시청이 옮겨 가서 더 그런가요?) 그것은 우리 식당에는 별 지장이 없었는데, 그 사람들 먹고 싶으면 이리 와야 되니까. 그러나 이것이 모든 경기가 안 됩디다. 돈이 그만큼 없어. 움직임이 없어요. 내가 볼 때는.

대한민국에서 화교로 살아가기

(어르신께서는 여기 오셔서 한국말을 어떻게 배우셨어요?) 한국말이 자연적으로 그렇게 되대요. 첨에는 글씨 써 가지고 한국말 했는데, 시골에 오니까 자연적으로 뭐… 한국 글을 몇 번 쳐다보면 자연적으로 읽게 됐지. 따로 배운 거 없었어요. (쓰는 것도 따로 안 배우시고?) 없어요. 내가 쓰는 글씨는 별 거 없어. 나이가 먹어지니까, 마음대로… 한글은 몇 글자 안 되잖아요. 그것이 배우기가…. [구술자가 담배를 피운다] (여기 결명자차라고 한문으로 써 있는데 글씨를 쓰실 때 집안에서 중국말 하듯이 저렇게 한문으로 쓰시는 거예요?) 그렇죠. 나 사는 거, 뭐… 당하고 사는 성미는 아니여. 내가… 옛날에 목포서 빵집 하는 사람이 있어. 그 집이 애기가 13살인가 14살인데 임신을 했어요. 임신했는데, 이모부 되는 빵장사 하는 영감이 칠십 몇인가, 육십 몇인가 그것이 우리가 상상해서라도 될 수가 없는 일이에요. 근데 그 사람이 임신을 시켰다고 그래. 그래서 내가 그 당시에 공부를 했소. 법 아무것도 몰라. 그래도 광주검찰청에 그 사람 대리인으로 나갔

지. 어쨌든 내가 한국말 하는
게 지금은 못해도, 옛날에 젊
었을 때는 더 나았어요. 인제
나이가 먹어지니까 혀가 안
돌아가니까. 첨에 들어갔는
데, 들어가서 법정에서는 이
렇게 앉아야 돼요. 발이 이렇
게 꼬불쳐서는 안 되아. 전부
반말 해. 참말로 기분 나쁩디

▲ 여풍재 집의 살림살이

다. 대한민국은 법치국가인데, 반말 하니까.[대화가 잠시
끊김. 종업원이 점심 예약 손님 접대를 위해 면담장소를
비워 달라고 함] 우리가 세상 산 것이는 상대방 존중하
고… 내가 하나라도 더 주면 줬지… 그러니 이날 평생에
돈 벌은 것도 없고, 아무것도 없고, 늙어서 인자 애들이 조
금씩 주는 걸로 살고.

(화교들이 주로 종사했던 업종이? 비단장사를 많이 했
다던데?) 그렇지. 배운 것이 기초가 돼서. 옛날에는 중국산
비단 좋지 않았소. 내가 처음 시작할 때는 한국에 비단
뭐… 아무것도 없었어요. 발전되니까 그렇게 나왔죠.

(주민등록증은 있으세요?) 있죠. 중국 주민등록증이 아
니라, 대한민국 거주등록증이 있어요. 중국은 패스포트밖
에 없고, 대한민국 법에 따라서 작년에 우리가 바뀌었지.
그전에는 한 5년마다 1번씩 바꿨는데, 지금은 영구적으로
사용하는 것으로 바뀌었어. 재작년에 바뀌었나 보네요.

국적은 중국이여. 이것이 거류신고증. (국적을 바꿔 보
실 생각은 안 해 보셨는지?) 그런 생각은 없었어. (그러면
중국을 조국이라고 생각하시겠네요?) 그렇죠. (부모님 묘

"중국 주민등록증이 아니라,
대한민국 거주등록증이
있어요."

▶ 여풍재의 외국인 등록증

소가 거기 있고, 태어난 곳이 그곳이기 때문에 그렇습니까?) 네. (그러면 그 동안 중국으로 돌아가실 생각은 안 해 보셨는지?) 여기서 하도[18] 오래 사니까요 여기가 고향 같아요. 뜨기가 쉽질 안 해. 뜨기 쉽지 안 해. 그전에 같은 경우에는 우리가 재산권 맘대로 행사 못해. 인제는 그런 거 없어요. 국제화시대라 놔서 뭣이든지 인제 그런 거 없어요. (그래도 여기서 계속 장사하시면서 땅도 사고 집도 샀으면 훨씬 살기에 여유가 있지 않았을까요?) 그렇지. 그 당시에 그렇게 하면 여유가 있지. 똑같은 재산권 행사를 맘대로 못했어. 그 외에는 딴 거 없어. 우리 사는 것이야 똑같지. [중국은] 가고 싶을 때 가. 보고 싶을 때 가지 뭐. 고향이… 형님, 동생 다 중국에 살아 계셔….

(선거권이 주어지나요?) 선거권 없어요. (국적이 중국인이니까?) 예. 작년에는 정부에서 그런 거 추진했었어요. 지방 선거, 말하자면 시장이나 지방의원의 경우 정부에서 할라고 했는데, 아마 통과 안 된 것 같애. 왜냐면 우리도 여기서 살 때, 정당한 세금은 냈고, 근데 혜택은 하나도 없

18 너무라는 뜻.

어요. 지금 의료보험은 우리가 돈 내고 우리가 받아. 지금
도 내요. 원칙적으로 세금도 몇 십 년 다 냈잖아요. 노인
뭐 혜택, 연금 그런 거 없잖아요. (세금을 다 내셨어요?)
그럼, 장사하면서 세금 안 내고 어떻게 해. 계속 냈지. 똑
같애. 여그 사람하고 똑같이 내요. 내는 것은 똑같은디,
혜택 받은 것은 없어. (의료보험 카드는 있으시단 말이
죠?) 예. 지금도 달달이 내요. 원칙은 아이가 되면 이것이
돈 안 내야 되는데. 그런 것이 얼마 안 된 건데, 따지고 하
고 말 것 없지. 에이… 대한민국 국민은 아니지만, 의료보
험 처음에 나올 때부터 계속 냈어요. 지금은 대한민국 사
람이어도 안 낸 사람 많지 않습니까. 의료보험 가입 안
한 사람도 있어요. (그러면 대통령이 누가 되든…) 관계
없어. 관심 없어. 국회의원 선거도 상관없고. 그것이 하나
있구만. 신용협동조합 같은 데서, 새마을금고, 신협 같은
데는 거래가 있으면 회원증만 있으면 그거는 선거권 있어.
(웃으면서) [조합 선거권] 그거 있제.

　(그렇게 직접 뽑은 대통령도 아니고, 국회의원도 아니
지만, 지금까지 한국 정치가 어떻게 흘러 왔는지 보셨을
텐데, 보시기에 어뗘세요?) 정치? (웃으면서) 그래도 김대중
씨 되면서부터는 많이 개방됐어요. 세계화하니까. 그것은
시대가 따라서 가는 것이지. 그전에는 중국 사람 재산 2백
평 이상 (옆에서 구술자가 '백 평이여'라고 말한다) 안 되거
든요. 그런디 김대중 대통령 된 뒤로부터는 재산 맘대로
사게 되었어요. 외국인도. 그게 어려운 일이 아니에요. 땅
은 아무리 사 봤자 가지고 갈 수가 없으니까. 대한민국에
있으니까. 아무 소용없는 것이여. 그것은 사 봤자 가지고
갈 수 없는 것이거든. 그만큼 활용되면 되는 거지. 그것은

정부에서 정책을 잘 하는 것이여. 그때 야당에서 김대중이 나라 팔아먹는다 그랬는데, 그렇지는 안잖아요. (그게 주택에도 해당되는 건가요?) 주택의 경우에는 자기 주택으로 할 수 있는데, 30평, 50평 이상 못해. 자기 주택 1채 있으면 딴 집을 못 사. (대지 포함해서 백 평을 넘으면 안 된다는 거죠?) 그렇죠.

(우리가 흔히 군사독재시절을 거쳐서 김영삼 시절부터 민주화가 됐다 그렇게 얘기하거든요. 어떠셨어요? 그때 그 시절에는) 그때나 지금이나 뭐. 혜택 없고. 똑같어. 우리 사는 것은 뭐. 준법자니까. 우리가 위법은 할 수가 없는 것이고…. 우리가 선거권도 없지만은… 지금은 뭐 차례기다 그러지만, 김대중 씨 때는 안 그랬어. 일반 국민들이 다 자진해서 돈 모으고, 우리 애들도 김대중 씨 지지하고 다 그랬어.

(그러면 70년대 새마을 운동하고 그럴 때, 울력〈부역〉하러 나와라 이런 거 상관 없으셨겠네요?) 우리가 상관이 없죠. 그런 것이 없어. 군대 가는 것도 없어. 우리가, 새마을 운동이나 뭐… 외국서 생활하면 새마을운동 안 해도 자연적으로 돼요. 건실해야 살지. 우리가 만일 돈 없으면 어디 가서 손 벌릴 겁니까. 정부서 뭐 10원이라도 보태 주는 것도 아니고. 지금은 태풍 불어도 정부 보조하고, 뭣이 해도 정부 보조하지만은, 착실히 산 사람은 빚이 없어요.

(90년대 초 중국과 수교 이후로 비교적 왕래가 자유로워진 건가요?) 그렇죠. 그전에는 안 통했죠. 일절 안 통했지. 그전에는 안 간 것이 아니라, 못 가죠. (부인이 옆에서 이야기하며) 그런께 내가 첨에 84년도에 갔잖아요. 일본 통해서 대만으로 해서 갔지. 대만은 맘대로 갈 수 있으니까.

"주택의 경우에는 자기 주택으로 할 수 있는데, 30평, 50평 이상 못해. 자기 주택 1채 있으면 딴 집을 못 사."

"우리가 만일 돈 없으면 어디 가서 손 벌릴 겁니까. 정부서 뭐 10원이라도 보태 주는 것도 아니고."

구술자가 인터뷰 도중 자꾸 담배를 피우려고 하자, 부인이 중국말로 말리는데, 녹취중에도 부부끼리 할 얘기가 있으면 중국말로 이야기함.

화교 2세로 키우기

(자녀분들에 대해?) 줄포에서 큰아들하고 딸하고 낳아
서 이리 왔어. 영산포에서 둘이 낳고. 첨에 국민학교는 영
산포서 보내고, 중학교는 서울, 대학교는 대만으로 보냈지.
영산포 국민학교는 화교학교. 목포서도 옛날에는 영산포
로 다녔어요.

(영산포에 오셔서 자녀분들 학교 보내실 때 그 학교는
전부터 있던 것인가요?) 아니여. 내가 영산포 온 지가…
우리가 와서 어떻게 몇이(몇 사람이) 해 가지고 정비를 했
지. 인자(이제)… 개인 돈 내 가지고, 서류 내고…. 맨 첨에
정부에 허가신청 할 때, 내 이름(부인 이름)으로 했어요.
(그때의 관련 서류라든지 혹시 보관하고 계신 것은?) 없어
요. 지금도 학교 건물 그대로 있어요. 내가 지금 다 보관하
고 있지. 등기세나 뭐나, 자료는 그때 누가 신경 쓸 여력도

◀ 여풍재의 거실에 걸려 있는
사진들

없고, 관리해 봤자 소용없는 것 아닙니까. (첫 해 입학한 학생 수가 얼마나 되었죠?) 하도 오래 되어서 잊어버렸네. 한 30명까지 갔었제? 보통 열 몇 명. 여기로 장성, 영광에서도 오고. 나중에 목포 없어지니까 목포서도 왔었어요. (나주, 영산포에서만 다닌 게 아니네요?) 네. 거기서 밥도 먹고, 학교 선생 밥도 해 주고. [손님이 와서 잠시 중단. 손님 역시 화교] (학교에 기숙사가 있었단 말씀이세요?) 예. 거기서 먹고, 자고. (학생들이 멀리서 다니니까?) 멀리서 다녀서라기보다, 가까운 데는 왔다 갔다 통학했지만은 외지 온 사람은 다 기숙사생활 해요. (학교 정식 명칭이?) 영산포화교소학교. (학교 운영 비용은 어떻게? 정부에서 지원이라도?) 아니요. 지방자치. 학생들 학비 내고, 월사금 있어요. 밥값은 밥값대로 내고. 그래야 인제 학교 운영되지. 모자라는 것은 각 지방에서 모금해서 충당하고. 정부에서는 나중에 요즘 학교 같은 경우는 해 주지만은 그 당시에는 없었어요. 그래도 책은 무상으로 줬어요. 책은 여기서 자체로 만들 수가 없거든. (한국 교과서를 봤다는 말씀이세요?) (손님과 부인이 중국말로 옆에서 대화중) 한국 교과서가 아니고, 중국서 대만교과서를… 한국 정부에서 지원해 준 것은 없고, 대만 정부에서… 대만에서는 타이페이시, 정부에서 땅 대 줘서 한국 학생들 학교 세우고 했는데, 우리는 여기서 다 자치….

　(한국에서 화교학교가 필요하다, 세워야겠다고 생각하신 계기랄까?) 자녀들을 낳았으면, 교육을 시켜야지. 그렇제. 다 그런 저기지. (대만에서 가져온 교과서로 교육을 했기 때문에 한국 역사나 말을 배우기 위해서 별도의 시간을 냈다거나?) 그 당시는 국내 화교들은 자연적으로 한국

어를 배우게 되요. 그렇잖아요. 나가면 애들 노는 것이 전
부 한국 사람하고 놀지. 나중에 학생 몇 명이 한국말을 배
울려고 해서 별도로 시간이 좀 있었던 것 같애. 한국인 선
생 때도 역사 그런 것은 없었어요. (대만에서 계속 교과서
를 가져와서 교육을 하셨는데, 그런 역할을 누가?) 협회에
서, 학교서 운영하죠. 정부에 신청하면 나오니까. 가서 금
년 쓸 것 미리서 신청하고 해서….

　(학교 문 닫은 지는 얼마나?) 오래 돼서 내가 잊어버렸
어요. 학교 선생님이 나중에 아파 가지고. 자치 운영하려
면 지방에 사람이 없으니까. 가사 1사람, 2사람 가지고는
학교 운영하기가 어려워요. 나중에 학교 선생이 여선생인
데, 나이도 많이 먹고, 또 아프고 그래 가지고. 첫째는 학생
이 없어. 학생만 있으면 학교는 얼마든지 운영할 수가 있
는데. (몇 회까지 졸업?) 기억이…. (그때 학교 졸업사진이
라든지 이런 거 안 갖고 계시나요?) 우리 애기들 학교 졸
업한 것이 있는가 모르겠소. 앨범이 있기는 있을 거여. 찾
아보면 있을 건데….

　(어르신 손자들은 한국 학교 가나요?) 안 갑니다. 다 중
국… 큰애가 중국 고등학교 나오고, 큰손자인데, 전대 다
니다가 안 맞은가 또 안 다니데. 왜 그러냐면 실력으로 대
만 학교를 들어가려면 제대로 시험 쳐야 들어가. 대만학
교 들어가는 것은 여기서 서울로 가는 걸로는 모자라. 자
신 없으니까. 여기 한국 대학교는 말하자면, 돈만 내면 다
들어가는 거 아니여. 대만은 아니여. 정식 시험 쳐야 들어
가. 그러니 다니다가도 취미 없으니… 요즘 아이들은….
(그러면 지금 중국인들은 중고등학교를 한국 학교를 못
간단 말씀이신가요?) 갈 수 있어요. 신청하면 가면 돼요.

여기 아마 광주 같은 학교는 50%, 50%일 거예요. 한국 사람 많아요. 한국 애들 많아요. 그렇게 안하면 학교 유지가 어려워. 학생들이 없으니까. 학교란 것이 학생들이 있어야지, 없으면 자연히 폐쇄되는 것 아니여. 큰손자는 중고등학교 다 중국 학교 다녔어.

(지방에는 중고등학교가 없어서 서울로 갔나요?) 그렇지. 옛날에는 광주에 고등학교까지 있었는데, 학생 없으니까 문 닫고. 초등학교밖에 없어. (서울의 그 중학교 명칭은?) 한성중고등학교. 연희동에 있어요. 국민학교는 명동에 있고. 한성소학교. (손자들이 전부 중국학교를 졸업했나요?) 현재 고등학교 졸업한 애들이 둘 있고, 대학교 그만둔 애하고, 대전외국어 고등학교 다니는 애 둘 있어요. 금년에 다 졸업해. 손자가 큰아들 둘, 둘째 둘, 막둥이 하나. 아들 딸 하나씩인데, 막둥이는 딸 하나밖에 없어.

(모두 중국 학교에 보내시는 이유라도?) 우리가 외국인이기 때문에… 여기서 졸업을 해 봤자 취직이 안 되니까. 정부 공무원이 안 되기 때문에 그래서 자연적으로 그렇게 됐죠. 여기서 공부해 봤자 취업이 없잖아요. 가사(가령) 대한민국 국적에 들어가면 몰라도 출구가 없어요.

(그래도 학력은 인정되는 거 아닌가요?) 인정은 되어도, 현재 그러니까 한의대를 많이 가. 한의사로 많이 가. 그렇게 안 하면 국가공무원을 못하잖아요. 그러니 취직이 안 되아. (그러면 화교들은 중국 학교 졸업 후에 주로 무슨 일을 합니까?) 중국 학교 졸업하면 만일에 대만 가서 대학교 나오면 자연스럽게 취직이 되지. 실리가 없으면 아무도 아니다. (그러니까 국내에서 계속 살려면 딱히 무슨 사업이나 하지 않는 이상 취직하기가 어렵다는 말씀이죠?) 그

"[아이들을 중국 학교에 보낸 것은] 우리가 외국인이기 때문에… 여기서 졸업을 해 봤자 취직이 안 되니까. 정부 공무원이 안 되기 때문에 그래서 자연적으로 그렇게 됐죠. 여기서 공부해 봤자 취업이 없잖아요. 가사(가령) 대한민국 국적에 들어가면 몰라도 출구가 없어요."

렇죠. 취직할 자리가 없잖아요.

(아드님은 중국집 하고 있으시잖아요. 그러면 아드님은 중국 학교 졸업하고 바로?) 고등학교도 안 나왔어. 거기 는. 다니다가 말아 버렸어. 머리 좋은데, 취미 없었어. 그 게 지방 형편인데, 옛날 맹자 말씀에 맹부삼천지교라고 했는데 확실히 그런 관념이 있어요. 지방에 사는 게… 목 포나 영산포나 주먹이 있는 데가 다 억세요. [웃음] 내가 보기에는 목포 깡패들 많아요. 우리도 그 당시 영산포에 있으면서 목포 유달산에 놀러갔는데, 자유당 땐가… 깡 패들이 달라 들어 가지고, 나는 술을 안 먹으니까 경찰에 신고해서 다 잡았지. 술 먹은 사람은 신고를 못 했으니까. (그때부터 큰아드님은 뭐, 84년에 중국집을 시작하셨잖아 요?) 거기는 1년 전에 우리 둘째가 먼저 했었어요. 일본 가서 돌아다니다가 나중에 집에 와서 했었어. 할 거 없으 니까. 뭐 할 거 있어야지. 비단장사 안 되지. 그래서 한 것 이여.

우리 아들이 일본말 잘해요. 소설도 봐. 그러니까 자기 속으로는 돈 벌러 갔는데, 그때 몇 년도냐. 한국서 일본으 로 많이 갔잖아요. 돈 벌러. 어디 가서나 사람이 먹고 사는 것은 똑같애. 착실하고 노력해야 되지. 일본 가서 대변, 첨 에 들어가서 한 3개월간 돈도 좀 가지고 갔었고. 가 가지 고 벌써 일본 사람 여자하고 동거생활 하니까 돈 벌겠소? 거기서…. (그러면 결혼을 일본 사람하고?) 아니, 다시 들 어와서 내가 여기서 결혼시켰지. 중국 사람하고. 며느리 어머니는 한국 사람. 원래 보성 사람인데, 광주서 살아. 친 정이…. 둘째가 먼저 [중국집] 했다가, 형이 놀고 있으니까 형한테 넘겨줬지. 우리 둘째는 목포서도, 무안 양어장도 좀 했었어요. 다 돈만 까먹고. (어르신께서 돈 좀 있으셨나 봐요?) 아니, 대 주지는 않았어. 지 노력으로 했어. 이렇게 저렇게 장사해 가지고 어떻게든…

(둘째 아드님은 학교를 어디까지?) 대동공업대학교 3학년 중퇴. 대만. 여자 때문에 대학교 못 다닌 거여. 대만 대동전자회사에서 세운 학교요. 대만에서 대동전자회사는 여기 삼성전자처럼 유명해요. (그러면 외갓집 신세 좀 졌겠네요?) 아니, 기숙사. 중국[대만]은 학교가 대개 기숙사가 다 있어요. 한국보다 건실하다고 할까. 한국은 서울 가도 대학교 가면 기숙사 다 없잖아요. 요즘은 다 만들고 하는데, 그전에 없었거든. 중국은 학교 설립하면, 다 기숙사 있고… 정부 방침을 그렇게 만들었어요. 첨에….

(둘째, 셋째 아드님은 한국에서 고등학교까지 마치고 대만으로 대학을 간 거죠? 한국에 계신 화교 분들이 그런 식으로 자녀교육을 하시는 건가요?) 그렇죠. 그 당시는 서울에서 중학교, 고등학교 보내려 해도 힘든 사람이 많아요. 조그만 식당을 해도 먹고 살기 바쁘니까. 지금은 그렇지 않지만은 옛날에는 다 그랬었어요. [둘째, 셋째 며느리는] 한국 출신인 중국인들이요.

(따님은?) 딸은 대만으로 시집갔어. 여기서 고등학교 다니다가 펜팔로 알아 가지고 시집갔지. 대학교 안 가고. [웃음] 대학교 안 다니려고 하는데, 우리 때는 공부를 못했지만은 갈치려고 해도 맘대로 안 돼. 세상 맘대로 안 돼. 부모 자식 간에도 맘대로 못 해. 부모 자식 간에, 그래도 어떤 부모든, 세상 부모는 똑같을 거여. 자기는 못했지만은 자식들은 다. 다 그런 마음이 있을 거여.

(지금 대만하고 중국하고 분리 독립을 할 거냐, 통일을

"우리 때는 공부를 못했지만은 갈치려고 해도 맘대로 안 돼. 세상 맘대로 안 돼. 부모 자식 간에도 맘대로 못 해. 부모 자식 간에… 그래도 어떤 부모든, 세상 부모는 똑같을 거여. 자기는 못했지만은 자식들은 다. 다 그런 마음이 있을 거여."

할 거냐, 시끄럽지 않습니까. 어떻게 생각하시는지?) 우리 생각에는 전쟁 없을 것 같아요. 전쟁 나면 이게 돈이 있어야 되고, 무지 시끄럽거든. 굳이 그럴 필요 없잖아요. 현재로 봐서는… 옛날에 중국서는 이북 전쟁 나왔잖아요. 그렇게 많이 도와주고, 사람 많이 죽었지만 소득이 없잖아요. 사람만 죽었지…. 그렇다고 이북이 잘사는 것도 아니잖아요. 그러니 우리 보는 관점에서는 전쟁 없어요. (전쟁은 당연히 없어야 되는데, 얼마 전 대만에서 총통 선거가 있었지 않습니까?) 그것이 조금 문제 있어요. 그거 어떻게 된 건지 모르지만은 우리 보는 관점에서는 그 사람은 당선되어서는 안 돼. 그 사람은 독립하려고 하는데, 어쨌든 중국의 일개 성인데, 독립하면 안 되지. 공산국이나 자유민주주의나 똑같은 중국이니까. 현재 중국에 투자하는 사람들 중에 외국 투자 많이 안 해요. 대만에서 투자 많이 갔어요. 주의가 다르니까, 자치식으로 하면… 우리는 상관없는… 그렇게 하면 좋겠는데…. 지금 대한민국이 전쟁… 전쟁…. 이북이 핵무기 만든다 하는데, 즈그들이 뭔 실력이 있어. 전쟁하려면 돈이 있어야 되거든. 이북서 뭐 있어? 먹을 거 있어? 뭐 있어? 전쟁한다고 말만 그러는 거지.

(셋째 아드님과 따님은 대만 국적을 갖고 계신 거죠?) 대만 국적이 어딨어. 중화민국 국적이지. 똑같애 우리는. 거기서 영주권을 갖고 사니까 애들도 군대도 가고 다 해야 돼. 영주권은 대만 영주권이지만, 국적은 중국 국적을 유지하고 있다. 나도 지금 대만 가서 살려면 살아요. 2년 살면 영주권 얻는데. 이북이 이남이 똑같은 대한민국 사람이잖아요. 똑같은 사람이죠.

"영주권은 대만 영주권이지만, 국적은 중국 국적을 유지하고 있다."

사람이 어디 가서든지… 친구 있고 없고는 자기가 하기에 매인 거여

(화교분들끼리는 뭔가 끈끈한 연대가 있으신가 보네요.) 그러죠. 원칙으로는 광주협회[19]에서 이런 일을 다 해줘야 돼. 그런데 남의 일에 누가 그렇게 적극적으로 하는 사람도 없고. 자기 소득 없는 것을 누가 해 주려고 합디까. 세상 그런 거여. 내가 보는 관점은 그래요. (그 협회가 생긴 지는?) 오래 됐어요. 광주 협회… 광주 학교 생길 때도 선생님 내가 부산에 가서. 데려왔어요. 그 선생님 나중에 목포서도 살았었어요. 나중에 학교 선생님 자리가 없으니까 오거리 옆에서 장사해서 돈 많이 벌었어. 그 사람… 식료품장사 해서 돈 많이 벌었어.

[화교들만의 단체개]있어요. 협회다가 우리가 돈 내잖아요. 달달.[20] 얼마씩 내요. 옛날에 다 냈었어. 모금을 학교 운영이나… 한국 학교는 정부에서 지원하지만은, 중국 사람은 여기서 다 자치를… 모금해서 운영을 했어. 정부에서는 책 같은 걸 무상으로 지원해 주지만, 운영비나 선생 월급이나 지방에서 다 모금해서 한 거여. 말하자면 자치식으로…. (회비는 얼마씩이나 내셨나요?) 자기 신분 따라서. 돈 많은 사람은 더 많이 내고, 돈이 좀 뭐하면 보통으로 내고. 협회에서 다 매겨 줘요. 봐서 돈 많으면 좀 많이 매 주고. 아주 없는 사람은 안 내고 그렇게. (지역별로 다 있어요) 시골에는 없어요. 전라남도는 목포에 있었고, 광주에 있고, 순천, 여수 있고 그랬어요. 그 나머지 소수 지구는 다 광주나 목포로 들어가고 그랬는데, 지금 목포 같은

19 광주화교협회를 지칭.
20 매달이라는 뜻.

데도 중국 사람 없어요. 거가 한 집 있는가, 두 집 있는가
모르겠네.

　(상조계라고 들어보셨어요?) 예. 나도 그전에 영산포 살
때는 친구들 모임 게 있었어요. 근데 갑자기 자기 어머니
돌아가시니까 그 상여 메는 사람이 없어요. 그래서 내가
그랬어요. 친구란 것이 뭣이 친구냐 하면은 어려울 때 친
구인 것이여. 우리가 상여도 멨어요. 그것이 사람의 관념
이 틀린 것이 평소 아무나 만나서 술 한 잔 먹고, 친구하고
하는데, 진짜 친구란 것은 급할 때, 필요 있을 때 친구거든.
상조계 회원들은 전부 한국 사람이죠. (지금도 이어지나
요?) 지금은 나이가 먹고, 흩어지니까 자연적으로 없어졌
어. 지금도 그 사람들은 있기는 있지만은, 나이가 먹어지
니까 자연적으로 멀어지대요.

　(종교는 딱히 없으신 거네요?) 그러죠. 원래 나는 불교
인데, 불교는 동양서 다 집마다 있는 것인데 하도 외국생
활을 오래 하니까, 그런 거 다 잊어졌어. (그래도 외국에서
생활하시니까 종교적으로 뭔가 의지하고 그럴 경우가 있
지 않았을까 생각도 드는데.) [부인이 뭔가 말하려 한다]
그것은 공부한 사람은 어떻게 생각할지 몰라도, 내 생각
에는 자기 자신만 믿으면 되아. 자기 자신 성실하고, 남한
테 피해를 안 주면 그것이 만족이지. 아, 생각해 보쇼. 지금
은 학생들이 이렇게 공부하시지만은 종교에서 뭐 살인
뭐, 도둑질하고 많이 했잖아요. 자기 먹고 살기 위해서 그
러는 것이여. 난 그렇게밖에 안 보여. 내가 볼 때에는. 공부
안 해서 그런지는 몰라서.

　(다른 계모임 같은 거 안 하세요?) 그전에 많이 했죠. 나
도 라이온스도 하고, 나중에 들어 보니까 우리 성미하고

*[화교협회가] 전라남도는
목포에 있었고, 광주에 있고,
순천, 여수 있고 그랬어요.
그 나머지 소수 지구는
다 광주나 목포로 들어가고
그랬는데, 지금 목포 같은
데도 중국 사람 없어요.*

는 안 맞아. 라이온스 같은 데는 봉사 사업인데, 내 생각에 자기 하는 일은 자기가 관리하고 책임져야 되고… 라이온스 들어가 보니까 결혼해서 자식 낳고 살다가 이혼하고 딴 놈하고 살고… 그런 것은 반대야. 그래서 아! 이런 데를 내가 들어왔구나. 자기 책임도 못 지는데 어떻게 봉사가 되겠습니까. [중국말로 잠시 부인과 대화를 함] 사람이 어디 가서든지 사귀고 못 사귀고 친구 있고 없고는 자기가 하기에 매인 거여. 친구란 거는 서로서로 왕래하고 배려를 해 줘야 친구 되는 것이지. 일방적으로 친구 되는 거 없어요.

지금은 나 5형제 모임 있어요. 중앙병원 원장 아버지, 제일상회. 5분 있어요. 1달에 1번 모여요. 우리 영감들이. 한나는(1명은) 팔십 몇 살 먹은 분이고, 다 영감들이여. 옛날에 다 장사했던 사람들. (계모임을 시작하게 된 계기가 있었나요?) 서로 맘이… 뜻이 맞고. 1달에 일 없으면 만나서 밥도 먹고, 그것이 뜻이지. 옛날에 나주 원로들이 다 영산포를 다녔었어요. 그분들이는 내가 다 친하게 지내는 아는 사람들이고. 나도 공부 못했지만, 중국 주민등록 작성할 때도 시청에서 다 협조해 주고 그랬었어. 나는 남 도울 일 있으면 도와주고 그랬어. 중국 사람은 나밖에 없어요. 다 나가 버렸어. 죽은 사람은 죽고. (이런 계가 장사하시는 데 도움이 되었나요?) 도움보다도 서로 나이 먹은 사람들, 어디 가 놀 데가 있소. 서로 만나서 놀고 그러는 거지. 심심하니까.

[다른] 그 계이름이 뭐이여, 뭐드라, 청풍계. 청풍계에는 내가 안 들었어요. 그 계는 옛날에 지방 유지들이여. 읍장 하는 사람이나, 나주서 제일 원로 안씨라고 있어요. 안○

"원래 나는 불교인데, 불교는 동양서 다 집마다 있는 것인데, 하도 외국 생활을 오래 하니까 그런 거 다 잊어졌어."

○ 씨. 지금은 거동이 불편하신데. (그러니까 계원은 아니신데, 같이 어울리신다고?) 그렇죠. [면담자가 그 동안 만났던 읍내 유지들 이름을 말하자 모두 알고 지내는 분들이었다] [고○○] 그분이 지금도 나를 만나도 반말을 잘 안 해요. 여 선생님 그러지.

(다른 친목모임은?) 없어요. 예전에는 어디 어디 잘 돌아다녔지만은 이제 나이가 들어서 그럴 형편이 못 돼. 여유보담도 내 활동 능력이. 욕심 없어요. 이제는….

(상인들끼리 무슨 모임 같은 건 없습니까?) 그런데 그전에는 영산포 뭐… 뭐… 있었지만 우리하고 뜻이 안 맞아요. 우리 식당 옆에 골목 있잖아요. 그게 우리 길이에요. 뒷집에서는 한 집에 사는데 길이 없어요. 그래 뒷집이 집 지으면서 아들한테 도장 받으러 왔어요. 그래서 해 줘라. 근데 사람이 그런 것이 아니데, 법적으로 다 알아요. 나는 공부를 안 했어도… 이 한 길을 쓰면 내가 맘대로 막을 수 있어요. 여러 집이면 안 돼. 법적으로…. 근데 집 지으려는데, 내 도장 없으면 길이 없으면 안 되지. 해 줬는데 그런데 이 사람들 하는 짓거리는 시청에서 계장까지 하는 사람이 그래요. 난중에 우리 집이 좀 수리하려고 하니까 변소가 없으니까 우선 며칠간 사용하는데 그 집이서 나중에 변소 사용한 돈 달라고 그래요. 우리한테…. 그래서 사람이… 더러운 세상…. 이런 것이 어떻게 대한민국 공무원 계장하는지 모르겠소. [화장실] 물은 즈그가 하는 게 아니고, 즈그 어머니여. 그게 사람이 사는 생활습관 방식이 틀려요. 우리하고 사는 방식하고 틀려. 한국 사람은 보통 애들하고 길을 가다 쌈이 나잖아요. 그러면 무조건 상대방이 잘못했고, 내 자식이 잘했다는 식의 그런 방식은 안 돼

"친구란 거는
서로서로 왕래하고
배려를 해 줘야 친구 되는
것이지. 일방적으로
친구 되는 거 없어요."

요. 젊은 시절에는 그런 게 다 용납됐는데, 나이가 먹으니까 안 되대요.

(나주를 제2의 고향 이렇게 생각하신다고 하셨는데, 우리가 흔히 자기 고향에 대해서 애향심 이런 걸 얘기하잖습니까. 어르신한테 있는 애향심이라면.) 아, 내가 국회의원 선거권 없지만은 같은 값이면 우리 나주 사람이 당선되어야 돼. 그런 게 있어야 혜택이라도 조금 나죠. 사실상 나주 옛날에 발전 잘되던 때, 박○○ 씨 국회의원 되었으면 잘되었을 텐데, 그때 나주 나씨, 나○○ 씨 됐어요. 그 사람은 국회의원에 당선됐지만 나주에 혜택된 거 하나도 없지 않았어. 왜 그러냐면요? 사람이란 것은 옛날에 다 말이 있어요. 내가 못산다고 그래도 이웃집이 잘살아야 되요. 왜 그러냐면 하다 못해 이웃집이 잘살아야 내가 아쉬우면 한 푼이라도 빌려 쓸 수라도 있지 않습니까. 그런 것이여. 사람 인지상정이에요. 그것은 집안이 잘돼야 나라 발전 잘돼야 장사도 할 수 있는 거 아니에요?

보통 한국 사람들 말하는 습관 있어요. '뙤국놈' 그런 말했잖아요. 잊어버릴 수가 없어

[명절은] 우리가 중국식도 아니고, 한국식도 아니여. 솔직히 흐지부지해. 공산국가는 명절 그런 것이 없어요. 그래도 여기 한국에 있는 화교들은 명절 지내지만, 솔직히 아들 여울 때는, 큰아들 제일예식장에서 여웠는데, 그때는 손님이 하도 많이 오니까… 마침 그때는 둘째 아들도 여워야 되는데, 한 사람만 신세지지 두 사람 다 신세지기 싫

어요. 그래서 돈 줘 가지고 대만 가서 결혼하고 왔어요. 둘이. 내가 그래도 여기 살면서 시골에서 많이 왔었어요. 낚시를 가서 앉아 있으면, 한국 사람이 닭도 잡아오고 뭣도 해 오고, 내가 가만히 생각하기를 이 사람이 왜 이러는가? 사람은 절대 정이라는 게 일방은 없는 거여. 오고가는 것이 정이지. 사람이 살면서 내가 어디를 지나가도 저 사람이 나쁜 놈이다 이런 소리는 안 듣고 살아야 써.

아버지는 묘소도 없고, 어머니는 내가 가서 만들었제. 자주 들어가 본다. 형님들, 동생들, 조카들이 있으니까. 나 혼자 나왔으니까. 가고 싶으면 금방 가요.

족보를 따져 보시면 중국 분이에요. 근께 김씨, 이씨, 박씨 외에는 다 중국 사람 성이에요. 그런데 처음에 우리 여기 왔을 때, 보통 한국 사람들 말하는 습관 있어요. '뙤국놈' 그런 말했잖아요. 거 습관성이야. 그래서 나이 든 사람이 그런 말을 하면, 내가 따져 봐요. 당신 성이 뭐요? 거 욕한 것이 당신 종씨를 욕한 거요 하고. 왜 그러냐면은 가까운 이웃 나라니까 지금 젊은 세대는 한국 사람하고 중국 사람하고 결혼 많이 해요. 연애하니까 시대가… 옛날에는 내 윗대 사람들은 한국 사람들하고 많이 살았어요. 많이 살았는데, 교통이 나쁘니까 그 사람이 여기서 사는 사람이라도 보통 결혼 관념이 옛날에는 외국 사람한테 결혼을 한다 하면, 내 자신은 아무 상관이 없더라도 옆의 눈치를 많이 봐요. 그런 관념이 있어요. 동양은 보수주의기 때문에 그래. 그 당시도 중국 사람들 여기서 산 사람들은 전부 한국 사람하고 사는데, 중국 여자 없으니까… 중국 사람하고 결혼한 사람이 전부 문맹자여. 공부 못한 사람, 집안이 가난한 사람, 옛날에는 다…. 지금 한국이 잘사는

"우리가 중국식도 아니고, 한국식도 아니여. 솔직히 흐지부지해. 공산국가는 명절 그런 것이 없어요. 그래도 여기 한국에 있는 학교들은 명절 지내지만…."

거 불과 얼마 안 되죠. 옛날에는 똑같아요. 사는 방식이…. 지금은 그렇지 않아요. 젊은 사람은 학교 다니다가 만나서 연애하고 살지만은 그 당시에는 중국 사람하고 사는 사람은 문맹자여. 그 사람들은 여기서 큰 돈 벌기도 힘들고… 옛날에는 중국 학교도 없어요. 그러니 자연히 그렇게 된 거여. 그래서 중국 성이 그렇게 많아요.

우리가 전라북도서 살 적에도 이웃에 산 사람들은 나 여기 전라남도 이사 온다고 할 때, 이웃 사람 울었어요. 정이… 그 정이… 사람 사는 것은 동양이 똑같아요. (그래서 일본 사람들 패망해서 떠날 때, 그 동안 산 정이 있어서 울었답니다. 조선 사람들이.) [웃음] 그러지. 그런데 일본 사람하고 여기서 산 것하고는 우리가 산 것하고는 완전 달라요.

(중국말을 사용하시던데요?) 중국말 해요. 잊어버릴 수가 없어. (생활하시면서 말을 잊어버리지 않기 위해 노력하신 바가 있으신지?) 그런 거 없었어요. 옛날 시골에서 사는 사람들은 중국말을 전부 잘 잊어버렸어요. 전부 상대하는 사람들이 한국 사람들이고 학교도 없어요. 내가 처음 영산포에 올 때는 중국 사람으로 일정시대부터 사는 사람들이 있었거든요. 그 사람들 집안에서는 애들이 중국말을 못해. 한국말밖에는 못해. 그래 가지고 인자 [이제], 목포서도 그전에 중국 학교 있었어요. (그렇게 한국 사람들 상대하면서 장사하다 보면 말을 잊어버릴 수 있었을 텐데, 밖에서는 한국말을 한다 해도 집안에서는 중국말을 한다든지 그러시나요?) 예. 그렇게 해.

(자녀분들도 중국말 잘 하시나요?) 다 해. 왜 그러냐면 그 애들은 공부를 초등학교부텀 중국학교 들어가니까. 자

"지금 한국이 잘사는 거 불과 얼마 안 되죠. 옛날에는 똑같아요. 사는 방식이…."

"우리가 전라북도서 살 적에도 이웃에 산 사람들은 나 여기 전라남도 이사 온다고 할 때, 이웃 사람 울었어요. 정이… 그 정이… 사람 사는 것은 동양이 똑같아요."

연적으로…. 그러나 한국말 사용하는 게 더 편리해요. 그 애들은…. 우리 때는 애들이 그러지만은 내 손주들을 여기서 사는 거 보니까, 오히려 한국말이 더 편리해. 그 애들은…. 우리 손주들이 지금은 한국말 반틈, 중국말 반틈…. 한국말이 더 술술 잘 나와. 손주들 둘이 대전 외국어고등학교 다니는데 개는[21] 오히려 중국말을 못해. 한국말을 잘하지. 영어도 잘 하고. (어느 나라 말이든간에 세대가 내려갈수록 겪을 수밖에 없는 문제인 것 같습니다.) 그렇죠. 그것은….

(생활 속에서 풍습이라고 하나요? 명절 같은 것?) 원래는 풍속이 가만히 보니까 중국 풍속이나 한국 풍속이나 별 차이가 없어요. 쪼금 차이 나는데, 불교문화다 보니까 거의 비슷해요. 먹는 것만 조금 틀려. 일테면 여기는 설 아침에 떡국 잡수잖아요. 우리는 만두, 물만두, 그런 것 조금 틀리지. 인자 여그 양반들 밥 많이 자시고, 우리는 빵 많이 먹고. [부인[그것은 지방에 따라서 그런 거여. 그 지방에서 생산한 것을 먹게 돼요. 여기 이남은 농사가 많이 있지만은 이북에는 잡곡 많아. 쌀농사 없잖아요. 이북서도 그것 못 먹어. 지금은 대한민국이 안 그렇지만, 우리 처음 중국 갈 때만 해도 이북서는요, 학생들은 지우개도 없어요. 생활이 그만치 곤란해.

(우리가 텔레비전 같은 데서 보면 중국 사람들은 결혼식을 저녁에 하던데요?) 그렇지 않아. 결혼식 저녁에 하는 거 없어요. 여기도 결혼식이 지금은 당일치기 하지만은 옛날에는 그렇지 않았잖아요. 처갓집에 가서 하루 저녁 자고 그 이튿날 돌아왔죠? 중국도 그런 식이여. 옛날에는 결혼시키려면 미리서 처갓집에서 하루 저녁 자고 그 다음

"[나는] 중국말 해요.
잊어버릴 수가 없어.
…내 손주들을 여기서
사는 거 보니까,
오히려 한국말이 더 편리해.
우리 손주들이 지금은
한국말 반틈, 중국말 반틈….
한국말이 더 술술 잘 나와."

"[풍습은] 먹는 것만 조금 틀려.
일테면 여기는 설 아침에
떡국 잡수잖아요.
우리는 만두, 물만두, 그런 것
조금 틀리지. 인자 여그 양반들
밥 많이 자시고,
우리는 빵 많이 먹고."

21 그 아이라는 뜻.

돌아왔죠. 한국도 그렇지 않았어? 지금은 다 신식이여. 결혼식이 예식장 나가면, 신혼여행 나가 버리지. 그런 거 없잖아요. (자녀분들 결혼식도 한국식으로 하셨나요?) 아니요. 우리 식으로 했죠. 다 개량식이여. (우리 식이라 하시면 뭘 말씀하시는지?) 내가 우리 큰아들 여울(결혼) 때 나주 제일예식장에서 했었거든. 손님 대접하려면 장소 없잖아요? 제일예식장 2층 다 빌려서 썼어요. 거기서 음식 만들고. 날이 추우니까…. 예식장에서 한 4, 5백 명 모이면 많은 것이요. 중국 음식은 한국 음식이랑 틀려. 중국 음식은 따뜻하게 김 만들어서 먹어야 되거든. 한국 음식처럼 만들어 놓고 차려 주고 뭐 그런 거 없었거든. 그래서 초대하니까 손님은 많고 무지하게 복잡했어. 그래서 그 다음에는… 그 해에 둘째 아들을 같이 여웠거든, 중국 보내서 돈 줘 가지고 공증식을 했어. 대만 가서….

[둘째 아들은] 결혼식 안하고 법원에 가서 공증 결혼. 거기서 하고 저녁에나 인자 손님 좀 접대하고 즈그 신혼여행 가는 거야.

우리 대만 가면 이런 거 있거든요. 간단하게 하려면 결혼식 안하고 법원에 가서 공증 결혼. 거기서 하고 저녁에나 인자 손님 좀 접대하고 즈그 신혼여행 가는 거야. 간단하게…. 즈그들이 그렇게 할란다고 해. 그래서 돈만 줬지. 알아서 해라 하고…. (대만에 가서 결혼을 한 까닭이?) 외갓집이, 우리 어머니가 대만에 계시거든. 즈그 외가가. 그런 것보다도, 법정 가서는 중국 법으로 인정받아야 쓰거든. 대한민국 법이라는 것은 한국 사람 인정하는 것이지, 우리는 해당 안 돼요.

(한국 사람이 결혼하면 신고하듯이 외국인도 마찬가지 아닌가요?) 그것이 공증이에요. 중국 사람끼리는 대사관에 신고하면 되는데. 영사관에서…. 영사업무가 그런 것까지 하죠. 우리 소관은 옛날에 시청에서 읍사무소에서 다

했거든. 지금은 그렇게 안 돼. 광주 출장소 본부 소관이여. 외국인이기 때문에…. 그래서 이 증명도 출입국관리소 본부서 다 해 준 거 아니여.

(아드님 결혼식 때 양복 입었나요?) 양복 입었죠. (어르신 결혼식 때도?) 다 양복 입었지. 우리 결혼식에도 양복 입었어요. 드레스 입고. (신식이셨네요?) 신식 아니지. 거 드레스 입은 게? 드레스 안 입지 않았어. 드레스 아니고 한복 입었지. 중국옷. 나 결혼할 때 전라북도 군산서 샀어. 중국옷 입고, 양복 입고. 빨간 옷… 빨간 것도 입다가 분홍색도 입다가 한참 보관하다가 다 없애 버렸지 뭐. (웃으면서)

(장례식은 어떻게 치르시는지?) 장례식이 지금은 간단해. 중국서 하는 것이 까다로와요. 중국서는 원래는 결혼식은 그래도 들어온 돈이 있고 손해 보지 않는데, 장례식이 적자 많이 나요. 한국서는 지금은 장례식이라도 돈 버는 그런 것이 있는데 중국서는 그래 안 해. 현금 그런 거 안 받아요. 원래 부의라는 게 있는데, 옛날에 한국도… 지금은 생활수준이 많이 바뀌어 가지고 그렇지, 부의로 돈을 안 해요. 만사 쓰고 그런 것만 쓰지. 돈을 받고 그런 것 없었어요. 지금은 시대가 바뀌어서 돈을 받고 현찰을 쓰지, 지금은 현찰 안 주면 누구 뭐… 지금도 명망 좀 있는 사람들은 만사 많이 걸어요. 중국서도 그렇죠. 원래 한문이란 것은 원래는 중국서 내려온 것 아닙니까? 지금은 문법이나 어휘는 한국 사람들 공부하는 사람들은 많이 해요.

묘 쓰는 것도 관 같은 것은 조금 틀린데. 하관식이나 이런 것들은 다 같어. 그것은 중국서 내려온 거여. 묻는 방식은 약간 틀리지만 쓰는 거 똑같아요. (지금 한국에서는 장례문화를 개선하자고 해서 납골당으로 많이 바뀌는 추세인데요?) 지금은 중국 가면, 본토 가면 공산국가에서는 묘라는 게 없어요. 중국에서는 허용을 안 해요. 다 화장시켜요. 좋은 땅 점령하고 그런 거 허용 안 돼. 또 땅이 개인 소유도 아니고 국가 것이니까. 앞으로는 개인 재산 인정하지만은 금년 국회에서 중국에서 통과가 됐는데….

(앞으로 어르신도 그러면 화장할 계획이신지?) 내 관념에는 그래요. 여러분들은 뭘 믿는가 몰라도, 신념이라는 것은 내가 공부 많이 못해서 그런가 몰라도 내 자신만 믿으면 되는 거여. 딴 것은 불교, 예수교, 천주교 많은데 얼른 생각해 보면 내가 보는 관점에서는 그 사람 먹고 살기 위해서는 우리가 돈 없으면 장로 됩니까? 헌납 안하면 장로 제대로 못 해.

여기 남평에 중국 사람 사 놓은 산 있어요. 돌아가시면 거기다 묻을라면 인제 묻어야지. 공동묘지 있어요. (누가 사 놓았단 말씀이신지?) 광주 협회에서 산 거지. 광주 화교협회. 누가 돌아가시면 그냥 거기다 자리잡아서 묻으면 돼요. 돈 들어가는 것도 없고… 협회에서 사 놓은 땅이라. 그래도 관리비 정도는 내야 돼. (마치 여기 시립 공동묘지 같은 거네요?) 그렇죠. 그 당시 다 단체에서 모금해서 모은 돈이라. 화교 공동묘지.

"중국서는 원래는 결혼식은 그래도 들어온 돈이 있고 손해 보지 않는데, 장례식이 적자 많이 나요."

"여기 남평에 중국 사람 사 놓은 산 있어요. 돌아가시면 (죽으면) 거기다 묻을라면 인제 묻어야지. 공동묘지 있어요."

한국 사람하고 마작도 하고, 화투도 치고. 술집 이도 많이 다녀 보고

일과? 없어. 아무것도 없어. 친구 집이나, 아들집, 며느리가 요즘 아파요. 가끔 가서 아들이 어디 가면 카운터 봐 주고, 그렇지 않으면 돌아다니지. 낚시도 하고. 이 달에 영산포 친구들하고 또 가. 그렇지 않으면 다방에 가서 앉아 있고 그러지. 인제 다방 취미도 없어졌어. 단골 다방은 옛날부터 있었지. 영산포에서 맨날 밥 먹으면 친구들하고 다방 가서 얘기하고, 지금도 나주 가서 우리 같은 노인들이 가면 천 원짜리 줘요. 일진다방, 초원다방, 금성다방, 사랑방다방 거기 다 천 원짜리에요. 그런데 남자가 그런 데를 가면 하루에 금방 돈 만 원, 2만 원 없어져요. 천 원짜리라 해도, 친구들이 많은께. 이 사람하고 한 잔 하고, 저 사람하고 한 잔 하면 그렇게 되요. 안 가면 돈 안 써져. 낚시취미는 오래 됐어. 내가 중국에 있을 때부터 취미가 좀 있었으니까. 내가 생활하는 것이 남이 한 것들은 다 해. 그러니까 지금도 팔십 몇 이상 되는 친구들이 많아요. 옛날에 우리가 장사할 때는 돈 있는 그런 어른들은 못 친했었어요. 그래도 내가 영산포서 장사할 때 다 알아. 사람들 상류나 하류나 구별 없어. 다 알아. 지금은 그분들이 1달에 계모임이 있어요. 광주서 살고 영산포서 살고, 나주서 사는 사람들인데, 꼭 1달에 1번 모임에 와, 그 영감들. 나보다 다 나이가 많습니다.

(생활비는?) 우리 셋째 아들이 주는 것으로도 충분해. 먹고 사는 데는 걱정 없어요. 다달이 송금 들어오니까. [1

> "영산포에서 맨날 밥 먹으면 친구들하고 다방 가서 얘기하고, 지금도 나주 가서 우리 같은 노인들이 가면 천 원짜리 줘요. 일진다방, 초원다방, 금성다방, 사랑방다방 거기 다 천 원짜리에요."

달에 백 5십만 원 정도 보내 준다고 함] 개[그 애]들은 월급이 많으니까. 의사들은 돈 천만 원 이상 벌 거야. 왜 그러냐면 실리니까. 우리 아들이 첨에는 자기가 학교 다니면서도 그 당시는 내가 보낸 용돈이 조금 부족했는지도 몰라. 정부에서 충분히 장학금 받을 수 있어요. 해 줘. 그런데 우리 아들은 자립심을 키우려고 안 받았어. 학교 마치고 군대를 안 갈려고 해. 군대 갔다 오면 다른 사람보다 늦는다고. 그래서 졸업하고 바로 취직했어요. 국립병원에. 한 2년 있으니까 벌써 다른 개인병원에서 스카웃했어. 큰 병원에서 수술이라는 것은 마취과에 달렸어. [아들이 마취과 전문의임] 병원에서는 죽고 사는 것이 마취과여. 그 기술이 없으면 큰 병원에서도 수술 못해. 개인병원에서는 하늘만큼 수익이 나와. 지금은 이름이 나니까, 큰 수술하는 데서는 시도 때도 없이 불려 다녀. [아파트 단지 내 안내방송 관계로 인터뷰 잠시 중단]

(그러면 생활비는 전부 자녀분들이 주는 걸로?) 쓰는 거 조금 해 주고, 인제 지금은 자기도 [둘째 아들이 경영하는 금성상회] 장사 안 돼. 종업원들 전부 남의 집 식구인데, 종업원들만 좋은 일 해. 주인은 수입 없어요. 월급이 다 백 몇 십만 원 짜리여. 10명인데… 어지간히 벌면, 다 그 사람들 좋은 일 하는 거야.

돈 주면 받고, 저축 조금 있으니까 그걸로 먹고. 2식구 얼마나 먹겠소. 실지 먹고 사는 데는 돈 안 들어가요. 전화비 이런 것이 많이 들어가. 쌀 같은 것은 얼마 안 들어가. 이 집 첨에 들어올 때 2천 8백만 원. 1년에 뭐 5퍼센트가 10퍼센트가 올라가. 전세. 임대아파트 살으래도 누가 아파트에 살겠어요. 우리 같은 사람은 단독주택에서 살고 싶지. 인제 여자들이 편하니까 아파트에서 살아…

(지금 집은 어떻게 ?) 25평이요. 전세로. 3천 몇 백만 원 돼. 식당은 큰아들 내외가 하는 거고, 이 집도 자기들 거. 생활은 아들네하고 따로, 아파트에서 부부만 살아. 둘째는 광주에서 살고….

(영산포 사셨으니, 영산강 홍수 때는 어떠셨습니까?) 수해 때문에 잘 데 없으면, 우리 집에서 재워 주고 뭐 어려운 일 있으면 내가 다 협의해 주고 그랬어요. 우리 집은 별 피해 없었어요. 방만 조금 물 찼지, 2층은 괜찮았고. 물건들은 이층으로 올려놨어요. 쪼그만 2층 가게여. 마루까지만 물이 들어 왔었다.

(어르신, 그 동안 워낙 바쁘게 사셔서 별다르게 오락이나 취미를 즐길 만한 여가가 없으셨겠네요?) 있었어. 젊은 시절 다 했지. 그러니까 한국 사람 친구가 내가 많아요. 내가 영산포 살던 때도 가사 내가 누구랑 다투더라도 내 편이 있지. 아니까… 성질이….

한국 사람하고 마작도 하고, 화투도 치고. 술집이도 많이 다녀 보고. 친구들 따라서. 나는 술 입 대지도 않아도 젊었을 때도 안 했어. (술 안하면 노는 데 재미가 없다고들 하잖습니까?) 친구들 따라가면 그게 돼요. 사회생활이라는 것은 꼭 내가 좋아하는 데로만 되는 게 아니잖아.

[국내에서 여행은] 많이 다녔죠. 안 다닌 데가 없어. 경상도 지역 여기 다 다녔어. 5일마다 1번씩 다니니까.[22] 강원도도 다 가 봤어. 한국 안 가 본 데가 없어요. 그 당시 교통 나쁘니까, 차로 여수에서 아침에 타면 저녁에 송정리 들어와요. 대절해 와도 차가 늦어. 비포장에다 느리고 짐 싣고. 사람도 다 타고 다녀야지. 고생 우리도 많이 해

"한국 사람하고 마작도 하고, 화투도 치고. 술집이도 많이 다녀 보고. 친구들 따라서."

---

22 5일장을 돌아다님.

봤어요. 물건을 팔러 다닌 건 아니고, 파는 건 집에서 파니까. 구입해서⋯. 강원도는 관광을 갔죠. 우리 둘째가 대만 사람 물주를 잡아 가지고 강원도에서 사료공장을 했었어요. 그 사람이 말하자면, 부도났는데, 대만에서 현찰 가져와서 공장 시켜줬지. 무안에서 양어장 하기 전에⋯. 젊은 사람이라 이것도 하고 저것도 하고. 말하자면 실속이 없이 돈만 뿌리고 다녔제. 생활하는 것이 우리하고 전혀 다르지.

부모, 자식 간에는 어디 가도 그리워하지. 외지에서 살아도 고향이라는 것은 그립지

(중국 형제분들은 뭐 하시는데요?) 농사. 공산국가에는 다 내우간에도 직장이 있어야 돼. 그런데 농촌 사람은 농사밖에 못 지어. 형님하고 동생 하나는 농사지었고, 내 밑에 동생은 유전에 회계사로 다녔어. 정년퇴직했어. (대만 아드님은 자주 나오시나요?) 오죠. 작년 설에 왔고, 금년 설에는 안 왔고. 거기는 해외 잘 다녀. 젊은 사람들 세상이라. 골프에 뭐에⋯ 의사고 하니까.

(가족들과 부모님이 그곳에 있었으니까 중국에 돌아가고 싶지 않았나요?) 부모, 자식 간에는 어디 가도 그리워하지. 그 당시는 가고 싶어도 못해요. 말하자면, 1984년도엔가 한국에서 이산가족 찾기 프로그램을 할 때, 그때는 중국 가는 것은 공산국가 가는 것이라고 해서 대한민국에서 못 가게 해요. 그래도 그 당시는 어떻게 해서 우리는 일본 경유해서 중국 갔었어요. 그 당시 갔다 오는 사람 조사

"부모, 자식 간에는
어디 가도 그리워하지."

하고 뭐 하고… 조
사할 것 뭐 있어. 자
기 고향 갔다 오는
데. 가고 싶으니까
나는 그 당시 나주에
서 그런 거(조사받는
것) 없었어요. 인지상
정이지. 사람이라
면….

▲ 여풍재의 중국 가족

　내가 생각할 때는
대한민국이 중화민
국 도움 많이 받았어. 학생들 역사공부 할 때 어땠는지 모
르지만, 생각해 보쇼. 처음에 대한민국이 독립할 때는 중
국 정부, 중화민국이 연합국에서 지지해 가지고 대한민국
이 독립된 거예요. 6 · 25 사변 전쟁 날 때도, 여기 있는 화
교들도 군대를 많이 갔었어요. 학생들의 관념이 어떻게
된지 몰라도, 우리가 여기서 오래 살다 보니까, 뭐든지 젊
은 사람을 상대해 보면 한국이나 중국이 가까운 우방이지
만, 실제로 따져 보면….

　(84년에 처음 중국에 가시려고 했던 이유라도?) 그렇죠.
어머니가 계시니까. 살아 계실 동안에 얼굴이라도 봐야죠.
돌아가시기 전에 가 본 것. 외지에서 살아도 고향이라는
것은 그립지. 사람이 타고 난 데가, 아무리 딴 데 가서 살
아도 그 마음이 그런 것이지.

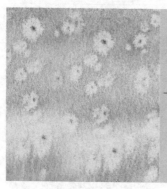

먹고 살려고 기술 배웠지

—철강 기술자 연봉학 씨의 일과 삶

박승희(영남대학교 민족문화연구소)

연봉학 씨는 1933년 평안남도 성천군 광탄리에서 태어나 1950년 한국 전쟁 당시 단신으로 남쪽으로 내려온 실향민이다. 월남 이후 참혹한 민병대 활동과 지독한 가난에다 남의 집 머슴살이까지 한 경험을 가지고 있다. 이 과정에서 삶의 의지를 배웠다고 그는 구술한 바 있다. 전쟁 이후 그는 1955년 대한중공업(인천제철)을 시작으로 1960년에 호남비료 공장, 1963년 충북 단양의 시멘트 공장, 1968년 한국알미늄 등 한국 경제 성장기 주요 공장의 건설 현장에서 철강 기술 및 제관 기술자로서 활동한다. 그리고 1971년 포항제철(포스코)에 입사하여 1976년 기성보,

1984년 기성, 1994년에 이사보에 임명되는 등 포항제철을
대표하는 기술자로 인정받고 있다.

연봉학의 연보

1933년 10월 25일(1세) 평안남도 성천군 삼흥면 광탄리 288
번지에서 출생. 고향에서는 주로 밭농사를 많이 했는데
조가 주식이고 강냉이, 콩, 수수 등을 주로 함. 조부는
서당의 훈장이었으며 그 덕택으로 국민학교(초등학교)
입학 전 7살 때 1년간 서당에 다님.

1950년(18세) 월남. 미군 쓰리쿼터를 타고 남하함. 월남 전 고
향에서 치안대 활동을 함.

1950년~1951년(19세) 방위군(민병대) 입대와 근무. 민병대는
군 식비 부정사건으로 인하여 해산.

1955년(23세) 대한중공업(현 인천제철) 근무.

1957년(25세) 육군 입대.

1960년(28세) 육군 만기 제대.

1960~1963(31세) 호남비료주식회사 근무.

1963~1966(34세) 한일시멘트주식회사 근무.

1966~1968(36세) 동양합섬주식회사(태광산업 제2공장) 근무.

1968~1971(39세) 한국알미늄주식회사 근무.

1971년(39세) 포항종합제철주식회사 입사. 일반설비부, 공무
부, 중앙설비부, 설비기술부 근무.

1971~1972년(40세) 일본 八製鐵所 연수.

1972년(40세) 공작정비 공장 철공 작업장.

1976년(44세) 기성보 임명.

1984년(52세) 기성 제1호 임명.

1994년(62세) 이사보.

이북이 고향인 사람과 6 · 25

고향 마을(평안남도 성천군 광탄리)에는 크게 최씨 성과 연씨 성이 살고 있었지요. 이북에는 당시에 3개 정당이 있었습니다. 노동당, 청우당, 민주당, 그중에 최씨 집안은 노동당이고 연씨 집안은 청우당이었지요. 우리는 청우당이었는데 해방 이듬해인 1951년에 삼촌은 공부하러 서울로 월남하는 바람에 월남 가족으로 낙인찍힌 상태에서 청우당이니 [고생이 많았다]. 그 당시[는] 노동당위원장, 리 위원장 모두가 최씨들[인 까닭에] 우리 집안[들]은 극심한 학대를 받으며 살아야 했다. 농사지은 것을 현물세라고 해서, 들에서 1평을 타작하면 전체 면적의 25%를 반납해야 했어요.

[그러던 중에] 6 · 25 동란이 일어났어요. 나는 그때까지는 평온하게 학교[1]에서 공부를 하고 있었는데, [그때] 학교에는 큰 지도를 붙여 놓고 남한으로 인민군이 내려가는 것을 이북 깃발을 그려서… [표시를 했다].

이날이 7월 7일인데, 그때가 막 대구까지 [인민군이] 내려가 낙동강 전투가 한참일 땐데, 나는 시험을 치고 [성적이] 우수해서 상장을 수여받고 있었는데, 교무실에서 방송이 나왔어요. 17세 이상은 모두 강당으로 모이라는 방송이었어. 창문 밖을 내다보니 운동장에 군인 트럭이 10대 정도 와 있었어. [그 순간] 아차 큰일났구나 생각이 들자 인민군들이 [교실로] 들어와 모두 트럭에 타라고 그랬어요. 나는 그걸 집에 전해야 하는데 [생각이 간절했지만] 전할 길이 없었어. 전화도 없고, [하는 수 없이] 트럭 우(위)에

"고향 마을(평안남도 성천군 광탄리)에는 크게 최씨 성과 연씨 성이 살고 있었지요"

"농사지은 것을 현물세라고 해서, 들에서 1평을 타작하면 전체 면적의 25%를 반납해야 했어요."

1 삼등중학교. 구술자의 고향인 평안남도 광탄리에서 약 20km 떨어진 곳이라고 함.

서 책가방과 상장을 집에
좀 전해 달라고 부탁하고,
[그 길로] 트럭을 타고 학
교를 떠난 거야. 도착한
곳이 보니까 평양 보위성
앞이야. 그때 막 수백 명
이 열을 지어 가지고 이곳
에 도착하고 있을 땐데,
갑자기 쌕쌕이 6대가 나
타나 가지고 보위성을 습

▲ 최근의 연봉학 씨. 포항제철
을 퇴직한 후, 포철 OB 모임
등 여전히 활발한 사회 활동
을 하고 있다.

격하는데, 1대가 내리꽂으며 사격하고 올라가면 다음 1대
가 또 내리꽂으며 사격하고, 계속해서 사격을 신나게 하
는 거야. 사격하는 사이에 [모여 있던] 민간[인]들은 모두
숨어 버렸지. 인민군들은 나무 밑에 숨어 가지고 쏘련제
딱꿍총을 가지고 내려오는 제트기를 쏘아 대는 거야. 한
(약) 30분 뒤에 제트기가 사라졌는데, 나는 사격하는 게 신
이 나서 무서운 것도 모르고 구경도 하고….

　호각소리가 요란스럽게 나고 모두 [안경을 벗으며] 강
당에 모였는데, 모두 정열로 시켜 가지고 옷을 벗기고 인
민군 옷으로 갈아입히는 거야. 그리고는 부대 배치를 했
는데, 나는 기갑부대에 배치되었지. 내무반에 가니까, 총
1자루하고 담요 하나 하고, 물통, 배낭, 밥통을 지급해 주
고는, 저녁식사로 오이, 가지하고 소고기국을 줍디다. 아
침 점호를 취하고 나니까 청소하고 식사시간인데 고깃국
을 줍디다. 그때는 주로 고깃국 아니면 북어국이었어요.
기갑부대는 식사가 양호한 편이었지요. 그 후로 3일간 훈
련을 마치고 저녁식사를 하고 연병장에 집합을 했습니다.

"트럭을 타고
학교를 떠난 거야.
도착한 곳이 보니까
평양 보위성 앞이야."

그런데 트럭 12대가 서 있는데, 비행기 사격 때문에 야간 이동을 했어요. 어두워지고 나서 평양을 출발했어요. 캄캄한데 시골길을 3~4시간 갔을 겁니다. 동료들은 모두 트럭에서 자고 있었는데, 나는 잠이 안 와요. 집에 소식도 못 전하고 끌려가고 있으니 어디 잠이 오겠어요. 휘발유 드럼통을 트럭 우(위)에 실고 그 우에 걸터앉아서 앞에 라이트 불을 보고 있으니 고향 생각이 절로 납니다. [그때] 아마 산 중턱 구부러진 곳을 돌았나 [트럭이] 갑자기 오른쪽으로 기우는데, 그때 차에서 뛰어내려 가지고 오른쪽으로 막 달려 나가는데, 차가 내 우로 넘어가는 거라. 정신없이 급경사를 기어 가지고 도로로 올라오니까 총소리가 3번 울리는데, [앞에] 가던 트럭 12대가 정지를 하고 서 있는데, 내하고 [처지가] 같은 사람이 보였어요. 작은 소리로 우리 도망갑시다 (사뭇 긴장한 표정으로) [하니] 그 사람이 도망가다가 잡힌다고 안 된다고 그래서 누워서 아이구 아이구 죽어 가는 시늉을 냈지요. 그러니 조금 있으니(까) 4명이 와 가지고 팔하고 다리를 들고 다른 차에 태우는 거지요. 담요도 덮어 주고요. 그리고 얼마를 가서 마을에 도착했는데 작은 병원이 있어 가지고 주사를 맞고 다음날 강원도 철원에 도착했지요. 그런데 마을 사람들이 환영을 하는데, 전투에 참가하고 돌아오는 부상병인 줄 아는 겁니다.

철원은 기갑부대 본부인데 여기서 장갑차에 인원을 배치해서 일선으로 보내는 곳이 [여기]라. 나는 꾀병을 해서 약 1주간 정도 있다가 다시 평양으로 후송되었지요. 여기서 환자 중대로 편입됐는데 나는 식량과 부식 수송 담당을 받았어요. 거기에[서] 창고에 있는 설탕물도 실컷 먹어

보고 명태도 실컷 먹었어요.

그런데 하루는 중대장이 우리(수송 담당)를 연병장에 불러 놓고 너이들 같이 정신이 썩어빠진 놈들은 하나도 쓸모가 없다고, 모두 총살시켜 버리겠다고 난리가 났어요. 그리고 가마니에서 민간 사복을 1벌씩 주더니 귀향증을 주고 고향으로 돌아가라고 했어요. 그때 정말 생각하면 기쁘던 것 같아요. 그리고 삼흥면사무소가 있는 난산리 주재소에 신고를 하고 광탄리 고향으로 돌아왔지요. 온 집안이 난리가 났어요. 우리 어머니는 둘째가 왔다며 눈물을 흘리고 아버지는 어떻게 된 일이냐고 묻고 그랬어요.

[1950년] 9월 초순 맑은 가을 하늘이었지요. 장창 추수 때라 바쁠 때였는데, 이때는 수수를 끊어 새끼줄에 달아 가지고 약 3미터 간격으로 돌을 묶어 해거름에 강을 건너 갖다 놓고 그리고 새벽에 걷어 올리면 앞발에 털이 뿌옇게 난 게가 수수를 앞발로 찝고 달려 올라오는데, [그것을] 큰 초롱에 가득 잡아 게장을 먹곤 하든 시절이었지요. [하지만] 그 해는 생사를 가름하는 정말 피눈물 나는 해가 되었지요.

"가마니에서 민간 사복을 1벌씩 주더니 귀향증을 주며 고향으로 돌아가라고 했어요"

인민군 소집영장과 동굴생활

어느 날 마을에 인민군 소집영장이 나왔어. 그줌[에] 환자가 1명 포함되어 있었는데 그 사람이 갈 수 없으니 내가 대신 가야 한다는 것이었어요. 그래 가지고 인원을 채워야 한다는 거지요. 나는 그런 데가 어디에 있느냐, 나는 환자로 귀향한 사람이다. 몸이 나으면 내 부대를 찾아갈 사람이다 [변명을] 했지만 마을 노동당위원장이 안 된다고 정말 말 안 들으면 보안대를 불러 체포하겠다고 했어요. 다음날 인솔자가 총을 메고 모두 집합을 시켰어요. [그리고] 사람들을 데리고 마을을 나올 때, 그때쯤 갑자기 배가 아프다고 뒹굴며 아이구 이이구 하면서 꾀를 부렸지요. 인솔자가 나 때문에 모두 갈 수가 없다고 나를 남기고 갔어요.

나는 총알같이 집으로 갔어요. 삼춘(촌), 형님, 삼춘의 처남 3명이 산에 동굴로 숨었지요. 여기에 나도 합세를 했어요. 산에 올라갈 때는 대추하고 밤하고를 짊어지고 갔어요. 아침밥은 날이 밝기 전에 소나무 광솔 그놈을 가지고 밥을 짓고 저녁에는 어두워지면 굴속에서 밥을 지어 먹고 했어요. 이런 저런 곡절 끝에 15일쯤 지나자 멀리서 들리던 포 소리가 가까이에서 들리는데. 마 그래서 우리는 마음을 먹고 다음날 마을로 내려왔어요.

"아침밥은 날이 밝기 전에 소나무 광솔 그놈을 가지고 밥을 짓고 저녁에는 어두워지면 굴속에서 밥을 지어 먹고 했어요. 이런 저런 곡절 끝에 15일쯤 지나자 멀리서 들리던 포 소리가 가까이에서 들리는데. 마 그래서 우리는 마음을 먹고 다음날 마을로 내려왔어요."

치안대 활동

그리고 마을로 내려오니까, 마을에 있던 공산당들은 피신하고 그 가족들이 풀어 죽어 가지고 있었어요. 우리 국군은 급속도로 북으로 전진한 상태라 지역을 통과할 때마다 무기를 주고 치안대를 구성했는데 나도 치안대에 들어가고 싶어서 부모님한테 허락을 얻어 5촌 당숙과 같이 면 소재지 난산으로 갔어요. 그런데 아침을 먹고 난산에 도착을 하니까 총소리가 들리고 산에서 인민군들이 시가지로 막 들어오는 겁니다. 인민군 패잔병들이 산에 숨어 있다가 시가전을 벌이는 겁니다. 이런 일들이 그때 자주 벌어졌어요.

[그때] 미군들 밀고 올라갔다가 올라가고 나거든 마을마다 치안대들을 형성해서 마을 지킬 수 있는 사업을 하는데 고향을 다 패전병들에게 뺏기고 그때 과정은 몇 시간 얘기를 해야 할 텐데. 사람들을 창고에다 다 집어넣고 [전부] 빨갱이 인민군들이 수류탄 던지고 따발총이라고 있어요. 그걸로 전부 다 죽인다고 휘두르고 막 그랬는데 그때 일어날 때 내가 빈집에 들어가서 겨우 모면하고 하루저녁을 그대로 거기에서 자고 이튿날 인제 몰래 다른 데로 빠져 나왔습니다만. 그때 살아 나온 3명이 있어요. 그 안에서 77명인가 그때 죽었어요. 거기서 살아 나와서 치안 사업을 하면서 그땐 학생 때니까. 학교 공부고 뭐고 그때 17살이었을 때는 민청이라 해 가주고 거기는 중학교가 고급중학교, 초급중학교 이래요. 중학교는 6년 거기 말하는 초급중학교는 여기 말하는 중학교고, 고급중학교는 고등학교예요.

미군들이 들어와서 내가 내려와서 제가 치안 사업을 했거든요. 치안 사업하다가 미군들 후퇴하는 트럭 타고 월남을 했지요. 11명이 쓰리쿼터라고 있어요. 미군들 3/4짜리죠. 쓰리쿼터니까. 그거를 11명이 뒤에 타고서 넘어왔는데 이때 형님은 트럭을 타고, 5촌 당숙은 쓰리쿼터를 타고 갔지요. 뚜껑도 없는 작은 차에 앞에는 미군 2명이 타고 있었고, 차 우(위)에가 얼마나 추운지 미군이 담요를 1장(을) 꺼내 줬어요. 그리고는 길옆에 있는 짚더미에 불을 지르고 쪼이고 가자고 하고 (하길래) 몸을 녹이고 다시 차에

"마을마다 치안대들을 형성해서 마을 지킬 수 있는 사업을 하는데 고향을 다 패전병들에게 뺏기고 그때 과정은 몇 시간 얘기를 해야 할 텐데."

"치안 사업하다가 미군들 후퇴하는 트럭 타고 월남을 했지요. 11명이 쓰리쿼터라고 있어요. 미군들 3/4짜리죠. 쓰리쿼터니까. 그거를 11명이 뒤에 타고서 넘어왔는데 이때 형님은 트럭을 타고, 5촌 당숙은 쓰리쿼터를 타고 갔지요."

탔는데, 사람이 1명 죽어 있어 놀라기도 했지만 그 당시는 그런 일이 예사였어요.

그리고 강원도 포천군 가산면이라고 있어요. 여기 그 부대가 진을 치고 있는데 거기 밤나무 밭이 많은데 거기 가서 내려 놓고 그 담에 당신들 갈 데로 가라 그래서 거기서부터 서울까지 걸어서 보행으로 걸어서 서울에 와서 갈 데가 없어서 군에 입대시켜 달라니까 나이가 어리다고 안 시켜 줘서 마포수용소에 들어가 가주고 3일째 내가 지원해 가주고 서울서 걸어서 경남 통영까지 걸어 내려갔어요.

남한 민병대 활동

보행으로 17일 동안 걸어서 내려갔거든요. 그래 지원해 가주고 그때 민병대라고 있었어요. 민방위 사건이래서 사람들 많이 굶어 죽고 그랬는데 거기 갔을 때도 사람들 엄청나게 굶어 죽었습니다.

그때가 1950년 12월 28일인데 2층 교실에 소대 배치가 되고 그때부터 제2국민병 훈련이 시작되는 셈이었죠. 2층 마루바닥이고 난로도 없어요. 저녁밥이 나오는데 주먹밥에 [소금을] 뿌린 것인데, 아침에 요만한 거 밥 1덩어리씩 주는데 소금물에 묻혀서 똘똘 뭉쳐 주고 야, 오늘 부식이 좋다 그러면 멸치 2개 아니면 3개 줘요. 그럼 그거 먹고 훈련시킨다고 시내 나가면 고구마 팔러 나온 할머니들이 있습니다. 고구마 장사 바구니를 그냥 집어 내삐리면(버리며) 일개 소대가 들러붙어서 그거 주서 먹을라고 난리고

"그때가 1950년 12월 28일인데 2층 교실에 소대 배치가 되고 그때부터 제2국민병 훈련이 시작되는 셈이었죠. 2층 마루바닥이고 난로도 없어요. 저녁밥이 나오는데 주먹밥에 뿌린 것인데, 아침에 요만한 거 밥 1덩어리씩 주는데 소금물에 묻혀서 똘똘 뭉쳐 주고."

그럼 뭐 흙이고 뭐고 주워서 뒤에 와 가주고 올라와서 손에 있는 거 채 가고. 입에 진짜 들어가야 내 뱃속에 들어가는 거지. 산에 가면 논 풀에 요렇게 빨갛게 열리는 거 있어요. 전부 따먹고 댕기고. 솔순 봄에 빼질빼질 올라오는 거 그거 자꾸 따먹고 남의 [밭] 옆에 파 마늘 있으면 그거 캐먹고. 전부다 배싹 말라 가주고 햇볕에 웃통 벗겨 놓으면 뼈만 남아서 배싹 말라서 있으니까 그럼 매일 1명씩 죽어나가면 송장 묻으러 가는 날은 밥을 많이 줘요. 그럼 서로 송장 묻으러 갈려고 난리 지기고(치고) 그러면서 그 이듬해 3월 4월에 가서 이북으로 다시 북진해 들어가는 줄 알고 지원해서 나왔는데 그래 김윤근 소장하고 5명인가 사형선고 당했잖아요. 사형선고 당하면서 귀향증을 내주고 다 해산시켰다고요. 그래 가주고 고향으로 올라가라 그러는데 내가 참….

그때 이야기 징글징글한데 몇 개만 할게요. 어떤 날은 밥을 받아먹으려 열 지어 있다 보면 야 오늘은 반찬이 좋다고 소리를 쳐요. 그래서 보면 멸치 2, 3개인데 평상시에는 소금물에 적셔 주는데 멸치면 좋은 편이죠. 훈련병들이 지쳐서 훈련을 못 받게 되면 환자 중대에 들어가는데 환자 중대는 바닥에 짚을 깔아 놓았거던요. 환자들이 그곳에서 삐대다 보면(어지럽게 움직이다 보면) 먼지가 한없이 생겨요. 처음엔 지쳐서 환자 중대에 들어가지만 조금 있다 보면 정말 병이 생겨 매일 1사람씩 죽어 가는 겁니다. 아침에는 이 송장들을 묻기 위해 선착순 집합을 합니다. 송장을 묻는 날은 밥을 많이 주니까 한 끼라도 배불리 먹고 싶어 난리가 납니다.

우리 소대장은 우리 심정을 잘 아는 분이라 아침이면

세수하러 모두 인솔해 가지고 바닷가로 갑니다. 바닷가 어촌에 가서 30분 여유를 주고 해산을 시킵니다. 마을에 가서 얻어먹고 오라는 거지요. 처음 들어가는 집이라야 얻어먹지 다른 대원이 들어가면 못 얻어먹어요. 나는 지금도 마음 아픈 일이 하나 있어요. 어느 날 아침에 남보다 빨리 한 집에 들어가서 밥 좀 주세요 그러면서 몇 번을 외쳤는데 안에서 물레 두르는(돌리는) 소리가 들리고 문을 열어 보지 않는 거요. 마침 처마 끝에 큰 대못을 치고 거기에 바구니 하나가 걸려 있는 겁니다. 나는 발자국(발소리)을 죽이고 마루 끝에 올라가서 바구니를 보니까 바구니 속에 보리쌀이 삶아서 있어요. 이게 웬 떡인가 싶어 3주먹을 훔쳐 호주머니에 넣고 그 집을 뛰쳐나왔어요. 다른 대원들이 달라고 할 것 같아서 혼자 먹고 들어갔는데 이게 마음에 걸려요.

신발도 다 떨어지고 양말도 바닥이 없어요. 양말은 문경에서 선물 받은 목도리를 잘라서 썼는데, 그걸 잘라서 양말도 꼬매고(꿰매고) 하튼 신발도 아침에 연병장 집합할 때 먼저 신는 사람이 임자고. 연방장에서 제식훈련 받는 날은 휴식시간에 울타리 있는 데 고구마, 떡, 옥수수 같은 거 파는 장사꾼들이 오거던, 돈 있는 사람은 고구마를 사 먹고 고구마 껍질이라도 남으면 먹고 싶지만 다 먹어 버려. 그래서 내 혁띠(허리띠)를 바다 새우 3마리하고 바꿔 먹은 기억이 나요. 정말 맛있었어요.

훈련소에 음력설이 됐는데, 설이라고 먹을 걸 주는 게 아니라 밖에 나가서 장작 1개씩 구해 오라는 거야. 그러면 밖에 나가서 모두 얻어먹을 수 있거던. 밖에 나가면 명절이고 해서 떡이고 밥이고 고구마를 먹을 수 있어요. 그리고 장작을 얻어 가지고 오는 거야.

대부분 야외훈련을 하는데 소대장 인솔 하에 정문을 나가면 도로에 떡 장사랑 고구마 장사 아줌마랑 죽 서 있는 거야. 행진중에 돈 있는 사람은 사 먹고 돈 없는 사람은 눈이 뒤집히지.

하여튼 그러면서 3개월 10일이라는 세월이 흘렀어요. 머리는 이발을 못해서 목을 덮었고 신발은 다 떨어지고 옷은 여기저기 찢기고 몸은 엉망인데다가 몸에 이가 꼬여 덩어리가 뭉칠 정도였거던. 그때 부대원들이 얼마나 죽었는지 몰라. 그리고 전방으로 보낸다는 소리를 들었는데, 그런데 민병대 사령부가 훈련용 부식하고 부품을 착취한 걸 알게 된 거야. 소장 이하로 5명이 사형당하고 민병대는 그 길로 모두 해산하게 된 거지요.

고향 가라고 귀향증하고 돈 4만 8천 원[2] 그리고(그리고) 쌀 9되를 받고 통영국민학교를 나온 거야. 정말 고향도 없고 갈 곳도 없었어요.

철강 기술자의 길—기술만이 살 길이다

내 나이 23살 때 무슨 일이든 무서울 것 없이 일만 있으면, 시켜만 주면 할 수 있는 나인데 일이 없어요. 그런데 [인천] 송현동에 대한중공업(인천제철)이 건설되니까 일이 있을 것이라는 이야기를 들었어요. 그래서 그곳에 가 봐야겠다는 생각으로 다음날 아침을 일찍이 달라 소리는 못하고, 굶고 일찍이 건설 현장을 찾아갔지요. 보아 하니 뚱뚱한 사람이 감독인가 보다 하고 아저씨 여기서 일 좀 할

2 화폐 교환 전 이 돈은 화폐 교환 후 4천 8백 원 정도라고 한다.

수 없어요 하니까 니가 무슨 일을 하는데, 그러더라고요. 아무 일이나 시키시기만 하면 다 잘합니다. 시켜 보시고 잘못하면 보내면 되지 않습니까. 그래 졸랐지요. 그분이 자세히 보더니 저기 가서 삽 1자루 가져다가 여기 흩어진 자갈을 모두 쳐올려라 하는 거예요. 나는 앞으로 일을 할 수 있는가 없는가가 오늘 달렸다고 생각하고 죽을 힘을 다하여 쳐올렸어요. 점심때가 되니 배가 고파서 핑핑 돌 지경이라. 그 다음날은 아침을 먹고 도시락을 싸 달래 가지고 나갔지요. 그 다음부터는 철판도 나르고 형강류를 목도해서 나르기도 하고 시키는 대로 열심히 했습니다. 그때는 아무리 힘들게 일해도 하루 저녁만 자면 다음날 [도] 별로 피로를 느끼지 못할 정도였어요.

다음날은 다른 일을 주대요. 형강류 중에 앵글을 연결 할려면 밧다 앵글을 대고 볼트 조임이나 또는 리벳을 칩니다. 그럴려면 안쪽에 대는 밧다 앵글의 등 부분을 한 사람은 정을 대고 또 한 사람은 햄머로 그 정 머리 부분을 때려 깎아 내려가야 되거든요. 나는 햄머질을 하라고 해서, 한 번도 해 보지 않은 망치질을 했어요. 정 머리가 제대로 맞을 리가 없죠. 빗맞으면(잘못 맞으면) 이 새끼야 똑바로 때려 소리를 치고, 몇 번이고 잘못 때리면 귀싸대기가 올라옵니다. 그러고는 조금 쉬었다가는 쇠를 자르고 부치는 일을 처음으로 하는 거죠. 그때 생각했습니다. 나도 기술을 배워야겠다. 앞으로 살아갈 길은 이 길뿐이다. 정말 절박했지요.

한편 철판 앵글 등 가스 절단하는 것이 엄청난 기술자 같이 보여서 이것을 배워야겠다 생각했습니다. 그러나 어떻게 배울 길이 없어 틈만 있으면 옆에서 절단하는 것을

"아무 일이나 시키시기만 하면 다 잘 합니다. 시켜 보시고 잘못하면 보내면 되지 않습니까. 그래 졸랐지요. 그분이 자세히 보더니 저기 가서 삽 1자루 가져다가 여기 흩어진 자갈을 모두 쳐올려라 하는 것예요. 나는 앞으로 일을 할 수 있는가 없는가가 오늘 달렸다고 생각하고 죽을 힘을 다하여 쳐올렸어요."

"나도 기술을 배워야겠다. 앞으로 살아갈 길은 이 길뿐이다. 정말 절박했지요."

유심히 봤지요. 그리고 해 보고 싶어서 점심시간은 모두
점심 먹고는 그늘진 곳에서 한잠씩 잠을 자니까, 나는 이
시간을 이용하여 몰려 훔쳐서 절단을 해 봤지요. 잘 될 리
가 없지요. 정신없이 하고 있다가는 들켜서 야단도 맞고,
그 당시는 아세치렌³이 아니고 카바이트를 기화시켜 가열
시키며 절단했어요. 또 숨어서 하다가 들켜 얻어맞기도
한두 번이 아니었고… 이렇게 하며 익힌 절단을 인정받아
실제 작업을 하기도 했지요.

다시 걷는 쇠붙이 인생―참고 이긴 세월

군복무를 마치고 제대는 했는데, 이제는 앞으로 살아갈
일자리를 찾아야 했어요. 어디로 가서 알아보아야 하나
아는 사람 누가 있나 생각을 했지요.

대한중공업에서 일할 때 알던 한 분이 구로공단 박판
공장 공장장으로 계신다는 소식을 들었어요. 무조건 찾아
가서 만났습니다. 그날은 아침을 먹고 집을 나섰는데, 호
주머니에는 겨우 가는 버스비뿐이라, 용산에서 버스를 타
고 영등포에서 구로공단 박판공장을 찾아갔어요. 공교롭
게도 공장장이 서울에 가고 없어 내일 다시 오라는 거예
요. 돌아서서 걸었어요. 오후 3시경이 되어서 집에 도착하
니 배가 고프고 지쳐 저녁을 먹고 잠자리에 누웠어요. 그
때 내가 잠이 든 줄 알고 삼촌과 삼촌댁이 이야기를 하는
데, '쟤는 어디에 들어갈 생각은 않고 무얼 하고 있는지
모르겠어요' 해요. 보통 때라면 있을 수 있는 이야기이지
만 나는 그때에 [그 소리가] 고깝게(화나게) 들렸어요. 꼭

3 건설현장에서 용접시 사용하
는 가스.

어디라도 취직해야지. 취직해서 나대로 생활을 가질 것이
다 다짐을 했습니다.

　다음날 아침을 먹고 구로동으로 걷기 시작했어요. 공장
에 도착해서 공장장을 만났어요. 일하게 해 주십시오. 열
심히 하겠습니다. 그러니까 내가 일하는 것에 대하여 칭
찬도 하셨던 분이라, 내일 다시 한 번 오라고 하더라고요.
어느 정도 가능성이 보였어요. 그런데 신체검사를 하라고
했는데 신체검사 결과 폐 사진을 다시 한 번 찍자는 거예
요. 의사가 결핵을 앓았다고, 흔적이 남아 있다는 거예요.
약도 먹지 않고 나아 버렸던 거죠. 참으로 다행한 일이라
고 생각했어요. 집으로 돌아오는 발걸음이 훨씬 가볍더군
요. 점심도 굶고 집에 오니 해거름 때가 되었어요. 다음날
도 걸어서 다시 갔지요. 일은 할 수 있도록 해 줄 것이니
조금만 기다리라고 해서, 집으로 통보해 주시겠다고. 다음
날 인천에서 연락이 왔어요. 먼저 대한중공업 일할 때 감
독으로 계시던 정창희, 그분이 만나자는 거예요. 그래서
인천으로 가서 그분을 만났는데. 하시는 말씀이 나주에
비료 공장 건설이 있는데 같이 가자는 겁니다. 나는 여러
가지로 생각하다가 구로동 박판 공장에서도 일할 수 있다.
어느쪽을 택할 것인가. 결국 이곳보다는 멀리 지방으로
가서 독립하고 싶어 나주에 호남비료 공장으로 가기로 마
음을 먹었죠.

　1960년 2월 간단한 속옷 몇 가지를 가방에 넣어 가지고
나주로 떠났어요. 일행들은 어느 하숙을 정하고 도면을
놓고 일을 파악하기 시작했죠. 다음날 현장으로 갔습니다.
호남비료 공장 건설의 일부인데 공장 건설을 조선공사로
부터 하청을 맡았어요. 비계공 몇 명과 제관공 몇 명[과 함

먼저 대한중공업 일할 때
감독으로 계시던 정창희,
그분이 만나자는 거예요.
그래서 인천으로 가서
그분을 만났는데."

"어느쪽을 택할 것인가.
결국 이곳보다는
멀리 지방으로 가서
독립하고 싶어
나주에 호남비료 공장으로
가기로 마음을 먹었죠."

께] 업무가 주어져서 작업에 착수를 했죠. 내한테는 너무
나 많은 일이 주어졌어요. 비계 보조, 공구 관리, 예산 및
서무를 맡아서 하라는 겁니다. 정말 하루가 너무나 힘들
었어요.

하루 일과는 아침에 출근하면 기계를 꺼낸 빈 박스에
문을 달아 그곳에 공구를 보관합니다. 문을 열고 공구를
일일이 내주고 기록하고 다음에는 나도 높은 곳에 올라가
트러스 조립 빔 조립 크레인으로 들어올라 오면 양쪽에서
잡아 제 위치에 맞춰서 볼트 1개씩을 걸어 놓고. 이것도
요령이 생겨 상대보다 내가 빨리 끌어당기어 먼저 맞추면
쉬워요. 나중에 맞추는 사람이 훨씬 힘들죠. 아침에 올라
가면 점심때가 되어서야 내려옵니다. 오후에 올라가면 퇴
근시간에야 내려와요. 내려와서는 공구를 모두 챙겨 박스
에 넣고 키를 잠그고 겨우 퇴근을 합니다. [그러니] 남보다
늦을 수밖에 없지요. 그러다가도 공구 하나를 못 찾아내
면 불벼락이 떨어져요. 저녁에 오면 그날 일한 것, 돈 쓴
것 장부를 정리하여 결제를 맡아야 하고. 하여튼 그렇게
일하면서 몸이 고달픈 것은 고달픈 것이고 개새끼, 소새
끼 욕 얻어먹는 것은 보통이고 얻어맞지 않으면 다행이었
어요. 빔을 타고 트러스를 조립하러 칼람 우에 매미새끼
같이 붙어 가지고 트러스 올라올 시간을 이용해서 담배 1
대 피우고 있으면 언제 보고 야 이 새끼야 너 여기 담배
피우러 왔어! 고래고래 소리를 질러요. 그분은 잠시라도
쉬는 꼴을 못 보는 분이었어요. 이렇게 계속 생활하다 보
니까 견디기가 너무 힘들었어요. 서울에 삼촌에게 편지를
썼습니다. 너무나 힘이 든다고. 삼촌은 그러면 올라와라,
어떻게든 밥이야 못 먹겠나 그러시는데. 그런데 다시 생

"정말 하루가 너무나
힘들었어요. 하루 일과는
아침에 출근하면
기계를 꺼낸 빈 박스에
문을 달아 그곳에
공구를 보관합니다.
문을 열고 공구를 일일이
내주고 기록하고
다음에는 나도 높은 곳에
올라가 트러스 조립
빔 조립 크레인으로
들어올라 오면 … 아침에
올라가면 점심때가 되어서야
내려옵니다. 오후에 올라가면
퇴근시간에야 내려와요.
내려와서는 공구를
모두 챙겨 박스에 넣고
키를 잠그고
겨우 퇴근을 합니다."

각하고 또 생각했지요. 참고 이겨야 한다. 요만한 일도 못 이기면 내가 [무얼 하겠나 생각했어요].

현장의 삶―배관공부터 제관공까지

[호남비료 공장 지을 때] 장갑을 끼고 한 번 문지르고 장갑이(에) 먼지가 묻으면 불합격이에요. 정말 너무나 철저합니다. 검사원은 독일 사람인데, 가끔씩 와서 보고 하는 말이 당신들 왜 말을 안 듣습니까? 그래요. 이 건물 지어서 독일로 가지고 가는 것도 아니고 대한민국에 두고 비료도 생산하고 오래오래 보존하기 위한 건데 왜 말을 안 듣습니까 하는 겁니다. 맞는 말이지요. 그러나 시키는 대로 하다가는 밥 빌어먹기 딱 좋습니다. 겨우 합격을 해서 칠을 하면 페인트를 칠하는 것보다 흘리는 것이 더 많아요. 페인트 농도가 너무 묽으면 많이 흐르고 너무 되면 붓이 나가지를 않거던요. 그렇게 일하면서 지상에서 칠하는 것은 어느 정도 숙련이 됐는데 창문을 칠하는 것은 정말로 어렵습니다. 상부 옥상에다 로프 줄을 묶어 놓고 나무 판 가로 세로 300미터, 600미터를 양 옆에 로프로 매고 판자에 앉아 도로레(도르레)에 감아 그 판자를 타고 내려오며 양쪽 팔 닿는 곳까지 칠하며 내려갑니다. 그 높은 곳에서 한 번도 주릉(줄)을 타 본 적이 없었어요. 그날은 정말 용기를 내서 줄을 탔습니다. 창틀의 유리 빠다를 칠하며 내려오면서, 작은 붓으로 유리창 위에서 한 번 쪽 내리고 밑에서 찍어 위로 짝 올리면 유리에는 전혀 뻥끼(페인트)가 묻지 않고 빠대에만 깨끗하게 칠이 됩니다. 이렇게

칠하면 숙련공이 하는 스타일이고 나는 유리에 묻을까 봐 살살 그리며 칠했지요. 상부에서 5명이 나란히 앉아서 시작했는데, 나는 반도 못 내려갔는데 다른 친구들은 모두 다 내려가서 쉬고 있는 겁니다. 그때 속이 타서 눈물이 나려고도 했어요. 그렇게 되면 페인트는 유리에 묻고 더 늦어지죠. 이렇게 눈물나게 일해도 돈은 내 몫이 제일 적고, 저녁에 퇴근시간에는 신나를 헝겊에 묻혀서 서로의 얼굴에 묻은 뻥끼를 닦아 주는데, 얼굴이 얼얼합니다. 그리고는 옷을 갈아입고 퇴근을 합니다. 그리고 그때는 그래도 저녁 먹고 같이 소주 한 잔씩 하는 즐거움도 있었지요. 그때 정말로 다정한 친구들이었어요. 뻥끼쟁이, 기노전, 강호, 김정근, 저하고 같이 일하고 돈을 나눴습니다. 페인트를 따낸 사람이 조금 더 먹고 나머지 4명 중에 내가 제일 적고 셋은 같이 나눴던 것 같아요. 지금은 셋은 죽고 김정근과 내만 살아 있습니다.

　그때까지 나는 철공공하고 제관공, 비계공 일을 해 왔는데 또 페인트 공을 하게 된 셈이죠. 제법 페인트공 일을 할 만할 때에, 그곳에서 1963년 3월까지 일을 하고 나니까 공장도 모두 완료됐어요. 당연히 또 일거리가 떨어졌어요. 또 여기저기서 정보를 입수해 갖고 일을 찾아야 해요. 그러자 강호 그 친구가 영월에 가면 발전소가 있는데 거기에 기계를 모두 도색을 하는데 우리 같이 가서 그걸 해 보자 해 가지고 영월 발전소를 찾아가서 내부기계를 도색 작업 하청을 맡아 하게 됐어요. 여기서 도장 작업으로 제법 재미를 봤지요. 일을 마치고 다시 일을 찾다 보니 이번에는 지붕에 스렛트 입히는 일이 있어요. 이 일도 한 번도 해 본 경험은 없어요. 그러나 잘하는 스렛트공멘치로(처

"뻥끼쟁이, 기노전, 강호, 김정근, 저하고 같이 일하고 돈을 나눴습니다. 페인트를 따낸 사람이 조금 더 먹고 나머지 4명 중에 내가 제일 적고 셋은 같이 나눴던 것 같아요. 지금은 셋은 죽고 김정근과 내만 살아 있습니다."

"그때까지 나는 철공공하고 제관공, 비계공 일을 해 왔는데 또 페인트공을 하게 된 셈이죠."

럼) 하청을 맡았어요. 우리는 연구도 하고 다른 사람들이 하는 것을 보고 배워 가면서도 일은 제법 빨리하고 완벽하게 잘했어요. 그때에 스렛트는 2장 반이 1평으로 계산해서 하청을 맡아 일하든 기억이 나요. 스렛트 1장에 6미리 볼트 구멍을 9개 뚫어 가지고 3구멍은 겹치기를 하고 6개의 볼트를 이렇게 낚시걸이 해서 볼트를 잠급니다. 볼트 1개에 낚시거리 해 갖고 너트를 조이는데 10초 이내로 끝내야 해요. 정말로 동작이 빨라야 돼요. 페인트공이 이제 스렛트공이 된 거죠.

그라고 3년이 지나갔어요. 주어진 일을 모두 마치고 다시 일을 찾아야 하는데, 이번에는 충북 단양에 세멘트(시멘트) 공장이 건설된다고 해서 갔지요. 그때가 1963년 10월이었어요. 무작정 단양으로 올라갔어요. 작업현장을 둘러보고 다음날 하청 책임자를 찾아갔습니다. 일 좀 합시다. 전공이 뭡니까 묻길래. 제관이요 하니까. 돈은 어느 정도입니까 그래요. 돈은 일하는 것 보시고 맞추어 주십시오, 그랬습니다. 다음날부터 일을 하기로 하고 함바[4]에 들어갔어요. 건축물 조립하고 볼팅하는 작업인데, 우선 단양 그곳 이야기를 좀 할게요.

양쪽의 산이 높고 깊은 계곡 안에 세멘트 공장을 건설하는 중이었어요. 뒷산이 모두 세멘트 원료가 되는 산입니다. 10월 말경에 그곳으로 가서 약 2개월 시간이 흐르고 나니까 12월이라 추워지기 시작했어요. 양쪽에 산이 가리다 보니 한낮에나 잠깐 해가 들고 아침, 저녁은 그늘진 응달진 곳이었어요. 아침에 출근하면은 의지할(기대고 쉴) 곳이 없어요. 밖에서 나무를 주워 모아 모닥불을 피우고, 모두 출근해 가지고 그날 일을 지시받을 때까지 모닥불에

"전공이 뭡니까 묻길래.
제관이요 하니까.
돈은 어느 정도입니까 그래요.
돈은 일하는 것 보시고
맞추어 주십시오
그랬습니다."

4 일꾼들이 같이 자고 먹고 하는 곳.

몸을 녹이기 그랬어요. 그리고는 빔 위에 올라가서 작업할 준비를 합니다. 페인트 빈 깡통에 펀치, 망치, 스파나, 구멍 맞추기, 볼트 몇 개를 깡통에 담고 깡통에는 철사로 고리를 만들어 앵글에 걸어 놓을 수 있도록 돼 있습니다. 그리고는 페인트 한 말들이 [분량] 빈 양철통에다가 모닥불 알불을 좀 담고 장작을 잔득 담아 가지고 올라가서 등 뒤에 불을 걸어 놓고 일을 합니다. 아침에 등을 만져 보면 옷이 불에 다 타 버리고 맨살이 다 나와 있어요. 손이나 볼은 얼어서 감각도 없고. 점심을 먹으려고 내려와서 불을 쬐면은 얼굴이 후끈후끈하며 부어오르는 것 같아요.

그렇게 하루 일을 마치고 집에 돌아오면 배가 고파 저녁을 어떻게 먹었는지 모를 정돕니다. 먹고 나면 바로 쓰러져 잡니다. 그렇게 몇 개월 하고 나니까 아침 먹고 10시쯤 되면 배가 살살 아파요, 그리고 점심을 먹고 나면 3시쯤에 똑같은 배가 아프고, 쓰리게 1시간쯤 아프다가는 또 없어집니다. 견디기가 병원에 가서 진찰을 받았어요. 위궤양이니까 몇 개월 치료를 해야 한다고 그래요. 그러면서 약은 암포젤엠을 주고, 식전에 1포씩 먹고 밥을 먹으면 아픈 것이 넘어가고 그랬어요. 그렇게 약을 먹어 가며(며) 일을 계속했습니다. 이렇게 일하다 보니까 건축 구조물 비계 작업이나, 제관 작업, 페인트공, 스렛트공 일에 어느 정도 숙련이 되어갔어요. 주위의 오야지들(일 책임자)간에 일꾼이라는 칭찬도 듣게 됐고요.

그러던 어느 날은 상수도 공사를 하라고 했어요. 배관 작업은 정말 처음이라. 그리고 상수도는 주철관 작업도 있는데 다 할 수 있다고 이야기하고 밑에 4명을 데리고 상수도 배관 작업에 착수했지요.

"그렇게 약을 먹어 가미(며) 일을 계속했습니다. 이렇게 일하다 보니까 건축 구조물 비계 작업이나, 제관 작업, 페인트공, 스렛트공 일에 어느 정도 숙련이 되어 갔어요. 주위의 오야지들(일 책임자) 간에 일꾼이라는 칭찬도 듣게 됐고요."

3백 에(A) 백관 파이프(PIPE) 10미터 플렌지 타입으로 약 3km를 산마루까지 연결해 가지고 올라가고 상수도 주위에는 주철관으로 연결해야 합니다. 파이프를 묻을 곳은 땅 폭이 6백 미리 그리고 깊이 천 미리 정도로 파고 묻는데 물이 절대로 누수 되면 안 됩니다. 땅을 파는 것은 다른 인부를 시키고 나는 배관 작업을 했습니다. 우선 산으로 파이프를 운반하는 일이 정말 어렵습니다. 공구를 준비하고 도로레(도르레), 마니라 로프, 파이프, 받침목, 목도줄, 그라고 목도채, 꼭괭이(곡괭이), 삽, 볼트, 스파나 하여튼 이런 걸 준비해 가지고 파이프를 평지에서 4명이 목도해서 경사진 곳에 운반하고 산으로 올라가기 시작하면서는 파이프 앞부분에 로프로 묶고 산중턱 소나무에 도로레를 걸어 가지고 도로레에 로프를 걸어가고(걸어서) 1명은 밑에서 당기고 4명이 목도해서 산으로 올라가는 겁니다. 5명이 힘을 합하기 위하여 목도 소리를 합니다. 어기어차 어~허 어기어차 어~허 잘도 한다 어기어차 어~허 어기어차 어~허 거의 다 왔구나 어기어차 어~허. 모두가 힘을 합해서 어기어차 할 때에 줄을 당기고 목도한 사람들은 발을 움직여 올라갑니다. 파이프 2, 3개를 하다 보니까 요령이 나서 점점 빨라지는 겁니다. 첫날은 한 1.5m 정도를 연결하고 내려왔습니다. 오야지가 올라와서 보고는 놀래는 거죠. 이렇게 많이 설치할 줄은 몰랐다는 겁니다.

저녁에 집으로 돌아오니까 엄청나게 피로했어요. 안 해본 일을 무리하게 한 탓이죠. 그러나 젊음이 좋은 것이다. 하루 저녁을 자고 나면 다시 회복이 되요. 다음날 다시 하여 산마루까지 올라갔습니다. 그때에 한 번 실수를 하면

많은 일을 만들었죠. 플렌지(FLANGE)를 먼저 용접하고
연결하였어야 하는 것을 경험이 없다 보니 파이프를 연결
하고 플렌지를 연결하려 하니 용접이 안 돼서 결국은 오
야지가 올라와서 해결하고 그랬습니다.

　이번에는 주철관 연결 작업인데. 이 연결은 조금만 잘
못하면 물이 누수되기 일쑤였는데, 선배 한 분이 해 본 경
험이 있어요. 주철관은 연결부가 약 1센티 정도가 굵습니
다. 이 공간에 안쪽에는 석면 울을 다져 넣고 밖에는 진흙
을 떼어 버리고 넓적한 정을 대고 망치로 때려 납을 다집
니다. 이렇게 해서 물이 새지 않도록 연결하고. 그런데 연
결하는 일은 배워서 할 수가 있는데 모르는 일이 너무 많
아요. 주철관 자르는 일, 또 관에 작은 관을 티(T)자로 연결
하는 일, 커부를 잘 맞도록 꺾어 돌리는 작업. 절단하는 일
도 톱으로 자르는 게 아니고 넓적한 정으로 관 주위를 돌
아가며 흠집을 내고 딱 분지르는 겁니다. 이때 잘못하면
엉뚱한 곳으로 균열이 가 버리는 수가 흔히 있어요. 요령
이 있고 경험이 정말 필요하죠. 티자로 연결하는 것은 드
릴로 구멍을 뚫어 탭을 내서 연결합니다.

　이런 일들을 배워 가면서 상수도 공사를 마치고 나니까
이제는 배관 작업 주철관의 작업에 자신이 생겼어요. 많
은 걸 배운 셈이죠. 배우면서도 일의 신용은 얻고 있었어
요. 우리 팀이 일 잘한다는 말이 퍼지면서 여기저기서 일
의 요청이 많아졌어요.

경험 속에서 배운 기술—기술은 경험이다

[시멘트 공장] 뒷산은 모두가 세멘트석(시멘트석)으로 되어 있는 산이었는데, 산중턱에 굴을 뚫어 가지고 소형 레일을 깔고 소형 기관차로 세멘트석을 실어 내는 그래요. 굴속을 들어가면은 굴 천정을 직경 3미터 정도의 굴을 상부로 뚫어 올라가며 세멘트석을 파먹는 겁니다. 천정으로 올라간 굴 하부에 4백 미리 이하 되는 것만 하부로 낙하되고 그 이상 되는 건 걸릴 수 있도록 에이치 빔 2백 미리 4백 미리 규격으로 간격 4백 미리로 깔아 놓은 그리즈리바 구조물 작업을 하게 됐어요. 천정 암석에다가 볼트도 심고 기계도 설치해야 하는 일인데, 그 방법은 기계를 설치할 부위에 여기저기 착암기로 구멍을 일정한 깊이로 뚫고 착암기로 뚫은 구멍에 할랑하게 들어가는 약 30 Φ 정도의 환봉을 한쪽은 나사를 깎고 다른 한쪽은 환봉 반을 약 50미리 정도를 쪼개 놓고 환봉 굵기만한 경사진 쐐기를 물려서 구멍 속으로 밀어 넣고 그 뒤쪽이 닿으면 그때는 착암기로 두들겨 박는 겁니다. 그러면 물려 놓은 쐐기가 환봉 쪼갠 곳으로 파고들면서 옆으로 벌어지면서 바위에 꽉 물리게 되는 겁니다. 그러면 여기에 1톤이나 2톤짜리 기계를 매달아 설치하는 거죠. 이걸 록크 볼팅이라고 합니다. 이렇게 해 가지고 굴속에 그리즈리바 기계 같은 걸 설치하고 굴 밖에는 대차로 세멘트석을 싣고 나오면 일정 장소에 와서 대차 한쪽에 시린더를 설치해 가지고 확 밀어 올리면 반대쪽 문이 열리면서 돌이 쏟아져 내리는 거죠. 그런데 경사가 심하기 때문에 속도를 줄이지 않

으면 크랏샤가 부서집니다. 그래서 경사진 곳에 굵은 체인을 총총히 달아 놓거던요 그러면 돌이 그 체인에 부딪혀 가지고 속도가 죽는 거죠(줄어드는 거죠). 크랏샤에 들어가면 가루로 부셔 버립니다. 이러한 기계 설치 작업들을 합니다. 또 하나는 이런 곳에는 발파 전문가들이 있는데, 굉장합니다. 산을 발파하여 어느 범위를 무너뜨리는 것도 화약의 장전 기술이지만 그보다도 굴속에 그리즈리바우에 4백 이상의 돌이 걸렸을 때 그 돌에 착암기로 구멍을 뚫어 돌의 결을 보아 화약의 양을 결정해서 장전하고 발파하면 돌이 딴 곳으로 튀는 것이 아니고 그 자리에서 금만 가서 딱 뻐개져(벌어져) 그리즈리바 하부로 떨어지도록 하는 것이다. 정말로 발파의 전문가들이었어요.

그곳에서도 이런저런 일을 하면서 많은 걸 배웠는데 한 2년 세월이 흘렀어요 이제는 일거리가 별로 없어 작은 일이라도 찾으면 서로 정보를 교환하고 그랬는데, 세면 싸이로 내부 벽에 세멘이 많이 붙어 있는 것을 족장을 타고 내려오며 털어 내릴 수 있도록 족장을 매달라는 겁니다. 참으로 어려운 작업인데, 싸이로 크기는 원형으로 직경이 약 10m 높이가 약 30m 정도 크기로 상부도 스라브로 처져 있어서 사람이 1사람 겨우 드나들 수 있는 구멍 2개가 있는 게 다예요 그리고 스라브 밑에는 트러스가 짜져 바치고 있고요. 그(거기에) 들어가가 트러스를 타고 족장 목을 천정 구멍으로 내리주면 트러서를 타고 족장 목을 받아 2사람이 족장 목 양끝을 잡고 밀고 당기면서, 그렇게 해 가지고 트러스 밑 부분에 매고 다른 1개를 받아 가지고 백에서 백 5십 미리 족장 목을 타고 중간에 나가 십자로 붙들어 매야 하는 일인데, 아차 실수하면 30m 밑으로 떨어지면 즉사하는 겁니다. 이 작업을 하면 하루에 10일 간의 몫을 받기로 계약하고 착수를 했어요.

4명이서 조를 짜 가지고 2명은 안으로 들어가고 2명은 밖에서 족장 구멍으로 넣어 주는 그래 4명이 일을 했어요. 나는 안으로 들어갔고 또 한 사람하고 도로레 4개와 마니라 로프 2백 미터 길이 4벌을 안으로 넣어서 4귀에다 매고 족장 목을 받아 정말 곡예를 하면서 족장을 매 갔어요. 제일 처음에 2본(2번)을 맬 때가 아찔했고 2본을 매고 나니 양발을 갈라 디딜 수가 있어서 조금은 쉬웠어요. 가로 세로 가로 세로로 안전하게 발판을 6시간에 걸쳐 만들어서 로프를 늦추면서 시운전을 하고 나니까 옷이 땀에 젖어 옷 입고 물에 들어갔다 나온 것 같았어요. 지금 생각해도 아찔해요. 솔직히 지금은 천만금을 준다 해도 못 할 것 같습니다. 지금 생각하면 좀더 쉬운 방법도 있었을 텐데. 이때는 무서운 것도 없고 겁나는 일도 없었어요. 그리고 또 먹고 살아야 하니까 무슨 일이건 닥치는 대로 하고. 그러면서 경험을 많이 쌓았죠.

[일이 없을 때] 쌍룡세멘트(시멘트)회사에 상수도 공사가 있다는 정보가 들어왔어요. 한일세멘트 상수도 공사 구조물 작업할 때 처음부터 같이 일했던, 고등학교를 막 나온 젊은 청년 안호치하고 쌍룡으로 올라갔다. 우선 이 회사의 상수도 공사 담당자를 만나 상수도 공사 전문인데, 일 좀 하자고 했습니다. 한일세멘트 상수도 공사하고 좀 쉬웠습니다 그러면서 진짜 전문가 모양으로 말로 때우고 그러니까 도면을 주면서 견적을 제출하라는 겁니다. 일단 견적을 제출하니까 바로 OK, 좋습니다. 계약합시다, 그래 계약을 했어요. 그리고 그곳에 방을 하나 얻어서, 현지에

"이때는 무서운 것도 없고 겁나는 일도 없었어요. 그리고 또 먹고 살아야 하니까 무슨 일이건 닥치는 대로 하고. 그러면서 경험을 많이 쌓았죠."

서 인원을 3명 채용해서 작업에 착수했어요. 현지인원은
우선 배관 묻을 장소에 땅을 파도록 하고 배관 작업 데모
도(디모도, 뒷일)를 2명 채용하여 공구를 갖추고 플렌지 용
접부터 들어가가 경험을 살려서 일을 했어요. 재미있는
일이었어요. 작업이 원만하게 이루어져 가니 신이 납니다.
모두가 내 일같이 일을 해요. 땅을 파는 사람을 제외하고
는 일하고 버는 돈을 내가 조금 더하고 나머지는 다같이
나누니까, 그같이 일하는 사람들이 내 일같이 열심히 하
니까 능률도 오르고.

　한창 일하다가 추석이 됐어요. 추석이 내일인데, 집에
내려가 제사를 모셔야 하는데 단양까지 내려가는 버스도
없고 기차시간도 이미 지났으니 갈 길이 막연했어요. 안
호치도 같이 가야 하는데 방도가 없다. 이제는 할 수 없다.
수단 방법 가리지 말고 어떻게든 가야겠다는 생각에서 우
리 무조건 기차역으로 가자. 옷을 갈아입고 머리를 빗어
넘기고 그때 흔히 입는 검은 가죽잠바를 입고 그대로 역
으로 갔어요. 해는 떨어지고 어두운데 둘이는 기차역으로
갔어요. 역에 짐차 하나가 서 있는데, 보니 맨 뒤에 차장
칸이 붙어 있어요. 차장 칸에 가 가지고 여보시오 차장 불
렀어요. 안에서 차장이 무슨 일이요, 하길래 우리는 제천
경찰서 형사인데 급하게 도담까지 가야 할 일이 생겼소.
좀 타고 갑시다 [웃으며] 그러니까 차장은 진짤 줄 알고
이 기차는 도담에는 멈추지 않습니다, 하는 거예요. 여보
시오, 지금 우리는 다른 차를 기다릴 시간이 없소. 여하튼
도담까지 가서 완전히 멈추지 말고 서서히 가면 우리가
뛰어내릴 터이니 그리 알고 서서히 가 주시오 그리고 그
기차를 탔어요. 입석을 지나고 제천에서 잠깐 쉬었다가

"한창 일하다가 추석이 됐어요.
추석이 내일인데,
집에 내려가 제사를 모셔야
하는데 단양까지 내려가는
버스도 없고
기차시간도 이미 지났으니
갈 길이 막연했어요"

다시 출발하는데 도담까지 와서 기차는 정말로 걸어가듯이 서서히 가는 거예요. 그때 뛰어내려서 울타리를 넘어 가지고 집에서 제사를 모실 수가 있었어요. 참으로 잊지 못할 추억입니다.

이렇게 하여 상수도 공사를 마치고 나니까 또 바로 일이 생겼어요. 단양에 한일세멘트회사에서 일할 때 다른 팀장이었던 사람이 제천과 쌍룡 사이 입석이라는 곳에 충북세멘트회사가 건설되는데, 여기에 철골 구조를 낙찰해서 나한테 같이 일할 수 없느냐고 연락이 왔어요. 현도 작업은 경험이 없었어요. 그런데 배워 가며 하면 된다고 생각하고 입석으로 장소를 옮겼어요. 우선 하숙지부터 구하고 건설물의 도면을 받아 가지고 하숙집으로 돌아와서 도면을 파악하고 다음날부터 작업에 착수했어요. 안호치도 같이 조력공으로 현도를 그리기 시작하고 현도에서 마킹척을 작성하는 대로 형강류에 마킹 작업도 들어갔어요. 도면이 복잡하고 어려워 이해가 되지 않는 부분은 오야지한테 물어 가면서 작업을 진행했습니다. 일부에서는 구멍을 뚫고 일부에서는 조립 작업에 들어갔고. 맨 먼저 현도하여 조립에 들어간 것이 드라스였어요. 잘 맞을 수 있을지 궁금하였으나 생각보다 아주 잘 맞는다고. 그때 기분이 참 좋았어요. 아침부터 저녁까지 하루 종일 쪼그리고 앉아 현도를 뜨면 눈이 충혈되어 빨개지기도 하고 참 열심히 일했습니다. 그때 그러(리)고 나니까 이제는 점점 자신감이 생겼습니다.

"우선 하숙지부터 구하고 건설물의 도면을 받아 가지고 하숙집으로 돌아와서 도면을 파악하고 다음날부터 작업에 착수했어요."

울산 생활

호남비료에서 같이 일하던 강호라고, 이북에서 월남한 친구가 있었어요. 호남비료에서 나는 단양으로 올라오고 그 친구는 울산으로 내려갔죠. 오랜만에 만나 참으로 반가웠어요. 그런데 만나자마자 빨리 울산으로 내려가자는 겁니다. 무슨 일이냐고 물으니까 파이프 속에 무엇을 바르는 작업인데 남에 밑에서 일하지 말고 우리가 하청을 하면 돈벌이가 된다는 겁니다. 급하게 내려가야 한다는 겁니다. 이곳에 하던 일은 어떻게 하나 걱정을 하니까. 친구는 누가 하겠지 무조건 내려가자는 겁이다. 오야지는 못 가게 할 것은 뻔한 일이고, 갈 것을 결심하고 저녁 무렵에 도망을 갔어요.

입석 역에서 제천까지 와서 제천에서 기차를 갈아타야 하는데, 잘못하면 제천역에서 잡힐 우려가 있어요. 제천까지 와서는 플랫폼에서 울산가는 기차가 올 때까지 화물차 방통 옆에 숨어서 밖을 주시하고 있는데, 아니나 다를까 제천역에서 오야지가 저를 찾느라고 기웃거리며 사방을 두리번거리는 모습이 보여요. 우리는 방통 뒤에 숨어 가지고 오야지 거동만 주시하다가 울산 가는 기차가 도착할 때 고(그)때 우리는 재빠르게 기차에 올라타고 한숨을 돌렸어요. 이렇게 울산까지 무사히 도착했지만, 엄청난 죄를 지은 죄인이 된 거지요. 이것이 일생 동안 엄청난 과오를 저질은 죄인이 되어 버린 셈이죠. 그러나 그때는 [이미] 어쩔 수가 없는 일이었어요. 새로운 일에 도전하는 수밖에는 뭐. 야음동 한국비료 건설을 위한 철거민 주택 있는 곳

"이곳에 하던 일은 어떻게 하나 걱정을 하니까. 친구는 누가 하겠지 무조건 내려가자는 겁이다. 오야지는 못 가게 할 것은 뻔한 일이고, 갈 것을 결심하고 저녁 무렵에 도망을 갔어요."

에 방을 하나 얻어 놓고 맡은 일은 비료 공급 라인의 마모 방지를 위해서 파이프 내부에 캐스타불을 시공하는 작업이었어요. 어떻게 시공을 해야 하는지 양생은 어떻게 하여야 하는지 감독관의 지시에 따라 시공을 하는 겁니다. 지금 생각하면 그 당시 일을 왜 그렇게 했는지 이해가 안 될 정돕니다. 파이프 한 토막 길이가 3 내지 4미터 길입니다. 이것을 눕혀 놓은 상태 그대로 아래쪽 1/2을 캐스타불을 바르고 건조되면 다시 뒤집어 놓고 먼저 시공 부분과 연결하여 아래 부분을 시공합니다. 그때 연결 부위가 자꾸 처져 내려오니까 마무리 작업에 어려움이 이만저만이 아니었어요. 정말 한심한 시공 방법인데, 지금 같으면야 파이프를 세워 놓고 고(그) 내부를 분해할 수 있도록 형을 만들어 넣고 캐스타불을 위에서 부으면 시공도 완벽한 시공이 되고 작업도 쉽게 됩니다. 형 값이 든다 해도 일이 엄청나게 쉬워서 시간적으로 빨라요. 하여튼 그때는 공사를 마치고 나니까 울산에서는 나를 캐스타불 시공 전문직으로 알아줬어요.

그 다음 일한 곳이 동양합섬회사가 건설되는 현장이었어요. 이곳을 찾아가서 책임자를 만나 보니까 대동건설 인천에 대한중공업 건설 당시 일하던 분들이었어요 나도 일 좀 합시다, 하니까 반갑게 받아 주었어요. 이때가 1966년 가을이었습니다.

단양 집에다 편지를 보내서 나는 올라갈 시간이 없으니 짐을 싸 가지고 울산으로 이사를 내려오시오, 그리고 나는 다음날부터 작업에 착수했어요. 섬유 공장으로 나이롱 실과 솜을 생산한다는 것만 알고 나는 인원을 몇 명 데리고 도면대로 라인 기계를 설치했어요. 한 라인이 약 1키로

> "단양 집에다 편지를 보내서
> 나는 올라갈 시간이 없으니
> 짐을 싸 가지고
> 울산으로 이사를 내려오시오
> 그리고 나는 다음날부터
> 작업에 착수했어요."

정돈데 센타(center)가 정확하게 맞도록 기계를 설치해야
하는 작업이었어요. 그때 회사 감독 담당 과장이 일하는
것을 유심히 살피고 그랬어요. 그냥 나는 도면대로 기계
를 설치했어요. 그분들은 정확도와 설치속도가 매우 빠
르게 진행된다고 그러대요. 한 라인의 기계 설치가 거의
끝날 무렵에 이 회사의 담당 과장이 좀 보자고 합디다.
가 보니까 동양합섬회사에 입사하라는 겁니다. 그때 봉
급을 만 2천 원 주겠다는 했어요. 나는 그것 받고는 회사
에 들어가지 않습니다, 하니까 있어 보면 괜찮을 걸요 그
라면서 계속 회사에서 같이 일해 보자는 겁니다. 그리고
결국 건설회사는 그만두고 동양합섬 회사에 입사하게 되
었어요.

　동양합섬주식회사는 원래 섬유 공장인데 일본에서 원
액을 수입해 가지고 백금 0.5미리 노줄 구멍을 통과시켜
찬물 속을 거쳐 가지고 가열된 로 속을 거쳐 다시 찬물 속
을 통과하여 1km 정도를 지나서 실 가닥을 감으면 나이롱
실이 되고 이 실을 톰메킹 공장에서 타면 나이롱 솜이 되
는, 그 섬유 공장인데 원 주주는 부산에 태광산업이었어
요. 그래서 울산공장을 태광산업 제2공장이라고도 부르기
도 했어요. 여기에 제관공으로 입사한 겁니다.

　이곳의 제관 작업은 지금까지의 작업과는 완전히 다릅
디다. 화학 공장이니까 거의가 비철금속, 왜 스테인레스나
알미늄 제품 같은 거요. 공장 자체가 병원맨치로 아주 깨
끗하고 먼지가 없도록 하는 청결한 공장인데, 기계부품들
도 부식되지 않는 비철금속 아니면 철판으로 만든 제품인
데, 고무 코팅을 해서 부식을 방지하도록 되어 있어요. 원
액 자체가 휘발성이 강하고 조금만 새 나와도 냄새와 부

"동양합섬주식회사는
원래 섬유 공장인데
일본에서 원액을
수입해 가지고 백금 0.5미리
노줄 구멍을 통과시켜
찬물 속을 거쳐 가지고
가열된 로 속을 거쳐
다시 찬물 속을 통과하여
1km 정도를 지나서
실 가닥을 감으면
나이롱 실이 되고 이 실을
톰메킹 공장에서 타면
나이롱 솜이 되는"

식이 엄청나게 심한 원액을 취급해요. 특별한 작업들이
많아요. 여기서는 우선 용접을 배워야 일을 할 수 있습니
다. 특수용접인데, 알미늄 용접과 T. G 용접 그런 거, 스테
인레스 용접 같은 거. 계속 실습을 하면서 잘 안 되는 부분
은 원인을 분석하면서 집중해서 열심히 하니까 제법 됩니
다. 얇은 박판용접이 어려운데, 선배가 용접할 때면 놓치
지 않고 유심히 관찰했어요. 열심히 하면 되게 되어 있어
요. 한 번은 담당 과장이 텔레비전 안테나를 용접해 달라
는 거예요. 이런 건 TIG로 아크를 다른 곳에서 일으켜 가
지고 본 용접물체로 끌고 가며 신속하게 이동하여야 합니
다. 또한 스테인레스 파이프에 벨마우스 용접하는 것도
안쪽으로 TIG로 용접을 해 가지고 밖에도 TIG 용접을 해
서 99% 초산을 발라서 1시간쯤 뒤에 고무장갑을 끼고 스
테인레스 와이야(와이어) 부라쉬 물에서 깨끗하게 닦고 헝
겊 그라인다에 약품을 칠해 가지고 광을 내야 본 지(자기)
역할을 할 수가 있어요. 부식을 방지할 수 있는 거죠. 제관
작업도 거의가 스테인레스 제품인데, 이때 작업은 일반
쇠망치로 두들기면 안 됩니다. 망치로 맞은 곳에 철분이
박히거나 녹거나 작은 구멍이 생겨 가지고 액이 새 나오
거던요. 그라마 스테인 망치나 프라스틱 망치를 이용하는
데 벤딩롤에 굽힘 작업을 한 제품은 철분 제거 산 처리 작
업을 하는 아주 까다로운 작업들입니다. 용접작업은 일본
에 가서 연수도 하고 돌아온 남규홍 주임이 있었어요. 이
분한테 일을 배워 가며 많이 숙달이 되었어요.

　회사(동양합섬)에 입사해서 1달이 지나니까 기다리던 봉
급날이 되었어요. 만 2천 5백 원인가 기억이 잘 나진 않는
데 입사 전 보름간 일한 대가보다도 적었어요. 이것 받고

*"회사(동양합섬)에 입사해서
한달이 지나니까
기다리던 봉급날이 되었어요.
만 2천 5백 원인가
기억이 잘 나진 않는데
입사 전 보름간
일한 대가보다도 적었어요"*

는 일할 수가 없다는 생각이 들어서 사직서를 써 가지고 회사를 그만두겠습니다고 제출을 했습니다. 그때 나를 입사시킨 사람이 과장 이강렬 씨였어요. 이분한테 사직서를 제출했습니다. 이강렬 과장은 꾸준하게 있어 보면 생활이 안정되고 괜찮을 터이니까 참고 몇 개월만 있어 보라고 한사코 말리는 겁니다. 그래서 또 몇 개월간만 더 있기로 했어요.

　회사에 근무하면서 점차 재미를 느꼈어요. 환경도 깨끗하고 내가 모르는 것들을 하나씩 익혀 갈 수 있고. 물론 나는 정비 일을 하고 있는데, 또 하나 [재미있는 일은] 이 회사는 여사원도 많이 근무하고 있었거든요.. 톱메킹 공장이라고 있어요. 여기서 실을 타서 나이롱 솜으로 만드는 솜 타는 공장인데, 모두가 여직원들예요. 어떤 젊은 사람이 이 회사는 출퇴근 하는 재미로 회사를 열심히 다닌다는 거예요. 그게 무슨 소리가 그라면(하면) 버스로 출퇴근을 시켜 주는데, 그러면 2명씩 앉을 수 있도록 의자가 되어 있거든요. 자기가 먼저 앉아 있으며 옆에 아가씨가 앉으면 그날은 기분이 좋고 일도 잘된다는 겁니다. 어떤 날은 옆에 남자가 앉는 날은 기분이 별로라는 거라고. 이런 소리를 들은 다음부터는 한 사람이 앉고 옆자리가 비어 있어도 나는 매일같이 서서 가곤 했어요. 눈총받기 싫어서. 참으로 재미있는 일들이에요.

　또 한 번은 이상한 소문이 났는데, 톱메킹 공장은 여름에는 찌는 듯이 더워요. 이곳은 문을 열어 놓으면 바람에 솜이 날려서 문을 열지 못하도록 되어 있거든요. 지붕은 열을 받아 엄청나게 더워요. 그런데다가 일하는 사람이 모두 아가씨들이고 솜 타는 기계 작동일은 항상 서서 하는 일이에요. 회사복은 무릎 밑에 오는 검은 치마와 흰 저고리가 회사복인데 소문에 너무 더워 회사복 이외는 입지 않는다는 소리가 들리곤 했어요 그 후 어느 날 톱메킹 공장의 기계가 고장이 났으니 빨리 와서 수리를 해 달라고 해서 공구박스에 공구를 챙겨 가지고 톱메킹 고장으로 갔어요. 기계가 작동이 제대로 되지 않는다는 거예요. 기계 담당 아가씨한테 좀 도와달라고 하고 상부에 앞뒤로 움직이는 것을 앞으로 넘어가지 않도록 잡고 있도록 하고 하부 볼트를 풀며 슬쩍 관찰했는데 소문과는 전혀 달랐어요. [웃음을 지으며] 하여튼 인간이란 다 그런 것 같아요.

몇 개 회사를 돌며 짧은 기간이지만 급속도로 발전도 하고, 이제 어떤 일이든 자신이 생기고 모두 하면 다 할 수 있다고 큰소리 치며 의기양양하게 일하고 있을 무렵 나는 평생 잊을 수 없는 과오를 범하고야 말았습니다.

공장 라인 스팬을 연장하는 일인데, 확장공사를 직영으로 제작 설치하는 작업인데, 내가 해 온 일이 이런 일인데 요런 작업 정도야 하고 가볍게 생각하고 작업에 착수했어요. 우선 트러스부터 조력공 한 사람을 다리고(데리고) 현도 작업을 했어요. 항상 하는 작업이라 별 어려운거 없이 현도를 마치고 마킹 작업까지 모두 마치고 조립 작업에 들어가서 가조립 볼팅을 하고 리벳팅 작업에 들어가고 있을 때 모두가 현도가 잘되어 7매 겹치기 리벳팅도 리마를 넣지 않고 잘 맞는다고 칭찬이 자자했어요. 그런데 과장이 와 보고 트러스 높이가 본 건물보다 낮아 보인다 하시는 것이었다. 그럴 리 없습니다. 현도가 잘되어 잘 맞고 있습니다, 이야기를 해 놓고 혹시나 해서 현도장에 가서 다시 확인을 했어요. 어찌된 일인가 나도 깜짝 놀랐어요. 도면보다 500미리가 낮게 나왔어요. 왜 이렇게 된 것일까. 쪼그리고 앉아 가지고 전부 확인을 했어요. 현도 중 트러스의 높이를 표시할 때 줄자로 20m 지점에 점을 찍고 거기에서 500미리 지점에 다시 점을 찍을 것을 조력공이 2m 지점에 먹줄을 댄 것이 미스가 되어 트러스가 500미리가 낮아진 거. 한숨을 내쉬며 여러 가지 반성을 했습니다. 왜 확인을 하지 않았을까. 현도 검사를 맡았어야 했는데. 내가 너무나 자신감에 차서 오만방정을 흘렀구나. 침착성이 없었구나. 반성을 하고 엄청난 것을 얻었지만 이제는 들여다보고 있는다고 해결되는 게 아니잖아요. 부재(부재료)들은 모두가 짧게 짤려 있었고. 해결 방법을 찾아야 하는데. 그날은 일을 모두 중단시키고 돌아와 밤새도록 생각을 했어요. 그리고 내일 아침 출근하여 과장님과 타협하는 길밖에 없다고 생각하고 출근해서 바로 과장한테로 가서 방법을 설명했어요. '이중 트러스를 만듭시다.' [목소리에 힘을 주어] 강도상으로는 현재 낮아진 트러스도 문제가 되지 않고 그 위에 중심부만을 500미리 높여 가지고 칼라시트만을 지탱하도록 보완하는 방안을 제시했더니 과장은 부장한테 보고를 했어요. 부장은 왜 현도검사를 하지 않았느냐고 과장을 야단치고 쾌히 승낙하시었어요. 그래서 일은 조금 더 있었으나 문제는 해결됐어요.

그 이후 이곳에서 STS로 원액 교반하는 탱크 같은 여러 가지 기계부품들을 제작하고 설치하는 일을 하면서 나로서는 기술이 급속도로 발전한 것 같았어요. 그때 철구조물인 작은 건물을 건축하기 시작하였을 무렵이었는데 신문을 보니까 한국알미늄주식회사 사원모집공고가 났어요.

한국알미늄 시절—새로운 도약

그때 동양합섬은 안정조업에 들어가 있었고 일정하게 주어진 일뿐이고. 좀 새로운 일을 하고 싶어졌어요. 솔직히 어떤 일이든지 간에 모두 해낼 것 같은 자신감이 있었어요. 이력서 1통 써 가지고 한국알미늄을 찾아갔습니다. 모집공고를 보고 찾아 왔다고 하고 접수를 하고 면접시간을 기다렸어요. 과장 한 분이 면접을 하고 있는데 내 차례가 돼서 들어가 보니까, 이력서를 보고 일본어 할 수 있느냐고 묻더라고요. 썩 잘하지는 못해도 좀 한다고 하니까, 왔으면 좋겠는데 봉급은 얼마면 되겠느냐는 겁니다. 그때 2만 5천 원을 요구했어요. 한참 생각하시더니 좋습니다. 내일부터 출근하십시오 하는 겁니다. 그리고 1968년 12월 1일에 한국알미늄주식회사에 입사를 하게 됐어요.

동양합섬에는 몸이 불편하다고 통보하고 한국알미늄에 출근했어요. 면접하신 분이 포항종합제철 정비 본부장을 하시다 돌아가신 김준영 이사님이라고. 첫날 출근을 하니까 나보다 먼저 입사한 분이 있어요. 박수걸이란 분인데, 정비 공장에 선반공으로 입사하고 나는 제관공으로 입사해서 같이 일할 분이었어요. 그때 정비 공장이 막 건설중이었는데, 박수걸과 둘이서 파이프를 둘러메고 수도배관 기계 설치를 같이 했어요. 3일을 이곳에 출근을 하고 과장한테 내가 동양합섬에 하던 일이 있으니 3일간만 그곳에 가서 일을 마무리하고 오겠다고 하니까 그렇게 하라고 승낙을 해 줬어요.

동양합섬회사에 다시 가서 건축 구조물 하던 것을 2일

"솔직히 어떤 일이든지 간에 모두 해낼 것 같은 자신감이 있었어요. 이력서 1통 써 가지고 한국알미늄을 찾아갔습니다."

"이력서를 보고 일본어 할 수 있느냐고 묻더라고요. 썩 잘하지는 못해도 좀 한다고 하니까, 왔으면 좋겠는데 봉급은 얼마면 되겠느냐는 겁니다. 그때 2만 5천 원을 요구했어요. 한참 생각하시더니 좋습니다. 내일부터 출근하십시오"

간에 마무리하고 퇴근시간에 사표를 제출했어요. 무슨 소리냐 왜 그만두려 하느냐는 거예요. 한국알미늄회사에 가서 일하려고 그러니까 그곳에 갈 곳이 못 됩니다. 알고 가려고 하십니까. 생산할 때는 1미터밖에 사람이 안 보일 정도로 깨스가 피어 오르며 공기가 아주 좋지 않은 곳입니다 하며 급여를 그곳에서 더 주면 그 정도는 이곳에서 올려줄 터이니 가지 마십시오, 합디다. 그러나 나는 가야 합니다. 한 번 간다고 한 사람이 다시 주저앉을 수는 없습니다 하고 나와 버렸지요. 그리고는 다음날부터 한국알미늄회사에서 근무를 하게 됐습니다. 그때 일을 찾아다니며 했어요. 정비 공장 기계들을 설치하고 엠빌을 놓고 옛날 대장간 식으로 단조장을 만들어 정비 공장의 면모를 갖추고 다음에 1차로 한 작업이 정문에 차량출입의 셔터를 제작 설치하는 작업이었는데, 사각박스 타입의 칼럼을 세우고 그 안에 와이어 드럼을 양측에 설치하고 경비실에서 나와 핸들을 돌리면 출입문이 올라가고 내려오는 식의 통제문을 제작 설치하고 작동시켜 보니까 상하 작동이 잘되는 겁니다. 처음으로 그런 걸 만들고 나니까 기분은 하늘을 날 것 같았어요. 그리고 이곳에는 직원의 출근 타임카드가 있어 카드를 그으면 타임이 찍히게 되거던요. 하여튼 이거 때문에 전직원 카드박스를 제작 설치하는 일하고 회사 건설에 바쁜 때였습니다. 알미늄 회사는요 원액(알미나)을 수입하여 용해시켜 알미늄 빌레트를 만들어 가지고 알미늄 식기같이 여러 가지 알미늄 제품을 만들거던요.

이곳에서 1달이 되어가 월급을 받았어요. 영수증을 쓰고 월급을 받았으나 이상했어요. 왜 월급을 영수증을 써

"알미늄 회사는요 원액(알미나)을 수입하여 용해시켜 알미늄 빌레트를 만들어 가지고 알미늄 식기 같이 여러 가지 알미늄 제품을 만들거요."

야 하냐고 물으니까 호봉이 최고 호봉이라도 급여를 맞출 수가 없어 영수증을 쓰게 된 거예요. 첫 월급을 그렇게 타고 다음부터는 호봉을 새로 개조했어요.

[그리고] 이곳 알미나를 용해시키는 공장을 전해 공장이라 부르는데, 이 전해 공장은 백 2십 개의 평로가 있어요. 이 로는 전기로 알미나를 용해시킵니다. 따라서 전기의 사용량이 30만 키로와트로 이 전기를 수전해서 각 로에 배전시키는 부스바가 있어요. 이 부스바는 음극하고 양극이 있는데 두께 2백 미리 폭 4백 미리 알미늄의 부스바를 지하로 매설해 가고 각 로마다 1미리 두께 얇은 수십 장의 판을 메인 바에 용접 연결시켜 가지고 전기를 흐르게 하면은 알미나를 용해시키는 알미늄 용접 작업 건설 지원을 하는 작업 그런 일로 하루 해가 언제 저무는지 모를 정도로 바쁜 일정이었어요. 결국 알미늄 공장이 준공되고 생산에 들어갔죠. 그래서 일은 늘 많았습니다.

용해된 용탕을 담아 싣고 운반하는 래들이 여유분이 없어 신제작하라는 겁이다. 지금까지 제관 작업을 쭉 해 왔는데 그런 래들은 참 어려운 작업입니다. 원통은 하부가 좁고 상부 쪽으로 올라가면서 넓어지는 왜 원통형 있잖아요. 그 중간 지점에 용탕을 쏟을 수 있도록 원통부분에 접합되는 부분은 굵고 약 30도 각도로 올라오면서는 가늘어진 형태로 돼 있어요. 이걸 전개해 가지고 접합부가 정밀하게 맞도록 하여 용접하여 부착해야 합니다. 이런 작업은 문제가 아니라고 큰소리 치 놓고 은근히 몸이 달았어요. 집에 돌아와 전개도 책을 열심히 공부하고 출근해 가지고 쪼그리고 앉아서 전개도를 그리기 시작했어요. 몇 시간을 그려 가지고 꼭지 부분을 함석판으로 형판을 작성해서 현품에 갖다 맞춰 보니까, 뜨는 곳이 많이 발생해요. 그래서 결국 형판 수정을 했어요. 실물에다 말아 대고 긴 부분만을 잘라 내면서 수정을 했어요. 제품 자체는 아주 좋은 제품이 생산되어 칭찬도 많이 받았습니다. 모든 일 들은 새로운 것에 도전하고 성취하는 데서 보람이 있고 즐거움이 있다고 생각해요.

그 한국알미늄회사의 상징이라고 그 알미늄 볼을 제작 하여 설치하는 일도 했습니다. 볼 직경을 3.5미리, 당연히 그 볼 내부 공간이고 알미늄 판 두께는 20미린데 타워 높 이는 27m(6인치 파이프 4본), 그 위에 볼을 설치하되 설치 위치를 본관 옆으로 했어요. 먼저 형을 뜨기 위하여 전개 도를 그렸어요. 전개도는 마치 축구공 조각을 연결하듯이 형판을 작성해서 알미늄 용액을 부어 판으로 만들고 한 조각, 한 조각을 선반에서 표면을 기계 가공했습니다. 그 리고 연결부를 형판같이 가공해서 용접을 했어요. 조각이 가공 되는 대로 병행해서 용접을 했어요. 그리고 볼은 완 성됐어요. 그라고(그리고) 현장 설치 작업인데, 우선 바닥 은 콩쿠리트(콘크리트) 기초를 하고 현도를 해서 상부로 올라갈수록 네 기둥이 좁아지도록 해 가지고 볼 6m 하부 는 넓고 볼 부분은 약간 넓어지도록 해서 볼 부분은 지상 에서 볼팅하여 접합하도록 하고 목 부분까지는 현장에서 6인치 파이프로 용접 연결했어요. 이때가 한겨울인데, 타 워 설치고 10m, 20m 파이프를 이어 올라가면 갈수록 바람 은 쎄지고 몇 시간씩 올라가 있다가 퇴근 무렵에 내려오 면 몸이 얼어붙어서 말이 제대로 나오지 않아요. 공장장 이 하도 애처롭고 수고한다고 하시며 담배도 한 보루씩 선물하고 그랬어요. 이렇게 해 가지고 21m 타워를 설치하

"제품 자체는 아주 좋은 제품이 생산되어 칭찬도 많이 받았습니다. 모든 일들은 새로운 것에 도전하고 성취하는 데서 보람이 있고 즐거움이 있다고 생각해요."

"한국알미늄회사의 상징이라고 그 알미늄 볼을 제작하여 설치하는 일도 했습니다. … 이 타워는 32년의 세월이 흐르며 회사가 3번이나 바뀌었지만 여전히 빛을 발휘하고 건전하게 서 있어요. 울산에 내려갈 때마다 쳐다보면 감개가 무량합니다."

고 마지막으로 볼을 올려 놓는 날이 됐어요. 사고 없이 무사히 올라가 4개 파이프가 잘 맞아야 할 텐데 마음속으로 빌면서 크레인으로 볼을 달고 올라갔어요. 이때는 부장, 공장장 모두 나와서 지켜보고 있다. 나는 타워 상부에 올라가서 크레인 신호를 하면서 올려 맞추었습니다. 약간의 파이프가 틀려서 맞지 않는 곳이 있었는데 체인부록으로 당기고 밀면서 잘 맞추어 가지고 용접하고 상부에는 피뢰침과 빨간 불이 켜지도록 해서 설치도 완료했습니다. 이 타워는 32년의 세월이 흐르며 회사가 3번이나 바뀌었지만 여전히 빛을 발휘하고 건전하게 서 있어요. 울산에 내려갈 때마다 쳐다보면 감개가 무량합니다.

또 이곳에서 보람된 일을 했다고 생각하는 하나가 있어요. 몇 년도인지 기억이 나지 않는데, 밤새 폭우로 인하여 태화강 다리가 잠겨서 시내 쪽에 거주하는 직원들은 모두 출근을 하지 못했어요. 나는 아무래도 회사 상황이 궁금해서 견딜 수가 없어서, 강 상부 쪽에 다리가 하나 또 있어요 그곳까지 걸어가 가지고 다리를 건너서 회사에 출근하여 보니 평로에 물이 차서 조금만 비가 더 오면은 물이 넘쳐 가지고 로가 모두 침식되는데 로는 폭파하여 회사는 폐쇄될 지경에 이르렀어요. 비는 계속 내리고. 회사에 비치되어 있는 펌프는 모두 동원하여 설치하고 펌핑하여 물을 퍼 올리도록 했어요. 그렇게 몇 시간 물은 그 상태를 유지하고 불지는 않았어요. 오후가 되면서 비가 조금씩 그치는데, 그때부터는 물이 조금씩 줄기 시작했어요. 점차 물이 모두 빠지고 회사를 정상 가동시킬 수 있었어요. 고생한 보람이 있었어요. 다음날 출근자들을 조사하고 회사를 살리는 데 공로가 큰 사람을 선택하여 포상을 하게 되

"그러던 중에 이곳에 내가 입사할 때 면접하시고 채용해 주셨던 과장, 그 김준영 씨한테서 요청이 왔어요. 그때 회사를 떠나서 포항제철에 갔었지요. 그 김준영 이사님이 포항종합제철로 올 수 없냐는 거예요. 또 신문에 모집공고도 났어요. 대한민국에서 제일 큰 공장을 짓는다고 하대요. 호기심도 생기고 새로운 일을 찾고 보자 생각하고 결심을 했습니다."

었다. 그 이후 회사에서는 더욱 신임도가 두터워졌고 일
에 보람을 느낄 수도 있었어요.

한국알미늄회사에 온 지도 어언 3년의 세월이 흘렀어
요. 이제는 회사도 안정한 조업에 정착하였고 특별하게
뛰어난 일들이 없고. 그저 조업을 위한 작은 일들이었어
요. 그러던 중에 이곳에 내가 입사할 때 면접하시고 채용
해 주셨던 과장, 그 김준영 씨한테서 요청이 왔어요. 그때
회사를 떠나서 포항제철에 갔었지요. 그 김준영 이사님이
포항종합제철로 올 수 없냐는 거예요. 또 신문에 모집공
고도 났어요. 대한민국에서 제일 큰 공장을 짓는다고 하
대요. 호기심도 생기고 새로운 일을 찾고 보자 생각하고
결심을 했습니다. 모집일정에 맞추어 서울로 올라갔습니
다. 인력 담당 과장이 있고 [그렇게 포철에 드디어 입사를
하게 되었습니다].

포항제철 입사—포항제철의 역사 기술자의 삶 으로 쓴다

육거리에 전셋집을 얻어 놓고 이삿짐을 옮겼어요. 경주
에서 포항까지는 비포장도로로 땅이 푹푹 파이고, 타이탄
에 실은 이삿짐에 멸치 단지가 깨지고 이불하고 짐을 다
버리고 그랬어요. 회사에 출퇴근은 회사 버스로 하는데,
버스에 인원이 점점 많아져서 나는 울산에서 타던 자전
차(자전거)를 가지고 왔어요. 한 번은 자전차(자전거)로
버스 출발할 때 같이 출발을 했는데 회사에 도착하는 시
간이 같았어요. 그 이후론 출퇴근을 자전거로 하기 시작

"육거리에 전셋집을 얻어 놓고
이삿짐을 옮겼어요.
…

회사에 출퇴근은
회사 버스로 하는데,
버스에 인원이 점점 많아져서
나는 울산에서 타던
자전차(자전거)를
가지고 왔어요"

했어요.

처음 포항에 왔을 때, 그때는 정말 어려운 것이 한두 가지가 아니었어요. 그때 포항에는 3대악이라고, 하여튼 굉장했는데, 모기하고 바람하고 모래였어요. 포항 모기는 시커먼 것이 옷 위를 물어요. 과장해가(서) 말하면 군화도 문다는 말이 있었어요. 밤에는 모기 단속을 하는 것이 큰일이었고 그래요. 바람이 돌풍인데, 어떤 때는 샛날이 진다고 하는데, 서늘한 바닷바람이 불다가 거센 돌풍이 불어 제끼고 모래가 날려서 눈을 뜰 수가 없어요. 그때 포철은 건물도 하나 없고 부지 조성중이었는데, 여기저기 파일을 박아 놨거든요. 건물 지을라고. 허허벌판에 바람하고 모래하고 눈을 뜰 수가 없어요. 그래 가지고 방풍 안경을 내 주는데 이걸 쓰고 겨우 작업을 하는 겁니다.

그때 힘든 일 참 많았어요. 제가 70년도 초에 들어와서 그땐 완전히 모래땅 고르고 파일 박고 있을 때에요. 지금처럼(과는 달리) 건물은 하나도 없을 때고. 내 여그(여기) 들어올 때는 경주서부터 여그(여기)까지 포장이 안 돼 있고 전부 비포장이고 전부 갈밭이었기 때문에 이삿짐 싣고 오게 되면 단지가 막 깨지고 했었죠. 땅이 푹 패이고 그럴 때였어요. 그러니까 모래바람 불고 아마 그때 와서 했던 건 오로지 우에서 강압적이고 통제적인 게 사실 많이 있었어요. 그러나 회사를 이루어야 한다는 거, 건설해야 한다는 거 이거 때문에 그것도 모르고 일을 해 왔죠.

그때 제가 처음 왔을 때는 건물들이 없을 때였으니까 기계들이 들어오기 시작했어요. 이런 거는(이런 것은) 포철 홍보실에 없을 테니까… 기계실에 막 들어오기 시작했는데 옷 벗어 놓고 점심 먹을 때가 없어요. 전부 허허벌판이

"그때 힘든 일 참 많았어요. 제가 70년도 초에 들어와서 그땐 완전히 모래땅 고르고 파일 박고 있을 때에요. 지금처럼(과는 달리) 건물은 하나도 없을 때고. 내 여그(여기) 들어올 때는 경주서부터 여그(여기)까지 포장이 안 돼 있고 전부 비포장이고 전부 갈밭이었기 때문에 이삿짐 싣고 오게 되면 단지가 막 깨지고 했었죠. 땅이 푹 패이고 그럴 때였어요."

◀ 추석 휴가 반납을 독려하는
　　현수막

었으니까.

[그래서] 저들은(우리는) 현장에서 하는 건, 기계 박스를 한 짝 면만 뜯고 나면 안에 있는 기계를 끄집어내서 이동을 하고 나면은 못을 박아 놓고 거기에 옷을 걸어놓고 도시락들을 쌓아 놓고 그(하)니까 박스 안이 식사할 수 있고 쉴 수 있는 곳이었어요(곳이 되었어요).

기계가 크니까 하나 끄집어내면 사람이 충분히 서서 있고 앉아서 옷 벗어 걸어 놓고 도시락 먹고 할 수 있을 정도 되었으니까. 대개 그런 데서… 그때는 토요일, 일요일이 없어요. 아마 그런 이야기는 많이 들었을 거예요. 잘못되면은 폭발시키고 이랬다는 이야기는 많이 들었을 거예요.

그때 그런 박스 속에다가 걸어 놓고 일을 하기 시작했는데, 아까 말했듯이 쌔카만(시커먼) 바다 모기에 돌풍에 모래는 날리고 그런 가운데서 작업을 했어요. 그 지금 연수원 쪽으로 가면은 롬멜하우스라 해 가지고. 하나 있어요. 지금까지도 그 건물이 있습니다. 자료로서는 보관을 주욱 했으니까.

일본 연수

포철에 온 지 한 1개월쯤 됐지요. 그때 본부에서 일본에 연수를 가라고 준비하라고 합디다. 솔직히 그때 제철 회사가 쇠 만드는 회사라고만 알았지. 아무것도 몰랐어요. 그런데 일본어를 알아야 연수를 할 수 있지 않습니까. 그래서 연수원에서 일본어 교육을 받았습니다. 그라고 3개월쯤 배우니까 좀 낫대요.

1971년 11월 12일 날 난생 처음으로 비행기를 타고 바다를 건너 외국 땅을 밟았습니다. 이때만 해도 일본에는 조총련이 활동하고 있고 한국 사람들을 납치한다고 교육을 받은 기억도 납니다. 한국 땅을 이륙해서 정상고도에 올라가 차 한 잔 마시고 다시 일본에 내릴 때 기록하는 걸 잘 몰라서 옆에 사람한테 물어서 기록을 했어요. 일본 구주에 내린다고 안전벨트를 착용하라고 방송이 나오더라고요. 이륙한 지 한 40분밖에 안 걸렸어요. 일본 구주에 내려 짐을 챙겨 가지고 인솔자를 따라 버스를 타고 기차를 타고 그렇게 본토를 가는 겁니다. 본토로 가는 기차는 창문을 열 수가 없어서 그냥 창밖을 내다보니까 기차가 굴속으로 들어갔어요. 이게 바로 일본 구주에서 본토까지 가는 해저 터널이에요. 그리고 야하다의 가도다료에 한 방에 2명씩 여장을 풀고, 그때 뒤에 철공계장을 한 김하태 씨하고 한 방을 쓴 기억이 납니다. 저는 음식 정보를 듣고, 일본 음식은 다 달아요. 꼬치장(고추장)하고 소고기를 재여 가지고 갔어요. 그리고 김도 가지고 갔어요. 일본에도 김이 나오는데 우리 김하고 달라요. 김 1장이 폭 2.5센

연봉학 씨는 자신의 생애를 자서전과 다른 기록을 통해 정확히 정리해 놓고 있다. 그런 까닭에 날짜와 인물 등에 대한 구술 증언이 정확히 이루어질 수 있었다.

치 길이 8센치 정도로 잘라 5장 정도를 주는 겁니다. 김 하태 씨하고 저하고는 김을 한국에서 먹는 것같이 참기름을 바르고 구워 가지고 식당으로 가지고 가서 먹자고 했어요. 그런데 참기름도 없고 구울 곳도 없었어요. 우리 둘이는 참기름을 사러 시내에 나갔어요. 그래 부식 가게에 가서 참기름을 뭐라고 하는지 생각이 나지 않는 거예요. 그래서 깨를 고마라고 하고, 기름을 아부라라고 하니까, 고마아부라를 달라고 하니까 대번(금방)에 알고 참기름을 주더라고요.

그걸 사 가지고 와서 방에서 난로에다가 참기름을 발라 구어서 1/4로 잘라 밥에 싸 먹는데, 일본 사람들이 쳐다보는 거예요. 그래 우리가 한 장씩 주고 밥을 싸서 먹어 보라고 하니까 정말 최고라는 거예요. 일본 사람들은 김에 참기름 발라 구워 먹을 줄 모르는 거예요.

그런데 거기서 하는 일이 특별히 배울 게 없어요. 현도나 전개도 가지고 설명하는데, 제철회사 일반적인 이야기만 듣고 며칠을 그렇게 하고 나니까, 이게 안 되겠다 싶었습니다. 그래서 열연 공장을 가 봤어요. 근데 스핀들이 절손이 되어 있는 것을 봤거던요. 그래 가지고 그거(스핀) 수리하는 데를 물어보니까 거기 구로사끼에 있는 구록기 고교라는 덴데, 스핀들 같은 큰 거를 용접 수리한다고 하데요. 그래 그 회사를 찾아가 가지고

▼ 포항제철의 사보인 「쇳물」 창간호

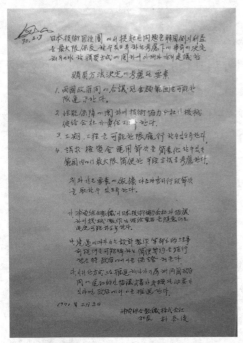

▲ 포항제철 건설 당시 일본과
의 제휴에 관한 박태준 사장
의 의견서

한국에서 연수를 하러 왔는데, 스핀들
보수 전문 업체라고 해서 이레(이런 사
정으로) 배우러 왔다고 했지요. 그러니
까 잘 가르쳐 주대요. 그 뒤로는 수리
업무 전문 협력 업체를 찾아다니면서
새로운 것을 많이 배웠어요.

일본에 가서 1달 반이 지나니까 정월
초하루가 됐는데, 일본에서는 5일간 휴
무를 하는 겁니다. 그래서 어디서 오사
까에 있는 먼 친척 되는 사람이 일본
에 있다는 걸 알고 전화를 해서, 그 오
사까에 가기로 했습니다. 그때 오사까
행 기차 안에서 젊은 아가씨와 지도를
가지고 이야기 하던 기억이 나네요. 오
사까 역에 도착해서 지도에 있는 대로
주소지를 찾아가 그 친척집에서 며칠을 지내고 왔습니다.

그 뒤로 연수를 계속하던 중에 마침 제작에 관한 테이
블을 보게 되었어요. 그게 30년간 실적을 데이터로 만들
어 가꼬(가지고) 집어넣으면 작업시간이 나오는 테이블이
었어요. 제가 그것을 담당자한테 졸라서 표지만 떼고 알
맹이만 얻어 가지고 숙소로 왔어요. 김하태하고 그것을 1
장씩 넘기며 사진을 모두 찍어 가지고 현상소에다 선불
만 엔을 주고 맡겼어요. 그런데 2, 3일 후에 난리가 났어요.
어떻게 알았는지 회사에서 알아 가지고 선불 만 엔을 줄
테니 필름은 돌려 줄 수가 없다는 거예요. 결국 필름은 돌
려주고 원본은 모른다고 하고 그래서 돌아왔어요.

포철 건설시대—롬멜하우스, 전쟁 같은 건설의 시절

그 지금 연수원 쪽으로 가면은 롬멜하우스라 해 가지고. 하나 있어요. 지금까지도 그 건물이 있습니다. 자료로서는 보관을 주욱 했으니까. 지금 연수원, 식당 들어가는 포철식당 들어가는. 식당이 안에 하나 있고 밖에 큰 게 하나 있어요. 식당 들어가는 데서 우회전해서 막 들어가면은 의료실이 있어요. 의료실 바로 뒤에 그게 원래 그 제철소 안에 있던 거를 보존하기 위해서 그쪽으로 갖다 놔서 고대로 보존되어 있습니다.

롬멜하우스에는 사실은 위에서 박태준 회장 그때는 사장이었지만 박태준 사장, 고준식 씨 집에 가면 사진이 다 있습니다만 그 사람들이 거기에 있을 때에 지휘를 했고 그 다음에 현장에는 기계박스라든지 건물이 하나도 없으니까 의지할 때가 없으니까 그런데 이제 놓구서 밥을 먹고 일을 하기 시작했는데 그때 여기에 (가지고 계신 파일을 가리키며) 그려 놓은 게 있는데 파일이고 뭐고 다 일본에서 사 가지고 왔어요. 지금은 여기서 만들고 하는데 그때는 계약을 하면서 일본 신일철에서 했기 때문에 신일철에서 파일을 일본에서 다 사와야 했어요. 그때 50만 원 했는데 내가 파일 그거를 보면은 다 받고 나면은 밑에 암석층까지 다 박고 나면은 우에 남는 거는 3미터도 남고 5미터고 남고 2미터도 남고 그러면 다 잘라 버리고 잘라야 세멘 콘크리를 하고 그 위에 건물을 짓기 시작하니까 파일들을 다 받고 나면 다 잘라 버립니다. 그러면 그게 50만 원인데 반 남는 것도 있고 1/3 남는 것도 있고 그러니까 이걸 재생해서 쓰자. 해서 그걸 재생하기 시작한 게 여기 (가지고 오신 파일을 가리키시며). 그기 처음에 재생을 할려고 하면 그 똥가리(짧은 막대기)를 센타가 잘 맞지 않으면 우에서 충격을 주면 하중을 내려 박으니까 뿌려지고 크랙가고 그러니까 못써요. 인제 제일 문제는 그때 김준영 씨라고 돌아가셨어요. 그 사람이 서울대 나오고 여기 공군 정비장교로 있었어요. 저쪽 한국 알미늄에 있을 때 과장으로 계셨고 제가 그분 그 밑에 있었는데 그분이 먼저 포철로 오면서 나를 좀 올 수 없느냐 여기 와서 같이 일할 수 없느냐 이래서 그분이 오라 그래서 왔어요. 처음 올 때 그래서 그분이 여기 그때는 조직체계라는 게 그렇게 없었어요. 인제 과장이다 뭐다 이런 게 없고 그때 처음으로 조직체계가 생기면서 그때가 제17조직구성위원회가 있고 그러면서 그분이 과장으로 있었는데. 그래서 이제 그때는 용접기도 없었고. 이걸 할려면 용접기를 사와야 했었지. 나는 용접기 이걸 여기 와서는 50년도 그전부터 여기 와서 이 일을 하기 시작했을 때는 용접기를 만들어서 쓰기도 했어요.

원래 나무박스 통에다가 소금물을 풀어서 그 우에다 동판을 2개 세워 가지고 동판에다 그 스크류를 내서 샤우트를 해서 잡아 돌리면 동판이 이렇게 가까워지면 전압이 세집니다(강하게 됩니다). 용접하는데 멀어지면 전압이 약해지고 해서 거기에서 동판이 움직일 수 있게끔 해서 앞에다가 그 전선 두개를 연결시켜서 코드를 만들어 용접기를 만들어 쓰기도 했는데 그 옛날 얘기지만.

그때 용접기를 센타를 내는데 걱정을 하더라구요. 과장

▲ 롬멜하우스: 포항제철 건설
초기 지휘 본부로 사용한 사
무실을 일명 롬멜하우스라
고 불렸다. 사막에서 전투를
하듯이 건설에 임하라는 당
시 의식을 반영한 곳이다.

이 그래서 그런 거 신경 쓸 필요 없습니다. 내가 뭐 센타
내는 게 그렇게 어렵지 않습니다. 그러니까 어떻게 하냐
그래요. 지금 일본에서 들어온 파일 직선 돼 있는 거 그거
2개를 딱 놓고 붙여 놓고 고 우에 뚱가리를 놓으면 자동
적으로 센타가 맞게 돼 있습니다. 그러면 삐뚤어질 수도
없고, 딱 맞게 돼 있으니까. 야 그거 좋은 방법이다 그래요.
그래서 하루에 아마 한 20개 15개씩 재생을 했는가 그랬
어요.

　그때는 그렇게 했어요. 우향우 정신이라고 있거던요. 우
향우 앞으로 가. 그 롬멜하우스가 있을 때 후드려 까고 그
때도 비판이 많이 있었어요. 근데 뭐. 현대건설이고 거기
이사로 온 사람이 쪼인트 까고 보통 일반적이었는데 그래
서 사람들이 박태준 회장이 떴다 그러거든요. 떴다 그려
면 안 만날려고 만나서 득 될 일 없다 이거죠. 그래서 숨어

"그때는 그렇게 했어요.
우향우 정신이라고 있거던요.
우향우 앞으로 가.
그 롬멜하우스가 있을 때
후드려 까고 그때도
비판이 많이 있었어요."

요. 여기저기. 그냥 맘에 안 들면 치니까 찔르고. 현장에 있는 사람들이 밑에 있는 자기 부하들이 있는 데서도 화이바 디리 까고 쪼인트 까 버리니까 막 디리 치니까 무안하고 챙피도 많이 당하고 그런 것도 있는데.

박태준 회장이 저를 좋아했어요. 참. 인제(지금까지) 포항제철이 오기까지[가] 8개 회사를 거쳐 왔지만 다른 데서는 제가 뭔가 새로운 거 개발하고 연구하고 자꾸 이렇게 하고 나면 회사에서 알고 그랬는데 포항제철은 워낙 크고 보니까 5년 지나고 나서 인제 우에 사람이 알고 그렇게 되더라고요. 그 이후부터는 박태준 회장이 좀 지나고 나서 한 10년 지나고 나서 알고 좋아하고 그랬는데 글쎄 난 그분 돌아다닐 때는 나는(를) 만나러 와요. 손해날 일 없단 얘기지. 다른 사람들 줘 패고 무서워서 그러지만은 그럴 필요 없는 거지.

내가 한 일에 예를 들면(은) 제가 후판이라고 있는데요. 후판 공장에는 원래 판을 빼내고 나면 안에 링, 열처리 작업을 하잖아요. 그래서 판 두께가 많이 두껍지 않아요. 안에 들어가도 판이 들어갈 수 있을 정도로. 들어 가서 거쳐 나오게 되면은 열처리가 되는

1967年 10月 20日

韓國政府와 KISA間의 基本協定

大韓民國政府
對韓製鐵借款團

▶ 포철건설 당시 한국 정부와
　 KISA 간의 기본협정서

안에링 로우가 있는데 거기에서 스키뜨 빠이푸가 있어요. 그 슬라브를 천 2백 도로 온도를 올리면 밀어내는데 천 2백 도로 온도를 올리기 위해 가열을 시키면은 그 안에 물이 통과되는 파이푸가 스키뜨 빠이뿌라 하는데 빠이뿌가 있습니다. 속에는 물이 통과하고 껍데기는 슬라브가 올라놓여 가지고 가열을 시켜서 하나씩 밀어내서 떨어져서 하나 들어와서 밀어내고 하는데 거기 이제 빠이뿌 레일이 쭈욱 달려 있어요. 그러니까 여기는 냉각수가 흐르고 있고 여기는 고열의 슬라브가 가고 있고 하니까 자꾸 크랙이 가거나 손상이 되는 경우가 있어요. 손상이 되고 물이 새면 멈춰야 하는데 멈추고 수리를 할려면 1주일간 생산을 못합니다. 그래서 엄청난 일이 벌어지게 되는데 그거를 제가 처음에 일본, 그때는 전부 수입을 하는데 신일철에서 갖다 설치를 했는데 그걸 교환하기 위해서 국산을 하기 위해선 내 손으로 맨들어서 크랙 가거나 손상된 걸 떼어내고 새로 맨들은 걸 바꿔야 되겠는데 그래서 내가 일본에 연수 갔을 때도 경고장도 받았지만. 나는 제철회사란 것도 모르고 갔지만 난 내가 알고자 하고자 하는 것을 알아야 하기 때문에 연수 스케줄대로 하지 않고 내 멋대로 일본에 가서 이 회사 저 회사 다니면서 알고 싶은 것을 돌아다니다 보니까 연수 스케줄을 무시하고 자기 멋대로 다닌다고 그래서 경고장이 날아왔더라구요. 일본에서 신일철에서 그랬는데 그래서 박태준 회장한테도 그리 날아왔더라구요. 날라오나마나 난 그런 거 신경 안 쓰니까. 나대로 알고, 그때 스키뜨 빠이뿌를 재생하거나 새로 만드는 거를 회사 가 가지고 그것도 신일철에서 자기네 회사가 아니고 전문 용접회사에 맡겨서 하거든요. 그럼 나는 그걸 보러 가야지 그런 스케줄에 따라서 회사에서 흑판 가지고 이건 이렇다 저렇다 해 가지고는 내가 알 수 있는 게 아니니까 내 멋대로 댕겼다고 그래서 그때 경고장을 받았어요.

여기 그걸 갖고 와 가지고 후판에서 그때 안에링 작업을 하기 위해서 용접을 다 하고 나면 열처리를 해야 풀림 작업을 하지 않으면 음력이 집중돼서 그것이 크랙이 가니까 용접 음력이라는 것은 엄청나잖아요? 야금학적으로 그걸 보면은. 그래서 이질용접에 대해서는 다른 재질에 대해서는 더군다나 접합에 대해서는 그것이 크랙이 많이 가니까 안에링 작업을 하기 위해서 거기에 담당하는 과장이 지금 박태준 회장 나타났으니까 빨리 치우라는 거예요. 우에서 안에링 작업을 하기 위해서 열을 가하게 되면 인제 우에서 열 가하면 비틀리거나 휘거나 이거를 안 비틀리기 위해서 고정시켜 놓고 안에링 해야 하기 때문에 고 작업을 해서 안에링 할려고 판을 밀어내는 위에서 그 작업을 했었는데, 로우가 거기밖에 없어요. 안에링 작업할 데가. 그래서 그쪽에서 하니까 박태준 회장이 나타났다고 빨리 치우고 숨으라는 거예요. 일하는데, 나는 숨지 않아. 나는 일하는데 박태준 회장이 일하지 말라지 그라드나? 떳떳하게 일 해 가주고 우리 꺼로 맨들고 우리 꺼로 해야지. 그 사람 얘기도 맞는 것이 여기는 판을 생산하기 위한 거지 스키뜨 빠이뿌 만들기 위한 로우가 아니라는 얘기죠. 자기본연의 일을 안 하고 엉뚱한 일을 하고 있으니까. 사장이 와서 보고 지적하게 되면은 자기가 모가지 날 수가 있다는 얘기거든요. 그런 거는 타임을 봐 가지고 생산이 중단되고 휴식 타임을 이용해서 하는 건데 도리어 칭찬을

"박태준 회장이 나타났다고 빨리 치우고 숨으라는 거예요. 일하는데, 나는 숨지 않아. 나는 일하는데 박태준 회장이 일하지 말라지 그라드나? 떳떳하게 일 해 가주고 우리 꺼로 맨들고 우리 꺼로 해야지."

받고 상을 받아야 될 일이지. 왜 저 가서 숨어야 되느냐? 난 안 숨는다. 그라다 공장에서 그럼 당신 좋소. 당신 나한 테 스키뜨 빠이뿌 이거 교체하거나 교환하거나 크랙 갔을 때 나한테 문제를 제기하지 마시오. 나는 안 해죠. 나 여기 서 물러나고 들어가게 되면 일 안 해. 그렇다고 하니까 내 모가지 날릴려면 날리라 그래. 고집쟁이었습니다. 하하. 그래서 그 작업을 핸 일이 있지만 그럴 정도로 회장이 나 타나면 무서워들 했어요. 그게 무서워할 일이 아니지.

우향우라는 말도 박태준 회장이 한 말인데. 롬멜하우스 가 바닷가 쪽에 제1부두 바닷가 쪽에 배들이 제품을 실어 오고 광석을 호주광을 실어서 퍼내고 그러는데 거기가 바 로 바닷가니까 바다 옆에 롬멜하우스가 있습니다. 부두에 서 얼마 안 멀었어요. 거기다 롬멜하우스를 지었는데 여 기서 우향우 앞으로 가라는 것은 당신들이 지금 하고 있 는 목표 고거를 이루지 못 하면은 전부 다 바다로 빠져 죽는다는 얘기지. 우측으로 돌아서 앞으로 가면 바다 속 이니까 그래서 바다 속에 다 빠져 죽을 각오를 해라 [이거 지요].

건설할 때 박태준 회장 기질을 보여 주는 이야기 하나 더 있어요. 여름 공장 지을 때 이야기가 있습니다. 여름 공 장을 처음 지면서 밤낮이 없으니까 24시간을 하는 거에 요. 하루 24시간이 아니고 25시간, 26시간 쪼개야 했으니 까. 그 정도로 일을 많이 해야 했는데. 레미콘 갖다 붓잖아 요. 콘크리트. 사람들이 도망갈라고. 운전기사들이 잠을 못 자니까. 계속 몇 루비에 타설하라는 목표가 딱 주어져 있어요. 공장에. 그러면 여름 공장 짓게 되면 저 정전에서 부터 정전 아변루 이렇게 나누면 1km 되니까 공장 하나가 1km 되는 공장을 구분해서 콘크리트를 지하 짓기 위해서는 기초 콘크리트 타설을 해야 되는데 레미콘 기사들이 전부 잠이 와 가지고 어디 구석탱이(구석) 어디 안 보이는데 쪼끔 멀리 떨어져서 가게 되면 전부 잘라고. 목표고 뭐고 그 사람들 잠 와 죽겠으니까. 회사에 그런 목표 알아요? 그러니까 우리 직원 하나를 태워요. 잠 못 자게 뚜드려 깨워 가면서 계속 실어 나르는 거지. 그렇게 실어 나르면서 콘크리트를 다 했는데 콘크리트를 그렇게 급작스럽게 하니까 양생이 다 해 가주고 그게 제대로 안 되고 크랙이 가고 이런 현상이 검사해서 생겼어요. 그러니까 그대로 그냥 다이나마이트 가지고 폭파시켰어요. 안 된다. 이렇게 부실하게 짓고 나면 문제가 생긴다 그래 가주고. 그 담당 과장 모가지 쳐 날리고 담당 이사 모가지 쳐 날리고 그 담에 다이나마이트 집어넣어 가주고 폭발시키고 그 담에 새로 타설하기 시작하는 거예요. 그러니까 긴급하게도 긴급히 되어야 하고 신속하게도 해야 하지만 품질에 대해서도 정확하게 하지 않으면 부실한 공장을 세워서는 안 된다, 이거지요.

(그때 직원들 지부심도 대단했는데) 건설 이렇게 주욱 해서 여름 공장 하나를 돌려서 슬라

▼ 포항제철 3기 준공 당시 건설을 독려하는 회상의 전단지

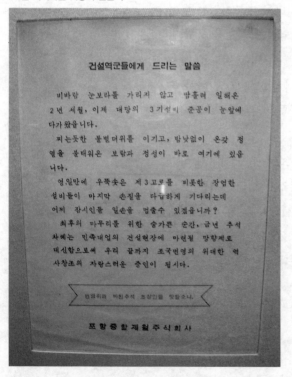

건설역군들에게 드리는 말씀

비바람 눈보라를 가리지 않고 땀흘려 일해온 2년 세월, 이제 대망의 3기설비 준공이 눈앞에 다가왔습니다.
찌는듯한 불볕더위를 이기고, 밤낮없이 온갖 정열을 불태워온 보람과 정성이 바로 여기에 있습니다.
영일만에 우뚝솟은 제3고로를 비롯한 장엄한 설비들이 마지막 손질을 다급하게 기다리는데 어찌 잠시인들 일손을 멈출수 있겠습니까?
최후의 마무리를 위한 숨가쁜 순간, 금년 추석 차례는 민족대업의 건설현장에 마련될 망향제로 대신함으로써 우리 끝까지 조국번영의 위대한 역사창조의 자랑스러운 증인이 됩시다.

전원위의 비친추석 초상인을 맞읍소나.

포항종합제철주식회사

브는 외국 갔다가 아변하거나 이렇게 조업과 건설을 병행
해야 되는 거야. 한짝[쪽]에서는 조업을 해서 생산을 하고
한 짝에서는 건설을 하고. 1기 준공이 73년이잖아요? 73년
10월 3일인가? 1기 준공을 하고 나서 2기 3기하면서 이렇
게 한짝에서는 조업을 하고 한짝에서는 건설을 하니까 병
행을 하다 보면 주야간 없다시피 하는데 그래도 불만을
못했어. 그때는.

(그 사이 가족들 불만이 많았죠?) 집에는 내가 1달이면
그러니까 조업 초기가 돼 놓으니까 지금은 조업이 다 숙
달이 돼서 4조 3교대를 하잖아요. 그땐 안 그랬어. 3조 3교
대를 했어요. 그러니까 조업을 제대로 못한 거야. 연수를
갔다 오고 처음에 안하게 되면 엉뚱한 버튼 눌러 가지고
사고 내고. 끄떡하면 사고 나서 1달이면 집에서 잠자는 게.
조금 전에 집 생활 가정생활 물어서 내가 말하는데 집에
서 잠자고 밤중에 나가는 것이 1달이면 한 보름. 이틀에 1
번 정도는 밤에 나가야 돼. 어디 사고가 났습니다. 어디에
고장이 났습니다. 그런 것들 수리하거나 복구하는 거죠.
보름 정도는 나가야 하는데 그래도 어떤 집이. 내 혼자 나
가서는 일이 안 되잖아요. 그럼 그룹 지어서 같이 나가야
하는데 돌발이 나서 집은 다 비상연락망이 있고 집을 찾
아가야 돼요. 가가지고 뚜드려 깨우잖아요. 밖에 가서 깨
우면은 근데 어떤 사람들은 사람 성격이고 자기가 얼마나
성의 있느냐에 따라 달라서 자기 성장, 그 사람의 인품 그
모든 것이 드러날 수 있는 건데 일이라는 게 어떤 사람들
은 가서 깨우면은 예. 또 어디 문제가 생겼습니까? 하면서
부리나케 다다다 입고서 진짜 총알같이 쫓아 나가는 사람
이 있는가 하면은 밤에 불 끄고 깜깜하니까 그러면 밖에

서 지금 시내 가서 안 들어왔는데요. 그럼 못 깨우는 거야. 그런 사람도 있었고 했지만 그런 사람들은 제대로 크지도 못하고 자기 문제가 있어서 얼마 있다가 나가 버리고 그렇게 1달이면 그 정도로 밤에 나와야 됐어요. 근데 지금은 내가 인제 쭈욱 30년 가까이 있으면서 어느 정도 인제 관리 쪽으로 돌아서면서 관리해 나가고 직원들이 5, 6백 명 내 밑에 같이 있으면서 하다 보면 보고 받게 되고 그 담에. 그때 현장에 한창 댕길 때는 아변 공장이 1km 정도 되는데 그 아변 1번에서 7번까지 되는데 몇 번 로우에 어디에 볼트 대가리가 어떻게 되었다 하면은 앉아서도 훤했어요. 야 그 몇 번 볼트 녹이 슨대니까 뭐를 쳐 봐. 이럴 정도로 훤했는데 조금 지나고 나서 새로운 공장이 생기고 나서는 돌아도 몰라요. 껍데기만 알게 되고 속에 깊이 까지는 하나하나 알 수가 없게 되는데. 그렇듯이 현장에 있는 사람들 지금 일하면 더군다나 분야별로 아변 쪽으로 일하는 사람은 섬광 쪽으로 하나도 모릅니다. 공장단위가 너무 크니까 전체적으로 공장에 거리를 더하면 여기서 대구 갔다 오는 거리 정도 된다는 거예요. 포항 구석구석 공장마다 댕기면은(다니면은). 44개 공장에서 지금은 조금 더 늘었습니다만. 공장 규모가.

(그러다가 포철이 본격적인 성장을 하게 된 게) 그게 우리 73년 1기 준공, 2기, 3기, 4기, 광양제철 하기 전에 포항만하고 광양은 또 이전하면서 넘어가는데 그때쯤 돼서 이게 제철회사가 과연 이루어졌고 이렇게 되어야 우리나라 발전의 기틀이 되고 기반이 된다는 것을 가지게 됐는데 그게 80년 중반 거의 돼서야.

그때는 왜 그랬냐면은 건설과 조업이 병행해 나가면서

"밤에 불 끄고 깜깜하니까
그러면 밖에서 지금 시내 가서
안 들어왔는데요.
그럼 못 깨우는 거야.
그런 사람도 있었고 했지만
그런 사람들은 제대로
크지도 못하고"

정신없이 나간 거야. 내가 어느 정도에 관리층에 있게 되
면서 포항제철의 생산 능력이라든가 진짜 없어서 못 팔
정도로 자꾸 늘어야 한다. 해수 쪽에서나 국내에서도 딸
리고 그러니까 아 이게 진짜 제철회사가 인제 제대로 서
게 되는구나. 박태준 회장도 아까 얘기했습니다만 여름
공장 폭발시키고 다이나마이트로 파괴시키고 그리고 나
서 새로 한다고, 타설 하는 사람 잠자고 이러면서 불난리,
저녁에 레미콘 차에 한 사람씩 타고 다니고 할 때도 정신
없어서 잘 몰라요. 이게 과연 제대로 이루어지고 될 것이
냐? 혹사당하고 있는 게 아닐까? 조금만 더 가면 제대로
기반이 될 수 있다. 조금만 고생하자. 그러면 더 좋아진다.
우리는 이런 소리를 해도 그게 먹혀 들어가지가 않았죠.
현장에서는. 야, 먹고 살 게 없어서 이런 거 하냐? 다른 데
가도 얼마든지. 저도 몇 개 회사 돌아댕겼지만 어떤 데 가
면 내 기본적인 직무라든가, 기계 제작이라든가, 설치라
든가 그런 걸 갖고 있는데 거기에 대한 무시를 하거나 당
하면 그 자리에서 책상 들러 업고 사표 쓰고 나갔지 뭐 이
런 적이 없었어요. 그래서 제가 손해 본 일도 많이 있고 그
렇습니다만. 허허. 그렇지만은 그래도 어느 정도 아 이거
해야 한다는 게 들어가 있고 그때 당시 일했던 사람들은
그런 게 있었기 때문에 정신없이 바쁘고 일해서 잘 몰랐
지만 조금 관리 쪽을 들어가면서 생산, 판매래든가 거기
에 대한 운영회의에 들어가면 알 수가 있어요. 그렇지 않
으면 잘 몰랐어요. 지금 다 오픈 시켜 가지고 투명경영 이
래 가지고 운영위원회 나오는 자료 같은 것을 현장에 배
포하고 알 수 있게끔 맨들었지만 초기에는 그게 아니었거
든요. 그러나 그게 그때까지만 하더라도 80년 중반만 해

"이게 제철회사가 과연
이루어졌고 이렇게 되어야
우리나라 발전의 기틀이 되고
기반이 된다는 것을
가지게 됐는데
그게 80년 중반 거의 돼서야."

도 상당히 조였거든요. 그때만 하더라도 광양건설이래든
가 포항건설하고 병행해서 이렇게 해야 하니까 조였는데
그래서 조금만 더 고생하면 좋아진다 이것만 인식을 했지.

그러다 그 중반쯤 해서 이게 포항제철이라는 게 진짜
대한민국 기반 공업이 우리다. 근본적인 우리다. 철이라는
게 인당철이 500킬로 이상은 되어야 한다는 게 어느 정도
되고 나서야 알았죠. 가만히 그 당시에 보면 이익금이라
는 건 엄청나게 많았습니다. 일해서 얻어지는 거라든지.
그런데 철강독점하다 보니까. 어떻게 보면은 지금은 그
당시에는 대한민국에 하나밖에 없고 그러니까 그랬는데,
지금은 일반강들은 중국하고 해서 못 이겨요. 경쟁해서.
그러나 그렇게 되다 보니까 특수강. 우리는 좀 고급강 또
는 특수강 쪽으로 해 가주고 우리가 앞서서 이겨 가야 되
는 거고 일반강들은 인건비가 싼 중국에서 생산 돼서 경
쟁에서 이길 수가 없죠. 싼 가격으로 되다 보니까. 일본에
서도 보루를 세우고 생산 능력을 줄이고 그렇게 할 때도
우리는 왕창왕창 보루를 더 생산 능력을 증대시키고. 지
금도 우리 고급강을 하면서 현재 있는 거를 개발하고 해
서 생산 능력을 업 시키는 방향으로 지금 있는 설비에다
조금만 더 투자해서 조금 더 업 시키는 그런 방향으로 나
가고 새로이 개발해 나가고 또 새로운 제품 개발하고 이
렇게 나가잖아요.

나도 회사에서 그만둔 지가 조금 되니까 인자 있던 사
람도 회사에서 알아서 다하고 하지만, 지금도 밖에서 있
는 사람들, 기업체, 포항제철과 관련돼 있는 기업들, 이런
데(곳)들은 내가 나와 가 주고 다른 데 1년간 있었어요.
새로이 개발되는 회사, 광양에도 일을 하나 해서 지금 있

는 가열로 해서 로우에 있는 거를 축열을 해서 축열한 거를 다시 이용을 하기 때문에 에너지 절감을 할 수 있는 그 슬라브 생산에서 나오는 하열 속도를 더 빨리 하고 나니까 생산을 더 증대시키는 이렇게 할 수 있는 거를 새로이 개발해서 하기도 하고 이래요.

1970년대—포항과 포철

그때(1971년경)는 너무 촌이었고 너무 험했고 비포장도 많았고 갈밭이었고 그러니까 출퇴근 버스가 2대 있었어요. 첨에 1대가 있다가 2대가 생겼는데 거 45명씩 아니에요. 타는 인원이. 근데 막 서서 가는 사람도 있고 50명, 60명씩 타다 보니까 고거 2대 가지고 타집니까? 그래서 젤 초에 자전차 출퇴근 한 게 내가 자전차 출퇴근했어요. 버스는 도저히 못 타겠고 육거리에서 자전차를 타고 출근을 하면 거의 마찬가지로 동시에 와요. 오면서 자꾸 서고 사람 태우고 밀고 땡기고 사람 태우면서 회사 안에 들어오게 되면은 나는 자전차 타고 그대로 그냥 달려서 오니까 울산에서 한국알미늄 댕길 때 타던 자전차를 타고 와 가지고 그래서 그 다음부터 자전차 부대라는 게 왜 포철의 노란 자전차 부대 사진에 나오고 그랬죠?

그래서 그 자전차 그게 회사에서 장려를 해서 자전차 회사 공장에서 쪼끔 싸게 해 가주고 이렇게 내주는 걸로 줬어요. 포철에서 웬만한 세금이야 다 카바될 수 있을 정도가 되니까 싸게 내줬어요. 그래서 자전차 출퇴근이 많아진 거지.

"그래서 젤 초에
자전차 출퇴근 한 게
내가 자전차 출퇴근 했어요.
버스는 도저히 못 타겠고
육거리에서 자전차를 타고
출근을 하면 거의 마찬가지로
동시에 와요. 오면서 자꾸 서고
사람 태우고 밀고 땡기고
사람 태우면서 회사 안에
들어오게 되면은
나는 자전차 타고 그대로 그냥
달려서 오니까 울산에서
한국알미늄 댕길 때 타던
자전차를 타고 와 가지고
그래서 그 다음부터
자전차 부대라는게
왜 포철의 노란 자전차 부대
사진에 나오고 그랬죠?"

78년인가. 내가 여기 와서 일본 연수 바로 갔어요. 포항 제철에 입사되고 나서. 한 1~2개월 있었는가 그러나가 일본에 바로 가서 연수를 했는데 3개월 동안 3개월 연수를 하고 와서 그때에 바로 조금 있으니까 자전차 내 주더라구요. 72년도에 왔으니까. 72년 6월. 그때는 자전차를 전체적으로 안 내주고 1, 2대씩 내가 타기 시작하면서 타기 시작했으니까 77년인가 78년 그때쯤 되겠네요. 자전차를 전체적으로 탄 게. 내줘 가주고 자전차 부대 마냥 탄 게.

(그리고 자전거방도 많이 생기고요?)

길 따라서 다 자전거방이었고 그러니까 뭐 굉장히 많이 생겼죠. 그 담에가 오토바이, 오토바이를 싸게 해서 줬고. 그 담에 승용차, 자가용을 줬죠.

"길 따라서 다 자전거방이었고 그러니까 뭐 굉장히 많이 생겼죠. 그 담에가 오토바이, 오토바이를 싸게 해서 줬고 그 담에 승용차, 자가용을 줬죠."

생활도 처음엔 굉장히 어려웠지요. 그 9집이 살았는데 전셋집들이. 집이 매도되면서 저 은행에다 잡혀서 부도가 나면서 다른 사람에게 넘어가면서 전부 나가라는 거에요. 돈 한 푼도 못 받고. 근데 제가 거기 사는 사람들 다 받아다 줬어요. 녹음기 가지고 다니면서. 집 산 사람한테 집에서 강제적으로 내보낼려고 하는 걸 저거가 수단을 써서 팔은 사람하고 산 사람 사이에 싸게 샀잖아요? 부도 나면서 산 거기 때문에 매각되면서. 그래서 돈 없는 사람한테 서로가 미루고 그렇게 할려는 걸 녹음기 가지고 다니면서 쌍방에 고소하게 되니까 전부 다 받아 주고 나왔습니다만은.

부인들은 그(참) 고초를 [많이 겪었습니다]. 그거 있었죠? 자기 집에서 쓰던 물건들, 안 쓰는 물건들을 한군데 모아서 서로 바꿔 쓰고 그것을 판매하고 부인들이 그런 행동들을 했습니다. 바자회도 하고 그러면서 부인회가 있었습니다. 부인회 회장은 박태준 회장 사모님이 하셨고 그런 활동을 부인들이 하고 대개 지곡 쪽으로, 시내에 사는 사람들은 별로 없었지만 지곡 쪽에 사는 사람들은 그런 쪽으로 많이 참여를 하고 지금도 있습니다. 지금도 있습니다. 지금은 아주 크게 바자회라든지 그런 게 없어요.

서로 다 알게 되고 부인들끼리 친목이 되고 알게 되고 그러니까 그런 활동을 부인들은 부인대로 하고, 회사에서 그런 활동을 할 수 있도록 지원도 많이 해 줬어요. 지금도 활동할 수 있도록 해 주고, 지금도 여기 어딥니까? 여 뒤에서 소일도 하고 부인들 취미생활도 할 수 있도록 회사에서 다 해 주고 있습니다. 부덕사라 그래 가지고. 거기서 지금.

(그리고 그때 포철 건설할 때 부지였던 동촌동 그 당시 풍경은 어떠했는지) 그게 회사 부지 닦을 때도 나무가 거기 당산나무가 있었어요. 아무도 거기에 손을 안 댈려고 그래요. 그거 [손]대게 되면 죽는다 이런 얘기지. 당산나무니까 건들면 큰일난다 이거야. 그러니까 서로가 이전을 하거나 뽑아 버려야 하는데 아무도 없는 거야. 그 도자 운전하시던 분이 정년퇴직하고 나오셨습니다만은 이사 한 분이 [불]도자 운전사 옆에 같이 타고 죽어도 내가 죽을 테니까 밀자 이래 가주고 뿌리째 들고 넘어뜨린 일이 있어요. 그래서 성모병원 안에 있었거든요. 제철회사 부지 안에 있었는데. 그거를 안 옮길려고 그래서 애를 먹었죠. 수녀들하고. 그래서 이쪽 효자단지에서 우리 포스코 병원으로 되면서 성모병원으로 되면서 수녀들이 지금 병원에 있는데 포항제철에 지정 병원이다 그래서 지금 엄청 컸죠? 요새 앵기는 그런 걸로 해서 컸죠. 봐 주고 그래서 컸

"부인들은 그(참)
고초를[많이 겪었습니다].
그거 있었죠? 자기 집에서
쓰던 물건들, 안 쓰는 물건들을
한군데 모아서 서로 바꿔 쓰고
그것을 판매하고
부인들이 그런 행동들을
했습니다."

어요. 그래서 지금 성모병원이 상당히 커졌습니다. 그때는 안 옮길려고 싸움하고 민간집들도 있었는데 보상 제대로 해 주라. 안 옮긴다고 발붙이고 그래서 애를 먹었죠. 그래 도 원체 정부에서 하고 밀어제끼니까 이전하고 나가기로 했어요.

(그때는 이곳이 모두) 여기 시골 같고 촌이고 갈밭이고 모기 많고 그러다 보니까 그런 적도 있어요. 꼭 이런 데서 살아야 하나? 이런 데서 맨들어야 하나? 이런 마음을 갖게 되면서 시내에 있는 일반주민들은 단지 내에 이렇게 잘 형성이 되고 하니까 포항제철에 다니는 사람들만 이렇게. 근데 포항제철이 있으므로 해 가주고 포항이 이렇게 발전 되고 좋아진다는 생각을 갖기에 앞서서 포항제철 직원들 만 혜택을 많이 보게끔 하고 그렇게 되냐 하는 이런 불만 의 소지가 시민들은 많이 갖게 돼 있었어요. 갖게 되면서 포항제철 때문에 이렇게 바닷가 해수욕장, 송도해수욕장 때문에도 그게 많이 말썽이 많았습니다. 그래서 송도해수 욕장에 1차 보상을 여기서 어느 정도 해 주고 나도 고 담 에 얼마 있다가 또 보상해 내라! 이런 경향도 많이 생기게 되고. 근데 어떻게 보면 시내에서 사는 일부 지식층에서 는 포항제철이 있기 때문에 우리가 이렇게 발전이 되고 포항이 발전이 된다.

인구증대라는 게 이만치 되니까 발전이 된다. 이렇게 생각하는 사람들도 많지만은 그러나 일반서민들 직접 내 몸에 와서 닿는 것이 있어야 제일 좋게 생각이 되잖아요? 그러나 포항제철은 고렇게 일일이 찾아보지 못해도 시에 다 상당히 큰 덩어리들을 해 왔거든요. 그렇게 해 오다 보 니까 뭐 큰 건물들도 크게 질 수가 있고 해 나가는 것도

◀ 포항제철 부지였던 옛 동촌 동에서 이주한 오천 문덕 4리의 모습

맡아서 포항제철이 지원을 하면서 시가 발전이 돼 나가는데 이렇게 돼 나가는 거를 죽도 시장에서 장사하고 새우젓 장사하고 그런 사람들은 직접 몸에 안 닿으니까 그런 소리를 하는데 뒤에 가서는 그 사람들도 이해가 되죠? 포항제철 때문에 이만치 커졌다는 그런 광양 쪽에서는 더 많았지. 광양 다리에 머리띠 짜매고 난리친 적도 있었지. 포항 송도해수욕장이 오염되고 또 거기서 날라온 꺼먼 연기가 날라온다 어쩐다 말썽들이 상당히 많고 그렇지만 포항제철에서 그런 것들에 대한 거를 시에다 기증하는 것들은 많았습니다. 그래서 시가 발전되는 데 도움되는 거 육교를 놓고 그런 거는 포항제철에서 실시한다. 철은 포항제철에서 제공한다 인건만 시에서 대라. 이러면서 포항시하고 유대를 가질 수 있었던 건 상당히 많습니다. 맨 첨에 포항에 와서 현장에 있을 때는 아주 시골 그런 거를 많이 느꼈어요. 여기 그래도 앞으로 좋아질 것이다라는 거는

다 본인들은 나한테 혜택이 어떻게 돌아오고 내 생활에 도움이 되고 내가 좋아질 것이라는 거를 느낄 때 그거를 하게 되고 앞으로 포항이 발전되거나 이런 큰 차원에서 국가의 기반이 될 수 있는 공업계통의 기반이다, 이런 생각을 하기까지는 좀 레벨이 우층에 서 있는 여기서나 갖게 되지, 실제 현장이나 실제는 못 갖게 되거든요. 생활을 하고 포항제철에 오래 근무를 하고 나가고 그러다 보면은 인식을 하고 깨닫게 되는 거죠.

(그때 비하면 포항이 많이 바뀌었는데) 인구가 늘어나가고 고 담에 포항제철이 지원하고 하다 보니까 자꾸 새롭게 발전해 나가고 그렇게 되는데 그런 것들을 실지로 겪으면서 나도 육거리에 살다가 대도에 살다가 지금 지곡에 들어와서 살고 이렇게 여기저기 왔다갔다 하면서 살지만은 내가 젤 실질적으로 살면서 지금 있는 집이 시내에 또 하나 있습니다. 첨엔 거기가 다 갈밭이었어요. 첨 지어났는데 내가 그걸 3천 7백만 원인가 그렇게 주고 샀습니다. 35평인가. 그 앞이 다 갈밭이었는데 돈이 있었으면 그걸 전부 다 사 놨으면 돈도 많이 벌었겠지. 하하, 그랬었지만 지금 14년인가 10년 넘었는데 여기 들어와서 살면서 그 집을 팔지를 못하고 세를 주고 왔는데 그때 생활 과정들하고 지금 전부 포장 다 되고 차량 정비래든가 그 근방에 전부 다 중앙지가 되다시피하면서 포항에서 또 인구가 많아지다 보니까 젤 발전돼 가는 게 음식점이에요. 그라고 술집들 이것들이 상당히 성황돼 있는 것은 4월 1일 요전에도 인사이동이 많고 했지만 승진하고 고 담에 나가고 광양에 가고 인사이동들 이렇게 있으면 송별회다 그 담에 또 승진한다 그러면 시내 나가서 먹어야 하게 돼 있잖아

"나한테 혜택이 어떻게 돌아오고 내 생활에 도움이 되고 내가 좋아질 것이라는 거를 느낄 때 그거를 하게 되고 앞으로 포항이 발전되거나 이런 큰 차원에서 국가의 기반이 될 수 있는 공업계통의 기반이다."

요. 이렇게 하면서 시내는 발전되는 거에요.

　　하나하나 커 가면서 이런 것들이 옆에 주위에 없던 것들이 새로 생기고 그 담에 여기 뭐 저 보면 야간에 나가 보면 지금은 진짜 도시같이 간판들, 불들 같은 게 등들이 밝혀지고 낮인지 모르게끔 되어 있지만 그때는 캄캄해 가지고 어디 장사하는 데 입간판 있는 데가 불들 들어오는 데가 어디 있어요? 없다가 하나씩 하나씩 생기면서 커 나가는 게 눈에 훤한 거에요. 어디에 또 새로 생겼다. 야 여기 없던 건물 새로 생겼구나 커 나가는 게 보이는 거지. 맨 갈밭에서 지금 사는 거기에서 여름에 장마졌는데 논들이었고 우리집은 길 하나 논 중간으로다 길 하나로 우리집 들어가게 돼 있었는데 그 옆엔 포장이고 나오다 보니까 장마가 져서 논 있는 데서 길에 물이 넘어 가주고 푹 패였어요. 그러니까 거기 미꾸라지가 뭉테기로 우글우글하는데 야 바께스 가져온나 그래서 퍼 담기 시작하는데 한 바께스 잡고 그런 정도의 시골, 지금은 아주 중앙입니다. 아주 중앙요지가 되다시피 되어 있지만은. 어쨌든 그때하고 지금은 너무 달라졌지요.

"하나하나 커 가면서 이런 것들이 옆에 주위에 없던 것들이 새로 생기고 그 담에 여기 뭐 저 보면 야간에 나가 보면 지금은 진짜 도시같이 간판들, 불들 같은 게 등들이 밝혀지고 낮인지 모르게끔 되어 있지만"

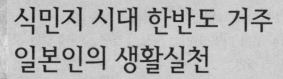

식민지 시대 한반도 거주 일본인의 생활실천

—자전거상회 사원 노무라 씨

신호(일본 규슈〈九州〉대학교)

노무라 씨는 식민지 시대 한반도 거주 경험자로서, 현재 부인과·함께 일본 후쿠오카시에서 작은 찻집과 담배 가게를 운영하며 생활하는 한반도 식민지 경험자이다. 그는 1912년 11월, 중국 안동현(단동)에서 9남매 중 장남으로 태어나, 올해로 94살이 되었다. 부친의 직장이동으로 4살 때부터 평안남도 진남포를 시작으로 한반도를 경험하기 시작하여, 경성(서울), 인천 등으로 거주지를 옮기면서, 해방과 더불어 본국으로 철수한 1945년 10월까지 한반도를 경험하였다. 특히 그는 19살이 되던 1930년경부터 경성에 있던 스즈키(鈴木)상회라는 자전거 판매회사의 사

구술자가 본명을 밝히기를 원하지 않아서 필자가 구술자에게 '노무라 다카시'라는 이름을 붙였음을 밝혀 둔다.

원으로 일하면서 장년기까지 한반도에서 생활함으로써
한반도 식민지의 실상을 경험한 매우 중요한 정보제공자
이다.

노무라 다카시의 연보

노무라 씨는 고령인 이유로 정확한 연도를 기록하는 일이 쉽지 않았다. 이러한 이유로 정확한 연대를 추적하지 못한 부분이 많았음을 미리 밝혀 둔다.

1900년경   아버지가 한반도로 도항. 한국말을 배워 일본영사관에 취직.
1910년경   아버지가 결혼 후, 만주 안동현(현재의 단동)으로 이주, 생활도자기 등을 판매.
1912년 11월(1세)   만주 안동현(단동)에서 노무라 씨 출생.
1916년경(5세)   아버지가 자신의 외사촌이 경영하는 사이토고메이(齊藤ゴメイ)라는 생활용품 유통관련회사로 전직, 평안남도 진남포로 이주.
1919년경(8세)   아버지가 사이토고메이 경성본점으로 전근, 경성으로 이주. 남대문 소학교 입학.
1923년경(12세)   아버지가 인천에의 사토(佐藤)정미소에 전직, 인천으로 이주. 데라마치(寺町)소학교로 전학.
1925년경(14세)   인천남상업에 입학.
1929년(18세)   아버지가 대만 출장에서 걸린 풍토병으로 사망. 이후, 아버지가 근무한 적이 있는 사이토고메이 경성본점에 취직.
1930년경(19세)   자전거 판매회사인 스즈키(鈴木)상회 경성본점으로 직장을 옮김.
1935년경(24세)   스즈키상회 오사카지점으로 전근.
1937년(26세)   스즈키상회 고베지점으로 전근. 중일전쟁 발발로 인하여 징집되어 중국전선(中支)에서 근무를 함.
1939년(28세)   제대 후 스즈키상회 경성본점에 복귀.
1943년(32세)   현재의 부인과 결혼.

1945년(34세) 4월 태평양전쟁으로 인한 2차 징집. 함경북도 나남에서 근무. 징집되고 바로 장남이 태어남.

8월에 나남에서 대구로 이동. 대구에서 패전을 맞음. 10월에 일본 후쿠오카로 철수. 고향 이키섬으로 돌아감. 11월에 다시 후쿠오카로 이주. 가족이 부인 친구집에서 기거.

1946년 5월(35세) 전후재난부흥주택에 입주 후 넥타이장사를 하며 생활.

노무라 다카시의 가계도

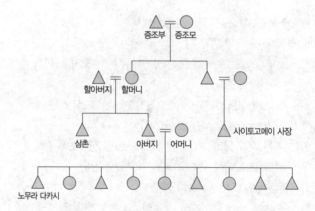

△ 남자 ○ 여자 = 결혼

식민지 기술의 주변에서 식민지를 생각한다

여기에서 소개하는 것은 식민지 종주국의 일원으로서 한반도 식민지를 경험한 사람의 생활실천의 기억이다. 이제까지 일제 식민지 기술에서 생활실천의 영역은 억압적 사건을 둘러싼 정치적인 영역에 묻혀 역사에서 잊혀져 왔다. 더구나 식민지 가해자로서 자리매김한 한반도 거주 일본인에 대한 사소하고도 개인적인 생활실천은 식민지 사에서는 주목할 만한 대상이 아니었다.

이 글에서 소개하는 사례는 이러한 식민지 기술에서 주변적인 위치로 밀려나 있던 한반도 거주 일본인의 생활실천을 통해, 지금까지의 식민지 논의에 대한 문제점들을 되짚어 보고, 그들의 식민지 경험이 오늘을 사는 우리들에게 무엇을 시사하고 있는지에 대해 생각해 보고자 한다.

1912년 11월 만주 안동현에서 태생

(먼저 생년월일부터 가르쳐 주시겠습니까?) 생년월일은 다이쇼(大正) 원년, 90살이요. (그렇습니까? 그렇게 안 보이시는데…) 1912년 11월. (어디에서 태어나셨습니까?) 나는 만주… 그러니까 신의주. 압록강 맞은편에 안동[1]이라는 곳이 있는데 거기서 태어났어요. 내 부친이 젊을 때 한국에서, 일본영사관에서 그~ 통역을 했지요. (부친께서는 한국말을 할 줄 아셨다는 말씀이시네요?) 할 줄 알았지.

1 현재의 단동.

아버지가 말이지 20대 초반에 한국에 건너가서. 그래서 한국말을 배워서, 그~ 일본영사관. 그러니까 그때는 아직 영사관이었지. 얼마 동안 영사관에서 통역으로 일을 했거든. (저 실례지만, 부친이 언제 태어나셨는지 알고 계십니까?) 아버지는 나보다… 내가 18살때 50살이었던가?

아버지는 직업 찾아 이키에서 한반도로

(부친께서 한반도에 건너가신 이유는 알고 계신가요?) 내 고향은 이키(壹岐)요 이키… 이키 쓰시마(對馬)라고 알지요? 이키는 일할 만한 곳이 없어요. 이키는 땅도 좁은데다가 거의가 어업이나 농업을 해서 먹고 사는데, 그런 경험이 있는 것도 아니고 재산이 있는 것도 아니고… 당시 조선에 사람들이 가니까, 시모노세키(下関)상업학교를 졸업한 후, 무작정 한 번 가 보자는 심정으로 가게 된 거죠. 결국 개척자적인 역할을 한 거나 마찬가지지…

"내 고향은 이키(壹岐)요 이키…
이키는 일할 만한 곳이 없어요.
… 당시 조선에
사람들이 가니까,
시모노세키(下関)상업학교를
졸업한 후, 무작정 한 번
가 보자는 심정으로
가게 된 거죠."

영사관 통역관을 그만두고 안동현으로 이주

(그럼 부친께서는 영사관에서 계속 통역일을 하셨나요?) 아니지요. 얼마간 통역일을 하다가 다시 일본에 돌아와서 선보고 결혼하고 내가 태어날 때쯤에는 통역일을 그만두고, 안동현 만주 들어가는 길목에… 거기에 아버지의 형이 되는 숙부가 계셨지요. 아버지의 형님이 안동현 시장통에서 그 뭐냐 도자기 종류, 그릇 종류를 파는 장사를

◀ 1910년경의 안동시가(출전:
조선관광단 기념사진첩)

하고 있었거든요. (그럼 안동에서 부친께서는 어떤 일을
하셨는지 기억하고 계세요?) 글쎄~ 숙부와 같은 도자기
장사를 했던가? 난 아직 어렸으니까 그건 잘 모르겠는
데….

한반도 식민지 경험의 시작—진남포로 이주

(그럼 기억이 나는 곳부터 말씀해 주시겠습니까?) 음~
경성은 생각이 나는데. 아니 그전에 진남포. 신의주에서
요렇게 내려오다가 진남포라는 곳이 있나? (진남포. 예 평
안남도, 그러니까 평양 근처에 있는 곳 말씀하시나요?) 맞
어 맞어. 거기에서 내 여동생이 태어났지요. 진남포에는
사이토고메이(齊藤ゴメイ)라는 회사가 있었어요. 조선인
들은 사이토고메이를 알고 있지요. 거기 사장이 내 부친
하고 외사촌간이거든. 사이토 규타로(齊藤キュウタロウ)
라는 사람인데, 사이토 아버지하고 우리 아버지의 모친이

남매였지요. (진남포로 이주를 하신 것은 몇 살 때인지 기억하고 계십니까?) 한 3∼4살 때쯤이던가? (사이토고메이는 어떤 회사였습니까?) 아아, 그러니까 거기는 대체로 쌀이라든가, 그리고 술, 그리고 뭐랄까… 그러니까 여러 가지를 취급하는 종합상사같은 거였지요. 평양 진남포, 경성, 부산, 대구… 대구에도 있었는지는 잘 모르겠지만, 암튼 여러 군데 지점이 있는 비교적 큰 회사였어요.

경성으로 이주 ─ 남대문소학교 입학

(그럼 진남포에는 언제까지 계셨나요?) 한 3∼4년 있었지요. 내가 소학교를 들어가기 전까지 있었으니까. 부친이 진남포 지점에 있다가, 여동생이 태어나고, 그리고 얼마 있다가 다시 경성(서울)으로 가게 되었지요. 경성에 있는 사이토고메이 경성점으로 전근을 가게 되었거든요. 회사는 그러니까 미나미고쿠라초(南米倉町)[2]에 있었지요. 그리고 우리집은 오나리초(御成町)[3]… 성벽 밑에 있었어요. 남산에서 이렇게 내려와서 남대문으로 가는 성벽 밑에… (당시 오나리초는 어떤 곳이었지요?) 그때는 그러니까 많은 일본식 가옥들이 들어서 있었고, 우리집도 일본식 다다미 8조짜리(약 4평 정도)가 하나에, 6조짜리(약 3평)가 두개, 그리고 온돌방이 하나 있었지요. 꽤 큰 편이었지요. 당시 아버지 월급도 많았고 사는 것은 유복한 편이었지어요. 그리고 주위에는 조선인들도 많이 살고 있었고… 밤이면, 그러니까 세탁물들은 이렇게 이렇게(다듬질하는 흉내를 내며) 방망이로 두들기는…. 뭐라고 했더라? (다듬질인가

> "우리집은 오나리초(御成町)…
> 남대문으로 가는 성벽 밑에…
> 그때는 그러니까
> 많은 일본식 가옥들이
> 들어서 있었고, …
> 주위에는 조선인들도
> 많이 살고 있었고… 밤이면,
> 그러니까 세탁물들은
> 이렇게 이렇게(다듬질하는
> 흉내를 내며)
> 방망이로 두들기는….
> 맞어 맞어 다듬질."

2 南米倉町: 현재 서울 남창동.
3 御成町: 현재 서울 양동.

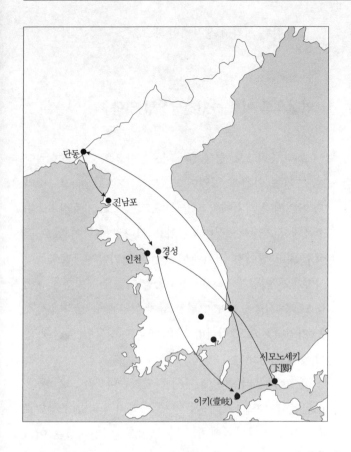

▲ 노무라 씨 부친의 거주지역
이동 경로

요?) 맞어 맞어 다듬질. (그럼 한국인들과 교류도 있었나
요?) 있었지. 어릴 때는 같이들 놀고 했어요. 그래서 당시
에는 한국말도 조금 배웠고. (한국말 아직 기억하시겠습
니까?) (겸연쩍게 웃으면서) 다 잊어버렸어요.

  (경성에서 소학교 들어가셨나요?) 그렇지, 소학교는 남
대문 소학교. 오나리초에서 도보로 약 5분에서 10분쯤 걸
리는 거리에 있어요. 전교생은 약 5백 명에서 6백 명쯤 되
었고… (일본인만 있었나요?) 그렇지 모두 일본인… 학교
갈 때는 기모노하고 하카마를 입고 갔어요. (모두 비슷한
복장이었나요?) 그렇죠. 모두 같았어요. 지금으로 따지자

면 교복 같은 거라고 생각하면 돼요.

인천으로 이주—인천남상업 입학

(그럼 중학교도 경성에서 나오셨나요?) 중학교는 말이
지, 그때는 인천에 있었어요. 인천의 가토(加藤)정미소라
고, 아버지가 거기에서 일을 하고 있었어요. 가토정미소는
전국에서 가장 큰 정미소였어요. 커다란 굴뚝이 있고 공
장도 넓고 말이지. 거기에서 조선의 어머니(한국말로)들이
이렇게… 이렇게… 늘어서서 돌을 이렇게… 이렇게…(돌
을 고르는 시늉을 하며) 그렇지 쌀에 섞인 돌을 골라내던 것
을 기억하지요. 그러니까 많은 한국 여성들이 공장에 와
서 일을 했어요.

(몇 살 때부터 인천에 가시게 되었습니까?) 그건 음…
12살쯤이던가? 12살쯤에 가서 데라마치(寺町)소학교로
갔다가 인천남상업에 입학을 했어요. (인천에서는 어디
사셨습니까?) 모토마치(元町)[4]… 가토정미소가 근처에 있
었어요.

아버지의 사망—다시 경성으로 이주

(이후에는 계속 인천에서 생활하셨나요?) 아니 아니 인
천에서 말이죠 우리 아버지가 죽었어요. 대만으로 출장을
갔다가 풍토병이 걸려서. 몸이 반 이상 붓는 병이었어요.
가토정미소에 고무절구라는 기계가 있었어요. 그 기계 관

---

4 元町:현재의 인천 관교동.

련 업무를 담당하다가 대만으로 출장을 갔어요. 그런데 대만에서 병에 걸려 인천에 돌아와서 인천 병원에서 아버지가 죽었어요. (그때가 몇 살 때였습니까?) 아버지가 50살, 내가 18살이든가…. (그때 벌써 남상업은 졸업은 하셨습니까?) 그렇지. 졸업을 했어요. 아버지가 죽고 나서, 다시 경성으로 이사를 했어요.

9남매 중 맏이로 태어나다

(형제는 어떻게 되십니까?) 9형제요. (형제분들이 많으신 편이네요?) 당시에는 많이들 낳았어요. 특별히 지금처럼 피임을 하는 것도 아니고, 또 그 당시에는 나라에서도 권장도 하고 그랬지요. 9명이라고 해도 그중 3명은 어릴 때 죽었고…. (병이었습니까? 아니면 사고였습니까?) 2명은 그냥 어릴 때, 2살쯤이던가… 죽고. K라는 남동생은 스케이트를 타러 갔다가 남산 근처에 스케이장 비슷한 것이 있었어요. 돈을 내고 들어가는 곳이었는데…. (요금이 얼마였는지 기억하고 계십니까?) 글쎄 얼마였을고… (웃음) 그런데 거기서 넘어져서 뇌진탕으로 죽었어요. (나머지 형제분들에 대해서도 말씀해 주시겠습니까?) 내 바로 밑에 S(장녀)라는 여동생이 있고, 여기는 진남포에서 태어났어요. 작년에 죽었어요. 지금 살아 있다면 87살쯤…. 그리고 스케이트 타다가 죽은 K(2남)…(묵묵히 가족 관계를 써내려간다).

장녀는 아버지가 죽고 난 뒤에 경성에 있는 무슨 대학 병원에서 전화교환수를 했지요. (E⟨2녀⟩께서는 아직 살아 계시구요) 응, 아직 살아 있어요. 도리카에(鳥飼)[5]에 살고 있어요. 아버지가 죽고 여기는 평양에 있는 사이토고메이라는 회사에 취직을 해서 평양으로 갔어요. 여기의 남편은 평양 미쓰코시백화점에 있는 식당에서 요리사를 했어요. (그 남편 되시는 분은 아직 살아 계시나요?) 죽었어요. 여동생만 도리카에에서…. M(3녀)은 아버지가 죽고 어머니하고 T(3남)하고 H(5남)하고 이렇게 4명이서 이키섬으로 돌아갔지. 그래서 거기서 결혼하고 생활하고…. 그리고 나머지는 어릴 때 죽었어요.

첫 직장, 사이토고메이를 거쳐 자전거 판매점 스즈키상회에 취직

(그럼 아버님께서 돌아가신 후 노무라 씨는 어디에서 어떻게 생활하셨지요?) 아버지가 죽고 나는 바로 아래 여동생하고 경성으로 갔어요. 예전에 아버지가 근무하던 아버지 외사촌이 경영하던 사이토고메이에 취직을 했거든요. 바로 밑에 여동생은 전화교환수를 하고….(그럼 두 분은 경성 어디에서 생활을 하셨습니까?) 나는 사이토고메이의 기숙사로 들어가고 여동생은 병원에서 먹고 자고 했어요.

(사이토고메이라는 회사에는 얼마나 근무하셨는지요?) 거기에서는 한 3년쯤 있다가 그만두고 스즈키(鈴木)상회라는 자전거 판매회사로 들어갔지. (그때가 몇 살쯤이셨습니까?) 19~20살쯤이던가… (거기에서는 몇 년이나 근무를 하셨습니까?) 16년 있었어요. 군대 갔다 온 기간을

5 鳥飼: 후쿠오카 시내

넣어서 16년 있었습니다. 군대를 3년 갔다 왔으니까 결국
13년 근무한 셈이지요.

하루 출고량은 백여 대, 거의 한국인이 사 가다

(스즈키상회에 근무할 당시 자전거 가격은 기억하고 계
십니까?) 으음~ 가격이 켄트라든가 기어엠, 그리고 일미
상점(日米商店)에 후지호(富士號) 같은 것은 2, 30엔. (저는
별로 실감이 없습니다만, 당시 2, 30엔이라고 하는 것은
어느 정도의 금액이었지요?) 으음~ 우동 같은 것은 아무
튼 잔뜩 살 수 있었지. 우동 1그릇에

5전인가 10전 정도였으니까. 아무
튼 당시에 자전차라고 하면 지금 자
동차 같은 것이었으니까. (가장 싼
자전거는 얼마 정도였습니까?) 가
장 싼 것은 10, 15엔 정도…(실제로
자전거를 파는 상대는 어디였습니
까?) 자전거빵이요. 우리는 대리점
같은 곳이니까 모두 자전거빵에다
가 물건을 팔았지. (대충 1달에 몇
대나 팔렸는지 기억하고 계십니
까?) 음~ 벌써 7, 80년 전의 일이
돼 놔서… 한… 하루에 백 대 정도
는 팔린 것 같아요. 당시에는 조선
뿐만 아니라, 만주로도 물건이 나갔
으니까. 우리 상회는 기어엠과 일미

▼ 1926년의 자전거 카탈로그

상점의 대리점이었어요. 당시에는 로레츠라는 차도 있었
는데 그건 다른 상회에서 취급을 했어요. (그럼 주문을 받
아서 운송을 할 때는 스즈키상회에서 운송까지 직접 담당
을 하셨나요?) 아니에요. 우리는 물건 포장을 해서 운송회
사로 물건을 넘겨요. 그러니까 동경이나 오사카에서 자전
거가 우리 상회로 들어오면 우리는 주문을 받아서 지역별
로 구분을 해서 자전거빵으로 보냈지요. 물론 보낼 때는
운송회사에 맡겨요. 대금결제는 운송회사에 인환증을 주
어서 물건과 대금을 맞바꾸는 형식이었지요. (조선하고
만주하고 어느쪽으로 물건이 더 많이 나갔습니까?) 역시
조선으로 많이 나갔지요. 만주보다 훨씬 주문량이 많았어
요. (그럼 사는 사람들이 대부분 조선인입니까? 아니면 일
본인입니까?) 거의 조선인이요. 조선 사람들이 모두 자전
거를 사 갔지요. 리어카라든가 하는 것도 포함해서…. 그
러니까 경성을 벗어나면 일본인은 별로 없었지요. 특히
촌으로 가면 더욱더 그랬고. 물론 대구라든지 부산으로
가면 많이들 살았지만. 예를 들어 수원 같은 작은 도시에
는 거의 한국인들뿐이었지요. 우리들은 그런 작은 도시까
지 물건을 팔았어요. 카탈로그를 만들어서 카탈로그 속에
는 여러 가지 부품들도 넣어서… 그러면 사람들이 그 카
탈로그를 보고 이것을 보내 주십시요 하고 편지를 하지요.
그럼 우린 그걸 보고 품목을 적어서 창고에 주면 창고에
서는 물건을 포장하고 운송점을 불러서 부치게 되지요.
아무튼 거의 모두 한국 사람들이었어요. 물건을 사 간 것
은… (스즈키상회는 경성 이외에도 지점이 있었나요?) 그
럼요. 각 도에 있었어요. 전라도라든가 경기도라든가 꽤
큰 상점이었어요. (종업원은 몇 명이나 있었나요?) 가장

"조선 사람들이 모두
자전거를 사 갔지요.
… 그러니까 경성을 벗어나면
일본인은 별로 없었지요.
특히 촌으로 가면
더욱더 그랬고.
물론 대구라든지 부산으로
가면 많이들 살았지만.
예를 들어 수원 같은 작은 도시
에는 거의 한국인들뿐이었지요.
우리들은 그런 작은 도시까지
물건을 팔았어요.
카탈로그를 만들어서
카탈로그 속에는
여러 가지 부품들도 넣어서…
그러면 사람들이
그 카탈로그를 보고
이것을 보내 주십시요 하고
편지를 하지요."

많을 때는 50에서 60명 정도 있었어요. 거의 한국인이었
어요. 총지배인 이름이 이창구라는 사람이었어요. 일본인
은 나를 포함해서 3명 정도밖에 없었어요. (당시에 월급은
어느 정도였습니까?) 급료는 말이지요, 일본이 패전하기
직전에 백 엔 정도 받았어요.(백 엔이라면 자전거 5대 정
도의 가격인데 상당히 많이 받으신 편이 되는 거죠?) 그렇
죠. 상당히 많이 받은 거지요. 보너스로 천 엔을 받은 적도
있었어요. (그럼 그 정도로 많은 자전거가 팔렸다는 말씀
이신가요?) 팔렸지요. 엄청 팔렸지요. 새벽 3시까지 일을
했어요. 아침부터 새벽 3시까지 매일매일 엄청 바빴어요.

오사카로 전근

(스즈키상회가 여러 군데 지점이 있었다고 하셨는데
계속 경성에서만 근무하셨나요?) 아니요. 조선의 스즈키
상회에 근무하다가 오사카(大阪)지점으로 전근을 갔지요.
오사카에 가서 그 오사카지점을 내가 관리를 했어요. 거
기서 한 3년 정도 있었지 아마 그리고 나서 이번에는 다
시 고베(神戶)지점으로 갔어요. 그 고베에서 징집이 되었
지요.

중일전쟁으로 입대—중국전선에 근무

(징집이라고 하셨나요? 군대를 다녀오셨나요?) 갔다 왔
지요. 2번이나 징집되었으니까. 20살 때 신체검사를 받았

지요. 그때 스즈키상회에 있을 땐데…. 스즈키상회가 조선
에 있었기 때문에 본적지는 나가사키(長崎)지만, 서울에서
신체검사를 받았어요. 나는 그때 갑종합격(웃음). (그럼 군
대는 몇 살 때 가셨나요?) 조선의 스즈키상회에 근무하다
가 오사카지점으로 전근을 가고, 이번에는 다시 고베지점
으로 갔다가. 고베에서 징집이 되으니… 26살에 가서 29
살 되던 해까지… 중국 중지(中支)에서 근무를 했지요. 그
러니까 양자강 상류에 귀주(魏州)라고 있는데, 거기에 있
었지요. 산이 이런 모양(가파르다는 시늉을 하며)을 하고 있
고, 양자강이 이렇게 흘러가고, 강 양쪽은 절벽이라서 강
을 통하지 않으면 앞으로 갈 수도 없는 그런 곳이었지요.
거기에서는 그러니까 야전중포(野戰重砲)… 포병이었어요.
포를 움직일 때는 2개로 분해를 해서 말 6마리가 끌고 다

▼ 일제 말기의 총력전 속에서
물자 부족으로 징집된 사람
들이 냄비와 보자기 등으로
머리를 감싸고 있다(함흥 거
주 일본인 河野博 씨 소장자
료).

넋으니, 포 하나 움직이려면 말이 12마리가 필요했지요.
밤에 움직일 때는 바퀴에다가 새끼줄을 감아서 소리가 덜
나게 하기도 하고…

태평양전쟁으로 2차 징집─함경북도 나남과 대구에서 근무

그러고 나서, 이번에는 경성으로 복귀해서 일을 하다가
거기에서 2차 징집되었지요. (2차 징집은 몇 년이었습니
까?) 패전하던 해(1945년) 4월. 내가 군대를 가고 없는 동안
에 장남이 태어났지. 이번에는 강원도로 갔다가 함경북도
나남에서 근무하다가 나중에는 대구에 와서 패전이 되었
어요. 패전을 대구에서 맞이한 것은 운이 좋았지요. 나남
은 그때 전투도 치열했고, 또 포로가 되었으면 수용소행
이었으니까…

맞선으로 결혼

(그럼 당시에는 이미 결혼을 하고 계셨나요) 예, 했어요.
(결혼은 언제 하셨나요?) 내가 중국전선에서 스즈키상회
경성본점으로 복귀한 뒤니까…. 1942년인가 43년인가…
(그때 부인은 어디에 살고 계셨습니까?) 경성에 살고 있
었어요. 부인은 어떻게 만나게 되셨습니까?) 맞선입니다
선을 봤어요. (어느 분의 소개였습니까?) 그건… 우리 어
머니 친구가 소개를 해 주었지요. 아주 친한 친구가, 그 친

구분이 나하고 우리 집사람을 모두 알고 있었거든. 그래서 소개를 해 준 거였어요.

(부인께서도 한국에서 태어나셨나요?) 아니 집사람은 시마바라(島原). (아 나가사키현 시마바라… 어떤 이유로 한반도에 건너가셨는지 알고 계십니까?) 그건… 그때 집사람 형제들하고 가족들이 모두 조선에 있었어요. 집사람하고 장모만 시마바라에서 살다가 나중에 조선으로 간 거지… (그럼 부인께서는 몇 살 때 조선으로 갔는지 알고 계십니까?) 글쎄~. 어이 몇 살 때 조선에 건너갔지? (부인 등장) 내가 학교를 졸업하고 갔으니 18살인가 19살 때쯤인가? (조선에는 얼마나 계셨습니까?) 처음에 조선으로 가서 나중에는 만주에 있는 은행에서 근무를 했어요. 만주의 은행에서 근무할 때 스즈키상회라는 데가타(手形)6를 본 적이 있는데, 아마 그게 기억에 남아서 결혼까지 하게 되었나 봐요. (그럼 은행에서는 얼마 동안이나 근무를 하셨어요?) 한 5, 6년 정도 했던가? 26살에는 벌써 경성에 있었으니까. (경성에서는 일을 안 하셨나요?) 안 했어요. 아니 잠시 미쓰코시백화점에서 물건 파는 일을 한 적은 있어요. 그 사장이 사람이 없다고 하면서 꼭 와 달라고 해서 잠시 가서 일한 적은 있어요. (그럼 그때 다른 가족분들은 뭘 하고 계셨지요?) 이쪽 집안은 모두 형제가 조선은행에 근무하고 있었어요. 장인이 양복점을 하고 있었는데, 나중에 그만둘 무렵에는 형제들이 모두 조선은행에 취직을 했지요. 그래서 우리를 중매한 사람이 나도 알고 우리 집사람도 알고 다 알고 있었어요. 그래서 소개를 하고 결혼을 하게 된 거지.

이탤릭체로 쓰여진 부분은 구술자 부인의 이야기이다.

식민지공간 경성의 풍경

(지금부터 옛날 살고 계시던 경성의 풍경에 대해서 기억나는 것이 있으면 말씀해 주시겠습니까?) (조사자 가져간 경성지도를 내놓으며) 조금 오래 되었습니다만, 경성지도입니다.

(노무라 씨 안경을 집으면서) 아아, 경성지도구만. 여기가 경성역, 여기가 남대문, 여기서 조선은행… 우리 아버지가 근무하던 사이토고메이라는 회사는 남대문에서 조선은행으로 가다가 그 중간쯤에 있는 기타코메쿠라쵸(北米

▼ 1927년경의 서울 지도
①경성역, ②남대문, ③미나미코메쿠라조(南米倉町), ④기타코메쿠라조(北米倉町), ⑤조선은행, ⑥미쓰코시(三越)백화점, ⑦중앙우편국, ⑧히라타(平田)백화점, ⑨조지야(丁字屋)백화점, ⑩경성신사, ⑪조선신궁(출전: 서울 거주 일본인 竹崎達夫 편)

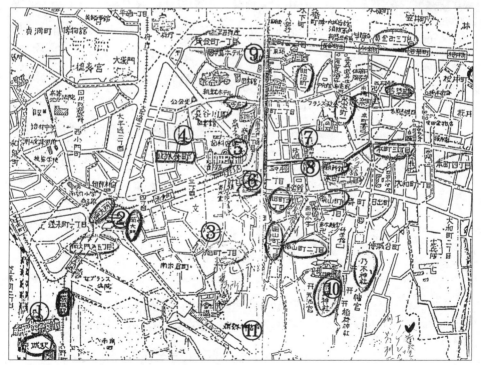

倉町)[7]가 있고, 그 반대편이 미나미코메쿠라초(南米倉町)였
는데 거기에 있었어요. 그 근처에는 교회가 하나 있었지
요. 그리고 조선은행 옆으로는 이층집들이 주욱 늘어서
있었고 그 옆으로 자전차들을 진열해 놓은 진열판매소가
있었어요. 스즈키상회의 본점이 바로 여기(기타코메쿠라초
를 가리키며)에 있었어요.

내가 다니던 남대문소학교는 그러니까…여기가 태평
통(현재의 태평로)이니까 아 여기(남대문 소학교를 가리키며)
여기에 있었어요. (조사자 남대문과 북창동지역을 가리키며)
여기는 대부분 일본인들이 살고 있었나요?) 예 거의가 일
본인들이었어요. (또 기억나시는 것은 없으시나요?) 음~
미쓰코시백화점이 조선은행 앞에 있었고… 조지야(丁字
屋)라는 백화점이 있었지요. 조선은행 건너편으로 우
체국이 있었고, 또 그 앞에도 히라타(平田)백화점이 있었
고…. 암튼 백화점은 많았어요 화신(和信)백화점이라든
가…. (백화점들은 나름대로 특징 같은 것은 없었습니
까?) 음~ 글쎄… 미쓰코시나 조지야는 아주 큰 편이었고
히라타백화점은 그냥 보통 일반 사람들이 가는… 규모도
좀 작은 편이었지. 그리고는 특별히 기억에 남는 것이 없
어요.

"(혼마치에 도로폭은
어느 정도였습니까?)
음~ 보통도로보다
조금 더 넓은 편이었지요.
그래서 도로 양 옆으로
쭈욱 상점들이 늘어서
있었어요.
… 아니 아니
전부 아스팔트로 포장이
되어 있었어요."

경성의 번화가 혼마치

(경성에서 번화가라고 한다면 당시 어느 지역이었습니
까?) 역시 조선은행 근처지요. 그리고 혼마치(本町)[8]였지요.
혼마치거리에 가게들이 죽 늘어서 있었지요. 장난감 파는

7 北米倉町, 현재의 북창동.
8 本町, 현재 서울 충무로 근
처.

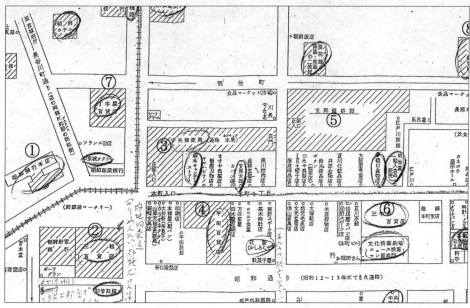

▲ 1927년 경의 혼마치(현재 충무로) 근처의 거리 풍경 ①조선은행, ②미쓰코시(三越)백화점, ③중앙우편국, ④히라타(平田)백화점, ⑤중국 영사관, ⑥미나카이(三中井)백화점, ⑦조지아(丁字屋)백화점, ⑧명치좌(明治座, 松竹영화 개봉관), ⑨희락관(喜樂館, 日活映畵의 2류관). 이외에도 책방, 문구점 과자점 양복점, 만년필점, 스포츠용품점, 화장품점, 철물점, 신발점, 식당, 모자점등 다양한 상점들이 기록되어 있다. (출전 서울거주 일본인 竹崎達夫 편)

가게 문방구, 식당, 양복점… 암튼 많이들 들어서 있었지요. (혼마치에 도로폭은 어느 정도였습니까?) 도로폭은 말이지요. 음~ 보통도로보다 조금 더 넓은 편이었지요. 그래서 도로 양 옆으로 쭉욱 상점들이 늘어서 있었어요. (비포장이었습니까?) 아니 아니 전부 아스팔트로 포장이 되어 있었어요. (상점들은 대충 몇 시까지 열려 있었는지 기억하십니까?) 가게들은 꽤 늦게까지 영업을 했지요 거기는 늦게까지 사람들이 많이 다녔으니까.

중절모가 유행하다

(번화가에서 어디를 자주 가셨습니까?) 으음~ 백화점도 가고 (백화점에서는 주로 무엇을 사셨습니까?) 모자요

모자. 캉캉모(중절모)라고 해서 그 당시에는 사람들이 많이 쓰고 다녔지. 나도 외출할 때는 반드시 캉캉모를 쓰고 나갔지. 말하자면, 유행이었어요.

(그리고 또 어디를 가셨습니까?) 고킨초(黃金町)[9]에 황금관이라고 하는 영화관이 있었어요. 그리고 희락관(喜樂館)이라는 영화관도 있었고…. (희락관은 어디에 있었습니까?) 희락관이 어디에 있었더라… 혼마치던가… (영화관은 자주 가셨습니까?) 자주라기보다는 가끔 갔지요. 그때는 특별히 갈 곳도 마땅히 없었으니까… (영화는 주로 어떤 것을 상영했나요?) 여러 가지가 있었어요. 방화도 있었고 양화도 있었고 역시 양화가 많았지요. 전쟁 때는 영화들이 재미가 없었어요. 그러니까 뭐라고 할까 영화라기보다는 그냥 뉴스 같은 거였죠.

한강에서 스케이트 타고 장충단공원 신사를 즐겨 찾다

(그 외에 자주 가시던 곳은 있으십니까?) 어릴 때는 스케이트를 타러 갔지요. 옛날에 한강까지 전차를 타고 스케이트를 타러 갔어요. 11월 3일, 11월 3일에… (그때 얼음이 얼었었나요?) 얼었어요. 그건 내가 아주 잘 기억을 하고 있지요. 요렇게 강이 있으면 강가는 아직 얼지 않았는데 중간이 얼었어요. 그래서 요렇게 다리가 있고… 한 2미터 정도 되는 다리였던 거 같아요. 가장 짧은 다리가… 그래서 그 다리를 건너가면 스케이트를 탈 수 있었지요. (입장료는 있었습니까?) 입장료는 없었어요.

9 黃金町: 현재 서울의 을지로.

(그리고 또 어디를 가셨습니까?) 장충단. 장충단이라고 알아요? (장충단공원 말씀하시나요?) 맞아 맞아요. 쉬는 날이면 장충단공원을 자주 갔지요. (댁에서 그리 가까운 거리는 아닐 텐데요?) 가깝지는 않았지요. 한 1시간 넘게 산책하는 기분으로 걸어서 갔다 왔지요. 그때 장충단공원은 아주 넓었어요. (공원에 가셔서 무엇을 하셨습니까?) 도시락을 먹기도 하고, 그냥 마음이 편안해지는 곳이니까 가기도 하고, 일본에서 사람들이 놀러오면 장충단공원에 자주 데리고 갔지요. (공원을 찾는 사람들이 많았나요?) 꽤 있었어요. 가족이 같이 와서 도시락을 먹기도 하고… 뭐랄까… 피크닉 같은 분위기였지.

(또 어디를 가셨습니까?) 으음~ 신사 같은 데도 자주 갔지요. 경성에 신사가 2군데 있었어요. 경성신사하고 조선신사. 경성신사보다는 조선신사가 컸지요. 조선신사는 3백 6십 개 계단이 있었어요. 계단을 쭈욱 올라가면 공원이 나오고 거기에 조선신사가 있었지요. 거기도 가끔씩 갔지요. 신사도 역시 마음이 편안해지는 곳이었으니까.

"경성에 신사가 2군데 있었어요. 경성신사하고 조선신사. 경성신사보다는 조선신사가 컸지요. 조선신사는 3백 6십 개 계단이 있었어요. 계단을 쭈욱 올라가면 공원이 나오고 거기에 조선신사가 있었지요. 거기도 가끔씩 갔지요. 신사도 역시 마음이 편안해지는 곳이었으니까."

일본으로 철수—부산에서 하카타로

(이번에는 조선에서 철수할 때 이야기를 좀 들려 주시겠습니까?) 일본이 패전을 하고 그때 나는 징집이 되어 대구에 있었어요. 거기서 패전했다는 소식을 듣고 해산을 한 뒤 경성으로 가서 스즈키상회으로 갔어요. 가니까 벌써 아무도 없고 일본에서는 물건도 받을 수가 없고 일본으로 돌아올 수밖에 없었어요.

(돌아오신 건 언제였습니까?) 1945년 10월 25일 (어떤 루트로 돌아오셨습니까?) 4명이서 (4명?) 아 그때 일본에서 할머니가 와 계셔서 나하고 집사람, 장남 그리고 할머니 이렇게 4명이서 같이 돌아왔어요. 그래서 경성에서 기차를 타고 화물칸에 타고 부산까지 와서 배를 타고 하카타(博多)[10]에 도착을 했어요.

(부산에서 하카타까지는 얼마나 걸리셨습니까?) 우리는 그날 출발해서 그날 바로 도착을 했어요. 아주 운이 좋았지요. 다른 사람들은 고생을 많이 했다고들 하는데… (다른 친척분들은요?) 따로 왔어요. 나중에… (한국에서 돌아오실 때 무엇을 가지고 오셨나요?) 그때는 손에 들 수 있는 만큼의 물건만 가지고 올 수 있었기 때문에 옷가지 몇 개 정도밖에 없었어요. 돈도 천 엔 이상을 가지고 올 수 없었기 때문에 많이 가져올 수가 없었어요.

전후재난부흥주택에 입주, 넥타이 장사를 시작하다

(그럼 돌아오셔서 어떻게 생활을 하셨습니까?) 돌아와서 우리는 마땅히 갈 곳도 없었으니까 고향인 이키섬으로 돌아갔어요. 그런데 섬이 좁다 보니 마땅히 일할 곳도 없고 해서 다시 하카타로 나왔어요. 나와서 다카미야(高宮)에 있는 집사람 친구집에서 한 반년 정도 같이 살았어요. 그리고 46년 5월쯤에 전후재난부흥사업으로 만든 응급간이주택에 들어가서 살게 되었어요. 지금 이 건물도 개축을 해서 그렇지 그때 만든 겁니다.

10 博多: 일본 후쿠오카.

(그럼 생활은 어떻게 하셨습니까?) 그때 내 사촌이 넥타이 장사를 하고 있어서 처음에는 그 일을 돕다가 나중에는 나도 넥타이 장사를 하게 되었어요. 넥타이가 100개쯤 들어가는 커다란 가방을 2개 끌고 다니면서 넥타이를 팔고 다녔어요. 그때는 넥타이가 그러저럭 잘 팔렸어요. 아무튼 돌아와서 처음에는 고생을 많이 했어요.

▲ 현재 노무라 씨가 살고 있는 전후재난부흥주택

그냥 일본이라고 생각하며 살았던 조선

(마지막으로 조선에서 생활할 당시 기억에 남는 것이 있으면 말씀해 주시겠습니까?) 이런저런 이야기를 다 했으니 뭐 특별히 기억에 남는 게 없어요. 그때는 그것이 생활이었으니까. 조선이라고 특별히 의식한 것도 없었고, 그냥 일본이라고 생각하고 살았지. 그리고 조선인들을 차별한 것도 없었고, 나 같은 경우에는 조선인들하고 같은 회사에서 일하고 술도 같이 먹고, 집에 놀러가기도 하고 또 오기도 하고… 특별히 서먹한 것도 없었지요. 그리고 당시에는 조선이라고 해서 특별히 생각한다든지 하는 것도 없었고 그냥 일본이라고 생각하고 살았었어요.

"조선이라고
특별히 의식한 것도 없었고,
그냥 일본이라고 생각하고
살았지. 그리고 조선인들을
차별한 것도 없었고,
나 같은 경우에는
조선인들하고 같은 회사에서
일하고 술도 같이 먹고,
집에 놀러가기도 하고
또 오기도 하고… 특별히
서먹한 것도 없었지요."

식민지 유산으로서의 '감각적 장애'

노무라 씨를 인터뷰하면서 시종 필자가 느낀 것은, 노무라 씨에게 제도로서의 식민지는, 이제까지 피식민자로서의 한국인이 느껴 온 것과 같이 억압적인 것만은 아니었다는 것이다. 식민지 지배의 억압적인 권력장치로서 한반도 공간에 투입 · 형성된, 자본주의, 일본인 거리, 신사, 공원 등을 그는 피식민자와는 전혀 다른 형태로서 경험을 하게 된다. 예를 들어, 그가 자전거라는 근대적인 이동수단의 판매활동을 통해 경험하는 식민지 자본주의는 지배 · 수탈과 같은 경직된 이미지가 아니라 자신의 생활을 보장하는 중요한 수단이 되었다. 또 식민지 지배를 위한 수단으로서 중요한 기능을 담당하고 있던 일본인 거리, 신사, 공원 등은 그가 안정적이고 여유로운 삶을 향유하는 공간으로서의 의미가 부여되어 있었다. 이렇게 한반도를 억압하고 있던 지배적인 권력장치에서 노무라 씨는 권력을 분리해 냄으로써 폭력적인 식민지 권력이 일상생활의 중요한 수단적 의미가 되었던 것이다. 이러한 식민지 권력에 대해 피식민자와는 다른 노무라 씨의 의미부여를 놓고, 지배적 권력에 대한 '감각적 장애'를 일으키며 결과적으로 식민지주의에 동조한 식민주의자로서 비판을 하는 것은 손쉬운 일이다.

하지만, 인간의 삶을 기술하는 목적은 과거가 아닌 새로운 미래를 구축하는 것이라는 가장 고전적인 인문학의 원점에 섰을 경우, 노무라 씨의 이러한 식민지 경험을 개인을 향한 비판으로서 소비하는 것은 그리 생산적인 일은 아니다. 오히려 그가 식민지 경험을 통해 얻은 권력에 대한 감각적 장애가 현재의 식민지 기술에 어떠한 문제점을 제기하며, 또 오늘날 우리에게 무엇을 시사하는지에 대해 생각해 보는 사고의 전환이야말로, 역사적 경험이 의미있는 것으로 다시 태어날 수 있는 길을 제공해 줄 것이다.

노무라 씨의 사례가 주는 의의

먼저 노무라 씨의 이러한 식민지 경험이 이제까지의 식민지 기술에 대해 제기하는 문제는, 식민지를 권력만의 문제로서 취급함으로써 문제를 단순화 시켰다는 점이다. 즉, 20세기 한반도가 경험한 식민지를 논의할 때 경계해야 할 대상은, 압도적인 식민지 권력과 더불어 그러한 권력이 개인적 입장에 따라 재해석됨으로써 권력의 범위에서 이탈하는 점에도 주목할 필요가 있다. 이는 곧, 권력이 권력이 아닌 다른 형태로 인식될 때야말로 문제는 보다 심각성을 띠기 때문이다. 결국 식민지 기술에 있어서 중요한 것은, 커다란 사건을 둘러싼 정치적인 영역뿐만 아니라, 개인적인 생활실천 속에서 식민지 권력이 어떻게 이해되었는가에 주목하는 것 또한 식민지의 실상을 파악하고 반성하는 데 필요한 작업이 된다는 것이다.

또, 노무라 씨의 사례는 현재의 우리들에게도 중요한 점을 시사한다. 식민지 권력을 대신하여 현재 우리들 주변에도 무수한 억압적 사회권력이 작용하고 있다는 것이다. 이러한 점을 고려했을 때, 혹시 우리들의 신체 내부에도 권력에 대한 '감각적 장애'가 발생하고 있는 것은 아닌가라는 의문을 한 번쯤 생각해 볼 수 있는 기회를 노무라 씨의 사례는 주고 있다. 권력에 대한 '감각적 장애' 는 단순히 자신의 신체감각의 일부분을 마비시키는 것뿐만 아니라 자신의 주변에 산재한 억압적인 권력을 정당화시킬 수 있다는 점을 인식하는 것은 현재의 우리들에게도 아주 중요하기 때문이다.

구술생애사 좌담회

언제: 2004년 8월 10일

어디서: 대전 훼밀리 호텔

참석자: 김양섭, 김일수, 김종숭, 박경용, 박승희, 변화영,
　　　　신호, 염철, 이균옥, 이양호, 이태우, 임경희,
　　　　정형호, 최경호, 한미옥

목적: 민중생활사 구술조사 활동을 총체적으로 점검하는
　　　의미와 구술생애사 텍스트 작업의 체계화를 위한 집
　　　단 토론을 위하여 좌담회가 개최되었다.

좌담회를 시작하며

(사회자: 박승희) 오늘 사회를 맡은 박승희입니다. 그럼
지금부터 민중생활사 연구단 구술생애사에 관한 연구교
수님들의 좌담회를 시작하도록 하겠습니다. 이번 좌담회
는 지금까지 여러 선생님들이 개별적으로 진행해 온 구술

생애 조사 작업을 종합하고 통합하는 의미가 있는 것 같
습니다. 우리 연구가 학제간 통합 연구의 성격을 가지고
있다는 점에서도 이런 논의는 중요하다고 생각합니다. 그
럼, 오늘 좌담회의 원활한 진행을 위해서 내용상의 주된
범주를 미리 말씀드리겠습니다. 우선은 크게 구술담을 중
심으로 한 여러 가지 이야기들과 또 하나는 그것을 녹취
하고 생애사 텍스트하는 과정과 관련된 이야기, 이렇게
큰 두 축을 가지고 이야기를 진행할까 합니다. 먼저 구술
조사 · 구술면담과 관련해서는 공지사항에 있는 내용을
보시면 아시겠지만, 구술자의 선정 문제부터 구술의 방
식 · 과정, 그리고 구술면담의 성과라든지, 그리고 문제점
이런 것들을 중심으로 해서 논의를 진행하겠습니다. 그러
면 먼저 구술자를 선정하는 과정과 관련해서 그 방식이라
든지 방식의 문제점에 대해서 먼저 이야기를 좀 해 보도
록 하죠. 먼저 농업분과부터 이 이야기를 시작했으면 좋
겠습니다. 그리고 개별 의견이 있으시면 개진을 하시기
바랍니다. 농업분과에서는 사전 논의가 좀 있었다고 들었
는데, 이야기된 내용을 중심으로 해서 말씀을 해 주시기
바랍니다.

(이양호) 제가 구술자를 여러 분 미리 선정을 해서 녹취
문으로 바꿔 가지고 이번에 주제발표를 하려고 열람을 했
어요. 그래 가지고 제일 처음에 대구 근교에 있는 할머니
한 분을 정했어요. 그런데 막상 그분이 가장 적격자라고

생각하고… 외아들 하나 낳아 가지고 어렵게 어렵게 했던 분인데, 막상 그 할머니는 동의를 하는데 아들이 사실은 책을 내는 데 거부를 했어요. 대체로 본인은 사실 별 거부가 없는 거 같은데, 자식이 잘되었을 경우, 다시 말해서 출세했을 경우 상당히 거부감이 심했다는 거죠. 그러니까 지금 경북도청의 고위간부로 있는 모양인데, 그 아들이 어떤 형태로든 자기 어머니 이야기가 공표되는 게 싫다, 그래서 아무리 설득을 해도 안 되고 해서 할 수 없이 지금 현재 구술자로 옮기게 된 거죠. 포항에 계시는, 그것도 죽장에, 아주 산골에 계시는 분인데, 이분은 농민들이 일반적으로 가지고 있는 일반성도 가지고 있고 또 산간이라는, 예를 들어서 화전농업부터 시작을 해서 아주 특이한 것도 가지고 계시고 해서 그분을 선정했는데, 다행히 그분은 허락을 받았습니다. 나이가 84세지만 아직도 현역 농사꾼이고 또 집안의 주도권을 아직도 이 할아버지가 가지고 있어요. 그런데 그 아들이, 큰아들이 사실은 사업을 하고 잘되었을 때는 주도권이 별로 없었던 거 같은데, 그 아들이 사업에 실패해서 같이 마을에 들어와서 양봉을 하게 되면서 다시 주도권을 확보했던 모양입니다. 그래서 그 할아버지를 선정하게 된 거죠. 지금 구술자 선정에 있어서 사실은 가장 적격자라고 우리가 판단했지만 그렇게 선정되는 경우가 의외로 많지 않다는 게 우리의 생각입니다. '그래서 결국 차선책을 선택할 수밖에 없었다' 그렇게 말씀을 드릴 수 있습니다.

(사회자) 그런데 잠시만, 이양호 선생님의 방금 하셨던 이야기는 생애사 텍스트를 위한 인물 선정에 관련된 말씀이신 것 같습니다. 이런 텍스트화 시키는 데 선정된 부분에 대한 이야기와 함께 처음에 구술자를 선정하는, 그러니까 텍스트화가 아니라 구술면담을 위해서 구술자를 선정하는 과정이 있었지 않았니까? 그 과정에 관한 이야기도 함께 좀 해 주시면 좋겠다는 생각이 듭니다. 지금 우리가 하고 있는 이야기가 구술조사, 구술면담과 관련된 이야기입니다. 텍스트화 과정에 대한 이야기보다는. 그래서 그걸 좀더 생각을 하셔서 이야기를 좀 해 주셨으면 좋겠습니다. 네, 이균옥 선생님.

구술자 선정의 문제

(이균옥) 예. 저는 어업 쪽인데요. 그래서 조사자 선정을 할 때 무조건 어촌을 찾아갈 수도 없고 해서, 먼저 포항 구룡포 지역의 어촌계장… 마을마다 어촌계장이 있었으니까. 어촌계장 명단과 전화번호를 확보했습니다. 그래서 사전에 우리가 어떤 사람을, 어떤 분을 조사해야 된다고 어촌계장님께 말씀드리고… 예를 들면, 동해안 지역에는 제주도 출신의 해녀들도 많고 또 제주도 출신의 해녀들이 온 이후에 그 동네에서도 해녀 일을 배워서… 그런 정보를 어촌계장님이 제일 잘 알고 있기 때문에 어촌계장님을

통해서 조사자를 소개를 받아서… 그래서 그게 상당히 편
했습니다. 사전에 수협에 가서 어촌계장 명단, 전화번호를
받고 먼저 사전에 전화를 드리고 만나 뵙고 다시 약속을
하고. 그런데 어떤 마을에서는 어촌계장을 통하지 않고는
잘 만날 수 없는 그런 분들도 있었습니다. 그래서 어촌계
장님이 그분들을 설득도 해 주시고… 그런 예가 있었구
요. 그런데 실제로 만나서 조사하는 과정중에는 예상과
달리 별 말씀을 안 하시거나, '뭐, 이런 거 얘기해서 뭐하
나' 이런 분들도 있고 해서 어려움이 있기는 있었습니다.
어쨌거나 사전에, 어촌계가 행정조직은 아니지만은 동해
안 지역에서는 어촌계가 마을 어업 같은 모든 걸 관리하
고 있어서 조사자 선정에서 도움이 되었다고 말씀드릴 수
있습니다.

(염철) 저희 상인분과에서는 지난번 모임 때 조사대상
선정에 관련해서 얘기를 했었거든요. 그때 나왔던 가장
핵심적인 문제는 20세기민중생활사연구단에서 민중이라
는 개념을 어떻게 잡을 것인가 하는 것이었습니다. 특히
상인하고 관련해서 이 문제가 중요할 수 있는데, 상인계
층 중에는 장사를 시작해서 상당히 성공해서 더 이상 이
사람을 민중으로 볼 수 없는 경우가 있을 수도 있고, 예전
에는 상당히 부유한 계층이었는데 몰락해 가지고 지금 개
념으로 따지자면 민중의 범주에 들어갈 수 있는 그런 부
류의 사람들이 있었다는 거죠. '그런 사람들을 어떤 식으

로 선별해서 조사대상에 포함시킬 것인가' 이런 문제가 나왔었는데, 그날 나온 이야기로는 대체로 이런 정도에서 정리가 되었던 걸로 보입니다. 스스로 자기의 삶을 기록할 수 있는 능력을 갖지 못한 사람, 성공했다고 하더라도 또는 실패했다고 하더라도, 자기 삶을 기록할 수 없는 그런 사람을 포함시키는 것이 어떻겠는가, 이런 정도로 정리가 되었던 것 같구요. 또 하나의 문제는 상인들의 경우에, 꼭 상인들만이 아니라 다른 분과도 마찬가지겠지만, 구술대상자들이 상당히 많은 피해의식, 역사 과정에서 피해의식을 가지고 있었다는 점, 그래서 쉽사리 응해 주지 않는다는 점, 그래서 그런 문제와 관련해서 민중들의 삶 속에서 스스로 자기 자신에 대한 자존감 · 자존의식 이런 것들을 갖기가 어려운 그런 삶을 살았던 사람들에게 접근하는 일이 쉽지 않았다는 점, 이런 정도가 이야기가 되었던 것 같습니다. 다른 이야기도 있지만 일단 이런 두 가지 정도는 이야기가 될 만하지 않을까 싶습니다.

(사회자) 예, 조사대상자의 범주 문제, 또 그 범주 문제와 관련해서 민중에 대한 규정을 어떻게 내릴 것인가, 이런 이야기를 중심으로 해서 조사자 구술대상자에 대한 선정 매뉴얼 같은 것들을 잡아 봤다는 생각이 듭니다. 또 노동 분과의 경우에는 어떻습니까?

(김양섭) 저 같은 경우에는 개항장 인천이라는 정체성

문제와 결부해서 구술자를 선정하게 되었는데, 종래에 임해공단과 관련되었던 성냥공장 · 방직공장 근로자라든가 아니면 항만에 근무했던 항만노동자 같은 경우에는 인식의 변화에 따라 요즘 새롭게 변화되고 새롭게 부각되고 새롭게 재조명되어 왔던 것은 사실입니다. 이에 반해서 인천 내의 정체성을 확보할 수 있는, 수많은 선박들이 진출하곤 했고 또 적지 않은 조선소가 있었음에도 불구하고 이제 조선 관련 목수에 대한 그간의 연구가 거의 없었다고 보아도 될 것입니다. 이러면 이제 일차적으로 제보자를 선정하게 되는데, 일차적으로 인천에 소재하고 있는, 과거 인천이라고 하는 개항장 주변에 존재하고 있는 조선소를 몇 군데 찾아가서 제보자를 확보했었습니다. 기초조사에서. 그런데 보니까 이들 대부분이, 5~6명 목수의 연락처를 확보했는데, 이들 대부분이 50~60년대에 인천에 유입된 이주민집단이었습니다. 이러다 보니까 인천의 정체성 확보에 문제가 있고, 또 하나 일제 이래로 인천에 대한 조선업계의 전반적인 사항을 설명할 수 있는 제보자가 적당치 않았던 형편입니다. 그 상황에서 한 제보자를 만나게 됩니다. 북성동에 소재하고 있는 대원조선사라고 하는데, 그곳에서 한 분을 소개해 주셨고, 그분은 일제 강점기에 인천 토박이고 일제 강점기 때 인천에 있었던 후지가와 조선소에서 견습공으로 지냈고 60여 년간 쭉 그런 삶을 살아왔습니다. 목수의 삶을 살아왔습니다. 이 과정에서 선정하다 보니까 정확히 그 지역을 대표할 수 있는, 그 지역의 변화를 이해해 줄 수 있는 이가 과연 누구인가 하는 문제에 부딪히게 되더라구요. 그래서 저 같은 경우에 될 수 있으면 제보자 선정에 있어서는 '그 지역 상황과 그 지역에 얼마나 오래 살았는가' 여기에 주안점을 두고 제보자 선정에 치우치게 되었습니다. 단 하나의 문제점은 제가 노동분과에 소속되어 있지만은, 어민분과에서도 제보자 선정 과정에서 구룡포거나 목포거나 군산이거나 인천이거나 똑같이 개항장이고 배들이 드나들었던 곳이고 우리나라 최대의 어항입니다. 그런데 '여객선을 만들고 화물선을 만들었던 사람이 아닌 어선을 만들었던 사람이 함께 이 제보자 내지 구술자로 선정되어서 함께 비교연구가 되었으면 오히려 이것이 좋지 않았나' 하는 생각이 현재 들고 있습니다. 그것이 아쉬운 점으로 남습니다. 이상입니다.

(사회자) 예, 실제로 지역정체성과 직업의 희소성을 중심으로 해서 대상자를 찾는 과정이 어렵지 않습니까? 그리고 김양섭 선생님 같은 경우에 거주기간을 중심으로 해서 사람을 찾고 또 그것과 함께 그 구술대상자가 가지고 있는 복합적인 사회적 성격을 고려해서 다른 분과나 다른 조건의 사람들과 함께 구술대상을 선정해 가는 과정들도 필요하지 않을까 하신 것 같습니다. 혹시 또? 임경희 선생님?

(임경희) 제 경우에는 상인분과에 속했다는 특수성도 있었고, 거기에 덧붙여서 또 하나 구술대상자를 선정하는데 중요한 조건이 우리가 추구하고 있는 연구주제가 20세기 민중생활입니다. 그래서 20세기 한국 사회에서 민중의 생활에 영향력을 미친 큰 역사적인 사건이 어떤 게 있을까 해서 착안을 했었습니다. 그렇게 본다면 중요한 것이 해방, 6 · 25, 산업화, 그 정도로 아주 단순화시킬 수 있을 것이고 그 과정에 따라서 사람들의 삶이, 삶의 양식이 바뀌어 가고 있었고 그 삶의 양식이 바뀌어 가는 속에서 상인은 또 어떻게 바뀌는가에 착안을 했었습니다. 그래서 구술자들을 두 가지 차원에서 그런 걸 전제로 해서 찾았습니다. 하나는 상인들이 상업 활동을 영위하는 삶터로서의 시장이라는 차원을 하나 만들고 또 하나는 개별적으로 상인이 되어가는 과정, 두 가지를 착안해서 구술자를 찾아 들어갔고 그러다 보니까 한편에서는 시장상가 번영회를 중심으로 해서 사람들을 소개받았고, 또 한편으로는 제 머릿속에서 설정한 지역이 5~6군데가 있었는데 그 지역의 현지답사를 통해서 거기에서 '아! 이 사람이다' 하는 사람들을 개별접촉을 해 들어갔습니다. 그래서 구술자들을 선정해 들어갔는데, 그 과정 속에서 우리가 텍스트로 만들어야 하는 한 사람을 선택해야 되는 문제에 직면하게 되었습니다. 그래서 방금 전에 김양섭 선생님께서 말씀하신 대로 지역정체성이라는 문제하고 연관이 되는 사람도 나올 수 있었고, 또 역사적인 중요한 사건이 어떻

게 사람들의 생활을 변동시켰는가 하는 문제에서도 접근할 수 있었고… 두 가지 차원에서 다 접근할 수 있었는데, 저는 자료라는 측면에서 사실은 역사적인 사건이 어떻게 민중의 삶을 변화시켰나 하는 쪽으로 방향을 정했습니다. 그래서 제가 구술자를 정했는데, 이 구술자의 경우 소개는 노인대학에서 받았습니다. 노인대학에, 이분이 연세가 86세신데, 65세가 되던 해, 그러니까 지금부터 20년쯤 전에 장사를 그만두시고 노인대학에 시조창을 강의하는 강사로 나가고 있었습니다. 그래서 소개를 받아서 생애사 대상자로 지목을 하고 한 3번 정도 만나서 녹취를 하고 거기에 필요한 자료들을 챙기게 되었습니다. 그렇게 만들었기 때문에 저로서는 선정 과정이 주로 역사적인 사건이라는 데 중심이 되었다는 걸 말씀드리고 싶습니다.

(사회자) 예. 이건 자체 논쟁이나 논의의 심화로 이어져야 될 부분이기도 합니다. 저희들이 그것과 관련해서 논쟁을 하기는 어려운 것 같구요. 소위 개인을 통한 역사, 혹은 역사 속의 개인이라든가 이런 문제는 지금은 미시사라든지 일상사를 연구하고 있는 사람들에게 주요한 테마이자 관심거리란 생각도 듭니다. 방금 임경희 선생님의 말씀 속에서는 역사적 사건과 관련한 구술자 선정의 과정을 말씀해 주신 것 같습니다. 혹 다른 분들?

(정형호) 저는 1차 연도에는 용산을 중심으로 지역적으

로 접근했고, 2차 연도에는 철도운수노동자를 접근했는데, 개인생애사의 어떤 제보자를 선정하는 과정에서 전형성·민중성을 어떻게 확보하느냐 하는 문제를 가지고 생각을 했는데… 철도 종사자 같은 경우에는 철우회라는 철도 퇴직인들을 중심으로 하는 모임이 있는데, 사실 거기에 접근을 해 보니까 철도 고위직에 종사했던 분들이 중심이 되어 있더라구요. 일제 강점기에 정규 철도학교를 나와서 초기에는 좀 고생했지만 후반기에 가서는 상당한 지위에 올라간 사람들… 또 운수 쪽도 우리가 접근하는데는 어떤 전형적인 운수노동자를 접근하기는 어려운 점이 있을 것이라 생각해서, 저 같은 경우는 상당히 우연인데 청암동의 제보자가 자기 집안은 네 부자가 철도에 종사했다고 그렇게 얘기하더라구요. 자기는 종사 안 했는데 자기 형님 셋과 아버지가 철도에 종사했다 그래서, '아! 이 사람이구나' 생각을 하고 그 형님을 접촉을 했는데 알고 보니까 해방 이후에 철도에는 불과 3년밖에 없었고 40여 년간을 운전한 분이더라구요. 오히려 나는 철도노동자를 접근했는데… 그러니까 일제 강점기 초기부터 활동했던 곳이 철도노동자고, 뭐 운수노동자는 일제 중반기·후반기 가야 소수가 나타나거든요. 이분은 1940년대 후반부터 운전을 한 분으로서 오히려 어떤, 그 가장 서민들과 밀접한 접촉을 한 서울 시내 시내버스 운전을 50년대 중반부터 했고 실제 트럭 운전은 40년대 후반부터 했죠. 오히려 '그런 연줄을 통해서 접근을 한 제보자가 차라리 낫다,

그런 일정한 기관에서 소개해 준 노동자보다는 훨씬 더 의미가 있지 않겠는가, 대표성이 있지 않겠는가 그런 생각이 들었습니다. 하여간 제보자가 상당히 호의적으로 대해 줬고… 서울 시내 시내버스 운전사 20여 년간 하고 나중에 앰뷸런스 운전을 한 분으로서 그 나름대로 운전수로서는 상당히 전형성을 확보했다고 생각이 듭니다. 이상입니다.

(사회자) 저도 비슷한 경험이 있습니다. 포항제철을 조사하면서 거기에도 철우회라는 똑같은 이름의 모임이 있는데, 그 모임을 알아보니까 방금 말씀하셨던 것처럼 포항제철에서 고위직을 했거나 거기에서 상당한 역할을 했던 분들을 중심으로 모임을 갖고 있더라구요. 그래서 우리가 진정 찾고자 하는 구술대상자, 역사와 함께하면서도 민중의 위치에서 삶을 살아왔던 그런 분들을 만나는 과정, 구술대상자를 찾는 과정 그 자체도 어려우면서도 그 자체가 하나의 연구의 과정이라는 생각도 들고, 아마 그래서 오늘 이 좌담회의 주요한 테마로 설정되어 있지 않은가 싶습니다. 예, 이양호 선생님.

(이양호) 좀 전에 말이 좀 다른 방향으로 벗어났는데, 사실 다른 분과에 비해서 농민분과는 일차적인 관문은 매우 수월한 편입니다. 구술자를 선정하는 데. 왜냐하면 농민은 대체로 그 자리에 터를 잡고 있기 때문에 그래요. 보통 상

인들은 모르겠는데, 찾아가서 갈 때마다 만날 수 있는 분은 농민분과밖에 없을 것 같습니다. 그런데 그런 이유 때문에 제일 먼저 구술자를 찾아갈 때는 경로당, 마을회관, 아니면 농사 직접 현장에 가서 바로 그분들을 파악할 수 있었거든요. 그런데 그건 참 좋았는데, 문제는 그렇게 해서 확보된 구술자는 사실은 어느 정도까지만 구술이 가능했습니다. 소위 말해서 우리가 원하는 심층면접이 잘 되지 않았다는 데 문제가 있습니다. 특히 경상도 지역의 보수성을 생각하면 함부로 마음을 열지 않거든요. 그래서 어쩔 수 없이 결국에는 그 마을이나 혹은 또 그 면에 유력한 공무원들, 아니면 아주 대접받고 있는 어른들, 그런 분들을 통해서 추천을 받아서 그분들을 모시고 갔을 때는 아주 깊이 있는 것들까지 끄집어낼 수 있었습니다. 농민분과는 그러한 점이 있지요.

(이태우) 예, 이양호 선생님이 경로당이나 마을회관 이런 데를 찾아가서 제보자를 구하고 선정을 했었는데 거기에 덧붙여서 말씀드리면, 그 외에도 면사무소에 총무계에 계신 공무원들, 그런 분들을 통해서… 아까 이균옥 선생님이 어촌계 계장님 이런 분들을 통해서 제보자를 선정을 받듯이, 그런 식으로 해서 우리 연구단의 취지에 적합한 그런 인물들을 소개를 받는 경우도 있었구요. 또 하나는 제가 연구 조사하는 지역에 평소에 조금 친분이 있는 지인이라 할까요… 그런 분들을 통해서 직접 부친이나 할아

버지나 이런 분들을 소개받거나, 아니면 거기 계시는 분, 지인의 가까이에 있는 그런 분들을 2차 제보를 받아서 제보자 선정하는 그런 제보자 선정 과정도 있었습니다.

(정은숙) 농업분과 정은숙입니다. 저 같은 경우도… 농업분과 같은 경우는 기본적으로 몇 대가 농사를 짓는 경우가 많기 때문에 사실 제보자 선정의 경우는 서로 비슷한 것 같습니다. 일단 마을회관이나 경로당을 찾아가면 노인회장을 소개시켜 준다든지 아니면 마을에서 일을 보시는 분을 소개시켜 주면 그분을 찾아가서 면담을 하게 되는데, 제가 경험했던 것을 말씀드리면 사실 2차 연도에 20분 이상의 농민들을 면담을 하게 되는데, 1차 면접이나 2차 면접의 경우에는 안 나오는 내용이 주민이 옆에 있거나 할 때 나오거나 하는 게 가족사였던 것 같습니다. 저 같은 경우는. 또 농촌의 경우는 역사적으로 봤을 때 6 · 25라든지 토지개혁이라든지 고리채 정리라든지 그런 주제와 함께 2차 연도의 주제가 되었던 가족 · 지역 활동 이런 문제를 복합적으로 볼 수 있는데, 많은 기억을 하고 계시는 분을 구술 텍스트의 조사대상으로서 선정을 했는데… 저의 경우 선정을 했을 때 어려웠던 점은 집안 문제를 어떻게 깊이 있게… 가족생애가 그 사람의 인생을 좌우한다고 볼 수 있거든요. '그런 가족의 문제를 어떻게 끌어낼 수 있을 것인가', 주위 분은 말씀을 하지만 실질적으로 면담자는 꺼리는 경우가 많았습니다. 그런 가족의 문제들, 가

족사 이런 부분에 대한 말씀을 드릴 때 그거는 1차 · 2차 면접으로는 불가능했어요. 여러 번 가서 찾아뵙고 말씀을 드리고 했을 때 그나마 좀 가족사 문제가 나왔던 것 같고. 가장 중요한 건 뭐니 뭐니 해도 많은 기억을 하고 계신 분, 농업 활동에 대한 일제 강점기의 기억이라든지 토지개혁에 대한 기억이라든지 고리채에 대한 기억이라든지 그 당시 마을 활동에 대한 기억이라든지 그런 많은 기억을 갖고 계신 분을 대상자로 선정하게 되었습니다.

면담 과정에서 일어나는 문제

(사회자) 이야기가 자연스럽게 구술 방식이나 구술 과정에 대한 이야기로 옮겨질 수 있을 것 같습니다. 구술대상자에 대한 선정 문제와 관련해서 좀더 많은 말씀을 하시겠지만 이야기를 좀 옮겨서 구술 과정과 구술 방식, 특히 구술 과정에 면담자가 면담자의 위치나 역할 그리고 면담 과정의 개입 정도 이런 이야기들도 함께해 주실 수 있었으면 좋겠습니다.

(김일수) 저는 노동자 혹은 공업 쪽에 소속되어 있었고… 제가 초점을 둔 거는 대구 쪽에 관심을 뒀었는데요. 우선 대구라는 데가 지역적으로는 영남 내륙이거든요. 한반도에서 내륙이라는 데는 몇 군데를 들 수 있는데 가장

대표적인 곳이 대구라는 곳입니다. 그래서 내륙 쪽에 근대화라고 하는 것이 어떤 과정을 통해서 이루어질 수 있을까, 특히 공업화라고 하는 측면, 그걸 대구선 혹은 경부선과 대구선을 중심으로 설정을 했구요. 그래서 그와 관련해서 섬유산업은 제외하고 접근을 하게 되었습니다. 접근하는 방법들은 여러 선생님들께서 찾았던 방법과 크게 다르지는 않습니다. 예를 들면 철도노동자의 경우 철우회를 찾았던 것이고, 전매, 대구는 전매 쪽이 매우 강한데, 전매 쪽은 전우회가 또 있습니다. 이런 방법을 통했는데… 그쪽은 연 노동자 수가 어마어마하게 많습니다. 다행스런 것은 거기 접근하고 소개를 받았던 곳은, 미리 말씀을 드렸습니다. 어떤 쪽에. 저희가 찾고자 하는 사람의 범주를 대강 말씀을 드리고 소개를 받아서, 그런 점에서는 크게 어려운 점은 없었는데요. 다만 소개시켜 주는 분들 자체가 자신들이 생각했을 때는 '대단히 적절하다' 혹은 '전형적이다' 라고 소개시켜 줬는데, 간혹 저희들하고 의도가 맞지 않는 경우가 생겨날 수도 있었습니다. 그런 점이 있고. 그리고 선정해 줄 때의 기준도 저의 기준이 아니라 거기 직책을 맡고 있는 분들이 스스로 정해서 하는 경우가 더러 생기는 것 같습니다. 그런 점에서 선정자가 폭이 넓으면서도 실제 만날 수 있는 사람들의 수는 제한되는 특징도 나타나는 것 같습니다. 그 다음에 그쪽을 접근할 때 또 하나 개인적으로 가졌던 점은 이쪽은 노동운동을 접근하게 되면 쉽게 접근할 수 있는 경로들이 있습니다. 그런

데 제가 접근할 때 그분들을 일단 배제하고 접근을 했었
죠. 그래서 노동운동가가 아닌 일반노동자로서의 생활, 그
쪽에 관심을 가지려고 했었습니다. 그런 가운데 만났던
분들이 뭐랄까, 구술대상자로서 적절하고 관심 있게 지켜
보고 관찰할 수 있는 대상자들이 가령 전우회에서도 나왔
고 철우회에서도 나왔습니다. 그런데 구술하는 걸 심화시
키는 과정이 저에게는 시간으로 좀 부족했던 점이 있었던
것 같습니다. 행정을 맡다 보니 끊기고 그쪽과 타이밍이
잘 안 맞고 하는 그런 점이 있어서 심화시키는 데는 부족
한 점이 있었던 것 같습니다. 그런데 제가 구술대상자, 생
애사 대상자를 선정하는 과정에서는 의외의 상황도 생겨
난 것 같습니다. 예를 들면 저보고 찾아와서 구술 좀 해달
라고 하는 경우들도 생겼었어요. 어떤 경우인지 어쨌든
신문사를 통해서 접근하는 경우도 있었는데… 그래서 발
을 넓혀서 접근을 했고, 그분이 사실은 이번에 구술생애
사에 집필대상으로 선정이 되었습니다. 그 점을 조금만
더 말씀을 드리면 구술자 선정 과정에서 면담하는 과정에
서 느꼈던 가장 어려웠던 점은 역시 가족 관계, 숨기고 싶
은, 드러내고 싶지 않은, 특히 자식과 며느리와 새로운 가
정을 형성하게 되는, 그런 사람과의 관계가 매끄럽지 못
한 경우들이 더러 생기고, 그게 생각보다 깊게 상처로 남
아 있는 경우들이 있더라구요. 그래서 그런 부분들이 걸
려드니까 막상 생애사 출판을 위해서 만난다고 하면 피하
는 경우들이 생기는 것 같습니다. 그런 점에서 선정자를

바꿀 수밖에 없었고, 바꿀 때의 기준은 적극적으로 제의해 주는… 그래서 포항까지 갔는데 이분도 역시 첫 번째, 두 번째 구술할 때는 언급되지 않았던 가족 관계가 밝혀지기 시작하면서 굉장히 꺼려하는, 그 부분만큼만은 제발 좀 빼달라는, 자식한테도 드러내지 않았던 이야기들, 그런 얘기들을 내게 될 때 그게 출판으로 나왔을 때 문제점으로 드러나서, 그런 부분이 있는 것 같습니다. 그 외의 점에서는 특별하게 어렵다거나 그런 점은 없었던 것 같아요. 제가 만났던 분은 나이가 아흔인데, 아흔이면서도 기억력과 말씀하시는 분이 제가 화장실을 못 갈 정도로 3시간, 4시간 하시는 분들이기 때문에 구술하는 데서는 어려움은 없었던 것 같습니다.

(염철) 상인분과 염철입니다. 아까 가족 관계가 어렵다고 하셨잖아요. 상인분과에서는 이런 문제가 있었습니다. 소위 말하는 불법이죠. 예전에 도깨비 시장이나 이런 데서는 군수품들을 불법으로 빼 가지고 아주 엄청난 마진을 남기고 파는 경우가 있었는데, 어떤 사람들을 만나도 그런 이야기를 해 주지 않는다는 문제와, 그 이야기를 자세하게 듣고 싶었는데 대개 보면 두루뭉술하게 넘어가 버리고 구체적으로 이야기를 안 해 주는 그런 문제들이 있었습니다. 제가 들을 수 있었던 것은 쌀장사 하시는 분인데, 예전에는 시골에, 충남 어디선가 쌀을 사 가지고 기차로 서부역으로 보낸답니다. 그런데 기차로 서부역으로 보낼

때 한 7백 가마가 되면 기차 1칸을 빌릴 수 있기 때문에 그러면 7백 가마 이상을 훨씬 더 많이 넣어서 보낼 수 있다는 거죠. 가마니로 계산하는 게 아니고 트럭 1칸으로 계산하기 때문에. 그래서 한 칸을 빌려 가지고 사람들이 모여서 좀더 많은 것들을 하고… 그리고 철도기관사하고 소주 마시던 이야기, 이런 이야기를 들을 수 있으면 좋겠다고 생각했는데, 의외로 상인들이 그런 얘기를 해 주지 않았고, 덤핑 문제 이런 것들을 이야기해 보고 싶었지만 '좀 아무래도 끌어내기 힘든 부분이 있지 않았나' 그런 생각이 듭니다.

(임경희) 염철 선생님 이야기에 이어서 제가 같이 상인분과에서 하고 있기 때문에 두어 가지만 더 보탰으면 합니다. 염철 선생님이 말씀하시는 것들이 특히 상인분과에서는 자주 나오는 것들입니다. 그것들이 해방·전쟁 과정을 거치면서 셈이 어두웠던 시절이 분명히 있었고 셈이 어두웠던 시절에 돈을 모을 수 있었던 사람들이 존재한다는 겁니다. 그런 분들에게 이야기를 들을 때는 대체로 오프더레코드를 전제로 해서 이야기를 듣고 필요할 때 제가 다시 양해를 구하는 이런 방법으로 저는 구술을 받았습니다. 특히 이런 과정 속에서 제가 텍스트를 생애사 텍스트로 하려고 했던 부분도 일부분 포함이 되는 그런 입장에 있었습니다. 제가 생애사 대상자로 선정했던 분은 아까 역사적인 사건이라고 말씀드렸는데, 저는 6·25라는 일

때문에 이전과 전혀 다른 일을 하게 되는 피난민을 대상으로 삼았습니다. 그래서 제가 대상으로 했던 분은 6·25 전에는 해방 전에 북쪽에서 농업학교를 나와서 도의 공무원으로 있다가 6·25 때문에 맨손으로 내려오다시피 해 가지고 대구에 있는 교동 시장에서 행상으로 다시 출발한 사람입니다. 그래서 이런 과정을 겪어 가면서 비교적 '성공'한 청장년을 보내고 지금 노후는 그야말로 교회에 봉사를 하면서 시조창 강사를 하는, 이런 분이었습니다. 이런 분이었기 때문에 제가 이분을 구술대상자로 지목을 하고 만나는 과정에서는 처음에 접근할 때는 상당히 어려웠습니다. 이분이 가지는 피난민이라는 특성, 그리고 피난민이면서 동시에 상인이었기 때문에 상인이 가지는 특수한 어떤 성향이 존재하고 있던 것 같습니다. 조사를 해 보니까. 그래서 처음에 만날 때까지는 소개를 받고 전화를 드리고 약속을 잡고, 약속을 잡은 다음에 구술자가 발목을 다쳤다든지 해서 1달 이상이 걸렸습니다. 그런데 막상 만나서 접근을 할 때는 이분이 가진 특수한 성향을 고려해서 바로 개별생애사로 질문을 한 게 아니고, 그분이 일하고 있는 삶터를 중심으로 교동 시장이 어떤 곳이냐, 교동 시장을 설명을 해 달라는 식으로부터 구술을 받았던 겁니다. 그러니까 이분이 우선은 자기 얘기가 아니고 삶터에 대한 객관적인 얘기를 할 수 있으니까 굉장히 편안하게 쉽게 구술을 해 주셨고, 그 과정에서 개별적인 문제가 나올 때 하나씩 물고 들어가서 질문을 던진 겁니다. 그렇게

질문을 던졌는데, 그렇게 해서 2번을 만났는데도 이분을
통해서 나온 것은 구술만을 통해서는 별다른 얘기가 나온
게 아니고, 전반적으로 교동 시장이 어떤 곳이다, 그리고
그곳에서 내가 어떻게 했다, 이분이 초기에 교동 시장의
번영회장을 했기 때문에 내가 번영회장을 할 때 이렇게
했다는 얘기를 중심으로 했을 뿐입니다. 그런데 개인 얘
기로 급진전 될 수 있었던 것은 이분이 앨범을 보여 주고
부터입니다. 앨범 속에 사진을 하나하나 지목을 하면서
'이건 언제 어떤 사진입니까', '이건 누굽니까' 하니까
거기에서 개인의 얘기가 하나씩 풀리기 시작했습니다. 그
런데 여전히 어려웠던 것은 아까 다른 분들도 말씀하셨던
가족사의 문제인데, 우리 사회에 지금 피난민이라는 분들
은, 대체로 나이가 70~80이 되신 분들은 가정을 두 번 구
성했던 아픈 과거를 가지고 있습니다. 이분도 북의 가족
에 대한 이야기는 거의 입을 열지 않았습니다. 두 번 이상
만났을 때도. 더 더욱이 고향에 대한 이야기는, 황해도에
대한 이야기는 하지 않았는데, 마지막 생애사 텍스트를
만들기 위해서 보충조사를 하기 위해서 다시 약속을 해
가지고 말씀을 드리고 '이전의 얘기를 해 주십시오' 하고
부탁을 드리니까, 그제서야 고향 얘기가 나오기 시작했던
겁니다. 그러면서도 여전히 이북의 가족에 대해서는 아주
필요한 부분만 말씀을 하고 그 나머지는 감히 제가 끼어
들 여지를, 끼어들 수 없도록, 어떤 감정적으로 미묘한 흐
름을 감지할 수 있었거든요. 그래서 저는 생애사를 그런

방식을 통해서 구술을 받았고, 3번을 한 걸 정리를 해 가
지고 그때그때 필요한 걸 끼워 넣는 방식으로 텍스트를
만들어 낸 겁니다.

(사회자) 텍스트화 작업까지 이야기를 해 주셨는데, 우
리의 조사대상자가 대부분이 민중이라는 범주 속에 묶이
는 사람들이니까 아무래도 가족사 자체가 좀 파편적이고
또 직업이나 이런 것들이 불편한, 노출하기 어려운 지점
들이 많기 때문에 그만큼 구술 방식이나 구술 과정 자체
도 어려워서 나름대로 방식을 찾아가야 될 것 같습니다.
그러한 방법으로서 임경희 선생님이 몇 가지 말씀을 해
주셨고 다른 분들도 아마 그런 방법들을 대체로 쓰고 계
신 걸로 알고 있습니다.

연구자의 전문성과 역할에 대해서

(김양섭) 저도 한마디 드릴까요? 도움이 될 것 같아서요.

(사회자) 잠깐만요. 이야기 진척을 시켜서 구술 방식이
나 과정에 있어, 아까 말씀드렸습니다만, 면담자의 역할이
나 위치가 상대적으로 구술 과정에 큰 영향을 미치기도
한다는 거죠. 구술자와 면담자의 관계도 그렇고, 그런 문
제를 곁들여서 이야기했으면 좋겠습니다.

(김양섭) 노동분과의 김양섭입니다. 구술 과정이나 면담 방식에 있어서는 흔히들 양분되는 2가지 사례로 접근해 볼 수 있는데, 한 사례는 단답형 식으로 '이것에 대해 얘기해 주세요' 하면 '예', '아니오' 식의 대답을 해 주는 제보자의 경우는 상당히 어렵더라고요. 그러다 보니까 면담자가 사실 확인을 하기 위해서 장황하게 설명하는 경우가 있었고, 이 경우에는 1 · 2차 면담을 하다 보니까 당연히 차단될 수밖에 없는, 내가 이분에게 구술 내용을 들어도 별 효과가 없다고 스스로 포기하는 경우가 있고. 또 한 사례인 경우는 제보자가 알아서 말씀해 주시는 경우, 핵심어만 제공하면 1시간이고 2시간이고 좍 풀어서 주시는 분도 있었어요. 그런데 그분은 우리가 했던 주제에 접근하는 것이 아니라 개인생애사 내지 영웅담을 늘어놓는 경우가 있었거든요. 또 하나 면담 과정의 유효한 효과라는 것은 노인들, 저의 경우는 독거노인을 만난 경우가 있는데, 독거노인을 만나기 위해서 1차 방문의 경우는 몰랐는데, 2차 방문 때는 그 근처의 구멍가게를 찾아갔습니다. 찾아가서 '이분이 혼자 사시는데 뭘 많이 사 가십니까' 라고 했더니 구멍가게 아주머니가 '그분이 오시면 계란 1꾸러미하고 라면 1박스 사 가십니다' 라고 알려 주시기에 그것을 폐백으로 들고 가서 들어가니까 아주 너무 좋아서 자신 스스로가 줄줄 풀어 놓더라구요. 풀어 놓는 과정에 힘들었던 가족생애사에 대한 이야기도 나오고 더 나아가서 자기가 혼자 사는 과정에 자식에 대한 원망, 약간 더

심화되는 과정에 그만 울어 버리더라구요. 울어 버리니까 더 이상은 가슴이 아파서 얘기하지 못하는 경우가 있었습니다. 그래서 우리들이 구술 과정 면담 방식이라든지 할 때는 제보자의 선호도, 무엇을 좋아하고 무엇을 싫어하는지 그런 것을 먼저 1 · 2차 면담 과정에 확보한다면 아마 3 · 4차 보충조사기간에는 보다 용이하게 우리가 원하는 구술 내용을 얻어낼 수 있지 않았을까 하는 생각이 듭니다. 이상입니다.

(이양호) 면담 과정의 어려움 이런 것과 연관해서 제가 몇 가지만 말씀드리겠습니다. 처음에 우리는, 사실 우리가 구술자를 선정하는 것처럼 생각되지만 우리도 시험을 받아요. 면담자로부터. 특히 우리 경상도 지역의 성주를 갔을 때는 시험을 많이 당했습니다. 알게 모르게. 인사는 어떻게 하는지, 문지방을 어떻게 타고 넘는지, 아니면 식사할 때 어떻게 하는지, 아버지 · 어머니를 아배 · 어매라고 부르는지, 거기 영남 남인들이 그렇게 한다고 하대요. 그렇게 해서 맘에 들면 집에 들입니다. 그게 첫 번째 어려움이고. 개인적으로 면담할 때 어려운 것은 사실 이분들이 말씀을 잘 안 하시는 분들이 많죠. 농민들은. 그런데 이분들 자신도 거의 기억하지 못하는 걸 끄집어내려면, 사실은 사전 지식인데, 뭐가 문제냐 하면은 특히 일제 강점기 · 해방공간 · 전쟁 전후의 문제들, 60년대 문제, 또는 농사에 관한 문제에 대한 저 자신의 지식이 빈곤하다는

것이 문제입니다. 그래서 어떤 경우에는 대화를 해야 하는데, 다음 얘기를 끄집어내야 하는데, 뭘 물어야 할지 모르겠어요. 그래서 내가 몇 번이나 사실은 이야기를 들으면서 속으로 당황을 해서 '다음에 뭘 물어야 될까', 또 그럴 때마다 생각이 잘 안 나요. 그래서 옆에서 누가 좀 도와주면 싶은데 도울 사람도 없고… 그래서 제가 기본적으로 '거기에 대한 지식을 쌓아야겠다' 하는 생각이 들었습니다. 사실은 좀 부끄럽지만 그런 생각이 있습니다. 그리고 또 우리가 세대차이 때문에 그런 건데, 사실 그분들의 진심에 있는 말들을 끄집어내려면, 그분들이 공감할 만한 나 자신의 경험도 함께 이야기해야 돼요. 보도연맹 문제에 관련해서 한 분 얘기를 끄집어내는데, 제가 개인적으로 외삼촌이 보도연맹에 가입하지 않았는데 오해를 받아가지고 죽을 뻔한 경험이 있었거든요. '우리 집에도 그런 일이 있었다.' 그 얘기를 꺼내자마자 이야기가 술술 나오기 시작하는 겁니다. 그런데 만약에 면담자가 거기에 대한 경험이 전혀 없다, 특히 농사에 관한 거, 저는 사실 농사에 관한 지식이 별로 없습니다. 소위 말해서 어떻게 주는지, 어떻게 하는지 그것도 잘 모르죠. 그럴 경우에 상당히 문제가 되는 경우가 있고. 그런 게 있고. 또 하나는 방금 이야기를 했다시피 가족 관계 문제도 있는데, 오히려 사람마다 조금 다른 거 같습니다. 오히려 자기가 재취를 했다든지 결혼을 2번 했다는 걸 자랑처럼 이야기하는 분도 있었습니다. '난 능력 있다' 이러는가 본데, 그런 분도 있지만… 문제는 그보다 더 예민한 거는 사상과 관련한 문제였습니다. 지금도 연관이 되는 거 같아요. 그 문제에 대해서는 참으로 끄집어내기가 어려웠습니다. 그래서 요즘처럼 이런 시대에도 늘 그렇게 물어요. '이 얘기하면 혹시 불이익을 받거나 잡혀가는 건 아니지' 몇 번을 물어보는 분도 있었고. 또 하나 마지막으로 생각하는 거는 언어에 관한 문제죠. 사투리. 사투리는 괜찮아요. 그런데 일본어가 우리말로 변형된 말 있죠? 특히 영어도 그렇죠. 그게 한 번 더 뒤바뀐 말, 이거 참 알아듣기 힘듭니다. 그래서 어떤 때는 대화를 하는데 서로 평행선을 달리는 경우가 더러 있습니다. 제가 그런 경험이 있습니다. 예를 들어 콘크리트 같으면 그걸 '공굴', '공굴' 하는데 처음엔 못 알아들었습니다. 콘크리트를 공굴이라 하길래 나는 빌 공자에 굴 굴자인가… 처음엔 '공굴' 하다가 '공굴다리' 라고 하다가, 옆에 할머니는 '공구리', 이렇게 바뀌죠. 또 지엠씨 같은 자동차는 그냥 지무시 하고 끝나 버립니다. 이런 말 못 알아듣죠. 조요라는 말도 비슷하죠. 이런 경우가 있었습니다. 그래서 언어도 그렇고 여러 가지 '우리 면담자도 사전에 갖춰야 될 것이 있지 않은가', '공부 좀 해야 되지 않겠는가' 하는 것을 느꼈습니다.

(김일수) 한 가지만 저도 말씀드리겠습니다. 저는 김일수입니다. 저도 공감하는 부분입니다. 또 다른 차원에서 말씀드리면 면담자하고 저하고 대화하는 과정에서 접점

이 형성되는 경우가 있습니다. 그러니까 그분도 알고 저도 아는 내용, 역사적 사건이나… 저는 뭐 역사를 전공해서… 그랬을 때에 이것을 듣게 되면, '내가 지금 면담대상자의 기억을 듣는 것인가', 아니면 이걸 '사실을 확인하는 것인가', '사실 확인을 통해서 그 사람이 갖는 기억 자체에 대한 또 다른 기억을 끄집어내는 것인가', 이런 문제가 나오게 되죠. 이건 굉장히 중요한 문제더라구요. 그러니까 그 사람의 단순한 기억만을 듣는다고 한다면, 이건 나중에 하고 난 다음에 결국은 '내가 그 사람의 인생을 합리화시켜 주는 그런 것일 수도 있겠다' 하는 생각이 많이 들거든요. 그러면 '그 기억이 혹시 잘못 기억하고 있는 것이 아니냐' 이렇게 정정을 시켜 줄 때에 '그러면 지금 하고 있는 것은 뭐가 되는 것인가' … 그러니까 우리가 하는 구술이라고 하는 것이 문헌역사학과 또 다른 하나의 영역을 차지한다고 하면서도 막상 그것에 대한 담론이랄까, '연구적인 차원에서 고민을 해야 할 부분이 생기는 것이 아닌가', 저는 그런 생각들도 해 보게 되었습니다.

　(이균옥) 이양호 선생님 말씀하시려던 걸 제가 이야기하려 했는데 먼저 말씀하셨네요. 사투리도 문제고요. 또 2차 연도에 지역별로 했을 때 그 지역에서 그 직업을 가진 사람들이 사용하는 독특한 용어가 있는데, 그걸 이해하기가 참 힘들었어요. 국문학 하는 사람이 어업 관계를 하려니까 굉장히 어려웠습니다. 예를 들면, '배를 세 척 모았

다' 던데, '모았다'를 저는 '배를 3척 구입했다'는 뜻으로
알아들었는데, 뒤에 가서 물어보니까 다르더라구요. 사는
거는 사는 거고, 모으는 것은 건조하는 거라고 하더라구
요. 처음 알았어요. 아까 이양호 선생님도 일본어가 우리
말로 바뀌었을 때 못 알아들은 것처럼, 저도 그런 경험이
있습니다. 이양호 선생님도 말씀했다시피 1·2·3차 연
도… 3차 연도도 마찬가지로 문제인데, 그래서 예를 들어
종교와 의례 같으면 이런 것에 관심 없었던 분도 있을 텐
데, 일반적인 지식을 자기 자신 스스로 갖추고 조사하는
것이 중요할 것 같아요. 그러기 위해서는 워크숍 이런 것
이 좀 필요하지 않을까… 일반적인, 상식적인 것도 모르
고 조사하면 상당히 곤란해질 것 같아서 워크숍이 필요하
지 않을까… 또 특히 해녀를 조사할 때, 저는 조사하기 참
힘듭니다. 그래서 여성 분이기 때문에… 그래서 여성들끼
리의 내밀한 이야기도 있을 수 있는데 내가 앉아 있으면
말씀을 안 하시거나 왜곡시키거나… 그래서 깊이 있는 이
야기를 듣기 위해서는, 연령이나 연세 높은 분들 찾아뵙
는데 성이 다르니까 상당히 곤란한 측면도 있을 수 있습
니다. 그래서 '이걸 어떻게 해결할까', '연구를 담당하는
사람과 연구보조원이 성을 바꿔서 하면 얼마나 좋을까'
하는 그런 이상한 생각도 들었습니다. 그리고 사투리나
일본어나 외래어가 우리말로 변해 다시 또 사투리화 과정
을 거친 말들은 반드시 녹취한 걸 가지고 가서 의심스러
운 것은 재확인할 필요가 있겠다 하는 생각을 했습니다.

이상입니다.

(한미옥) 한미옥입니다. 아까 이양호 선생님이 말씀하시고 이균옥 선생님 말씀하셔서, 저도 낄 자리를 찾아봐야 되겠다 해서… 저도 조사를 할 때, 저는 실제로 중간에 들어가서 제보자나 구술자와 면담자 간의 관계 형성은 그다지 어렵지는 않았거든요. 워낙에 전임 연구교수 선생님께서 긴밀한 관계가 이미 형성되어 있어서… 저를 소개시켜 주고 가셔서 이분들이 전혀 거리감을 안 두시더라구요. 그런데 제가 조사 과정에서 가장 힘들었던 부분들이 아까 이양호 선생님이 말씀하셨듯이 사전지식이 너무 부족했었다는 거. 저 같은 경우는 노동자이고 게다가 부두노동자들의 노동 형태에 대해 살피는데, 솔직히 저는 부두노동에 대해서는 지금까지 살아오면서 정말로 생각을 해 본 적이 거의 없었어요. 사전지식을 갖추기에는 조사 과정에 시간도 짧아서 바로 조사를 나가고, 조사 과정에서 '가대기' 니 이런 말이 나오면 '가대기가 뭡니까' 하면 이 사람들이 굉장히 갑갑하게 생각하시는 거예요. '가대기도 모르냐' 하는 식으로. 솔직히 '모릅니다' 라고 이야기하고, 농촌 출신이어서 이쪽을 잘 모르니까 '가르쳐 달라' 고 솔직히 그냥 엎어졌죠. 완전히. 그래서 말씀을 차분차분히 설명해 주시는데… 문제는 제가 가진 사전지식도 부족해서 그 노동 형태라든지 조사하는 데 힘들었을 뿐더러, 또 저희가 만난 제보자들이 실제로 부두노동자들 중에 가장

일반적인 형태, 가대기꾼들이 가장 많았어요. 그래서 저희가 접근하고 싶었던 부두노동자의 여러 종류의 형태를 알아보기가 어려웠다는 거. 그런데 실제로 다른 부두노동자들 중에서도 기술을 요하는 작업에 투입되었던 분들이 별로 만나기가 쉽지 않았구요. 그런 것들이 있었고… 저 같은 경우는 처음 면담을 할 때는 주로 경로당을 중심으로 갔기 때문에, 가면 항상 화투를 치시는 거예요. 처음에 시작을 할 때는 같이 모여 있는데, 제가 그냥 중간에 앉아 가지고 예전에 일의 형태라든가 물어보다가 한 분씩 끄집어내는 거죠. '어르신, 좀 방으로 들어가면 안 될까요' 그렇게 해 가지고. 그런데 이분들이 굉장히 적극적이셨어요. 실제로. 그래서 굉장히 고맙게 생각을 하는데… 그래서 방에 들어가서 따로 가족사라든가 이런 것들을 물어보면, 따로 가족사 물어보게 될 정도로 2 · 3차 면담 갔을 때, 이야기를 의외로 잘해 주셔서 어렵지 않게 조사가 됐었던 거 같아요.

(사회자) 예. 면담자의 현장성이 많이 확보되어야 한다는 문제하고, 아까 김일수 선생님이 말씀하셨던 객관성 · 신뢰성 문제는 이후에 우리가 생애사 텍스트 이야기를 할 때에도 계속 문제가 되는 부분이기 때문에 그런 이야기를 하고 계신 거 같습니다. 예, 김양섭 선생님.

(김양섭) 한미옥 선생님하고 이양호 선생님에 이어서

보충하자면, 전문성에 대한 이야기를 좀 하도록 하죠. 사실 저도 대장장이라든가, 조선소 일이라든가, 더 나아가서는 부두노동자에 관련되었던 분들을 만났는데, 조금 전 말씀하셨던 일본어식 용어가 50~60년대에 항만노동자 같은 경우는 미국식으로 바뀌어 버려요. 그러니까 일본식 용어가 미국식으로 바뀌면서 혼용이 되고 60~70년대에는 한국식으로 바뀌거든요. 그러다 보니까 면담 과정에 어떤 일이 벌어지느냐 하면은, 면담자가 어떤 내용을 질문하면 제보자가 조금 전에 용어에 대해서 면담자가 모르고 있다고 하니까 용어설명에 바빠요. '이건 이런 거야' 죽 설명해 주니까, 정확히 면담자가 이해를 못하니까 그거에 대한 설명에 많은 시간을 허비하는 경우가 있었어요. 오히려 사전 지식이 아무리… 저도 사전지식을 배우기 위해서 항만노동자 용어사전을 찾아서 갔는데도 그네들은 또 다르다는 거예요. '이건 이렇게 되는 거야' 하면서 그 용어 설명에 대한 장기간의 할애, 그것은 오히려 구술 내용이 심화되지 못하는 사례가 되는 거 같구요. 아까 이균옥 선생님이 얘기했던 전문성에 대한 문제도 3차 연도와 결부시켰을 때, 2차 연도에는 우리는 생업이라는 분과별 모임이 있었잖아요. 그런데 직업별 용어 문제도 지역별 편차가 있거든요. 그러니까 우리가 2차 연도에는 지금 직업별로 분과별로 모였는데, 3차 연도에 가서 지금 종교와 의례 등등도 적어도 전문용어가 등장할 거고 그것은 총체적인 용어보다는 지역 편차가 또 있을 거라구요. '이것을 어떻게 극복할 것인가' 하는 것, 조금 전에 어떤 사전 세미나가 있었으면 좋겠는데, 사전 세미나가 총체적인 분위기를 준다면 3차 연도에는 지역적인 문제에 있어서 또 다른 용어의 난해함을 풀어 나갈 지역적인 모임도 1번쯤 있었으면 하는 생각이 듭니다.

(정형호) 사전지식 문제에 저도 말씀드리겠어요. 사실 사전지식이 필요하죠. 필요한데, 이것이 한계가 있지 않을까 싶은데, 저 같은 경우 운수노동자를 접근하면서 40년대 후반~50년대 목탄차·카바이트차 얘기가 나오거든요. 나무를 때서 차를 운행하고, '카바이트'라고 옛날에 어렸을 적 풍선 탈 때 냄새 고약한 카바이트를 이용해서 차를 운행했고, 차량구조 자체도 지금하고는 상당히 다르죠. 그런 얘기를 할 때는 상당히 기술적 문제라 이해하기 상당히 어려웠거든요. 그래서 저는 모르니까 상세하게 질문할 수밖에 없고 필요에 따라서는 '좀 그림도 그려 달라'고 해 가면서, 오히려 그 과정에서 제보자가 처음에 나한테 가졌던 거리감을 좀 줄이는 계기가 되지 않았나… 아무리 대학에서 학생들 가르치는 조사자·면담자에게 구술자들은 좀 어려워하고 거리감을 느끼게 마련이거든요. 이런 기술적인 얘기들을 되물어보면, 그 사람들은 아주 자신 있게 아주 신이 나서 얘기를 하면서 오히려 어떤 자신들의 자신감과 심리적인 우월감 같은 것도 일시적으로 갖게 되지 않겠는가 해서… 용어 얘기가 나왔는데, 오

히려 그것도 나는 '필요한 과정이지 않을까' 하는 생각이 듭니다. 그리고 아까 여러 가지 가족사라든지 이념의 문제가 얘기가 나왔는데, 저 같은 경우도 이 구술자가 전쟁 중에 아버지가 피난 못 가서 34년 동안 철도에 종사한 입장에서 부역을 했거든요. 그런데 부역하는 과정에서 이분이 조역이라고 하는, 당시로는 공장장 밑에 상당한 지위에 있었는데, 그 구술자는 '억울하다. 아버지는 단지 먹고 살기 위해서 이것을 했다' 라고 얘기하는데, 그런데 내가 그 문제를 다른 철도 종사자한테 물어보니까 오히려 또 다른 견해가 나오더라구요. '그런 지위이면 상당히 적극적인 부역이 이루어지지 않았겠는가' 라는 평가도 하더라구요. 사실 이게 하나의 제보자에게서 조사한 데에 따르는 문제가 있을 수 있고… 그리고 또 운전수를 통해서 나는 여자 차장의 인권 문제, 특히 '삥땅' 의 문제를 관심 있어서 물어보려고 했는데 이 구술자는 사심이 없는 분이에요. 동료의 문제라든지 내부적인 문제가 있기 때문에 그런 것은 상당히 언급은 자제하더라구요. 그래서 아마 책을 간행하지 않고 녹음하지 않고 아주 자유스러운 상태라면 '그런 이면적인 얘기도 할 수 있었을 텐데… 그런 것들이 좀 아쉽다', '어차피 생애사 조사하는 과정에서는 그런 한계를 안고서 할 수밖에 없지 않겠는가' 하는 생각이 듭니다.

(사회자) 이야기를 좀더 진행해 나가야 할 형편이 있습

니다. 이 이야기에 관해서 변화영 선생님의 이야기를 정리 겸 듣도록 하구요. 그 다음에 구술면담 전반에 관련된 문제점이라든지 그 성격 · 성과 이런 얘기들을 해 보도록 하겠습니다. 예, 변화영 선생님.

(변화영) 저희는 구술자 선정 과정보다 텍스트를 만들었을 때 문제가 더 생겼는데, '민중의 개념에 적합한가', '긴급 제보자인가', 그리고 '농민의 의사에 맞물리는가', '사회집단과 지역정체성을 보여 줄 수 있는가', 여러 가지 여건을 고려해서 저희는 구술 텍스트 대상자로 85살이 넘는 분을 선정했는데요. 그런데 문제는 텍스트로 만들었을 때 이 모든 조건과 적합은 한데, 말씀을 잘해 주시는 분이 있고 그렇지 않으신 분이 계십니다. 저희가 질문을 하면 그만큼 단답형으로 대답해 주시거든요. 그렇지 않은 분들도 계시지만. 그래서 상당히 곤혹스러웠습니다. 무엇보다 텍스트를 만들었을 때 저희들이 출판을 하려 한다고 하는 경위와 취지를 말씀드렸더니 상당히 난감해 하시더라구요. 문제는 본인의 삶이 '내놓을 게 없다'는 거예요. 할아버지 말씀으로 '땅 한때기도 없는데…', 굉장히 가난한 농민으로서의 삶이라는 거죠. 빚도 70가마니나 아이들 키우느라, 7남매를 키우느라 70가마니의 빚을 졌다는 거예요. 그걸 갚아 나가는 데 20년이 걸리고 그리고 또 땅을 사는데, 65살에 사셨거든요. 그래서 그런 얘기들이 본인에게는 부끄러운 거예요. 어디다 내놓을 만한 얘기가 아니

라고. 저는 사실상 구술대상자 분이 사람이 좋으시고 농
민으로서 적합하다기보다는 한 인간으로서 굉장히 매력
적인, 정말 어렵게 살았지만 자식으로서 부모로서 남의
귀감이 될 수 있다고 생각했습니다. 잘 살아서가 아니고
정말 성실하고 충실하게, 단 한순간도 허튼게 사시지 않
았기 때문에. 그런데 문제는 텍스트를 만들겠다고 하니
그분이 고사를 하더라구요. 그래서 제가 며칠간 경수당,
일흔 셋 이상의 할아버님들이 모이는 곳이 경수당입니다.
경수당에 며칠간 찾아가서 화투치는 것도 한 3일간 지켜
보았는데, 다른 할아버지에 비해 부끄럽다고 스스로가 생
각하시더라구요. 그래서 저희는 거기가 굉장히 어려웠었
고, 나중에는 결국 승낙해 주셔서… 그리고 두 번째는, 임
경회 선생님은 아까 역사와 맞물려 개인의 삶과 역사의
접경지대를 찾았다고 했는데, 저희는 농민지역이어서 거
주에 제한성이 있습니다. 그래서 옮기지는 않지만 한국전
쟁이나 이런 때 피난을 가지도 않았고, 새마을운동이라고
해서 어떤 이익이나 대가도 받은 적도 없고… 이러셔서
국가의 문제와 관련해서는 큰 역사적 접점지대를 찾을 수
는 없었습니다. 저희는 농민이라는 거주의 제한성 때문에
그러는지, 그런 측면은 크게 찾아볼 수 없었습니다. 저희
들이 민중이라 할 때는, 어민 · 농민 · 노동자 · 상인으로
나눴을 때는, 민중에 맞는 적합성의 문제를 생각했을 때
맞기는 하되, 텍스트로 만들었을 때는 그런 어려운 문제
들이 있었고, 아까 전문적인 용어 문제 이런 것도 저희들

도 잘 알 수 없어서 농업백과사전을 많이 뒤져서 읽기도 하고 그랬거든요. 확실히 저희들은 그쪽 분야에는 잘 알 수 없는 한계가 있더라구요. 그래서 저희는 이번에 하면서, 다음번에 더 문제가 뭐냐면, 3차 연도에 의례와 놀이 문제인데, 그래서 저희들은 의례와 놀이 문제를 생각하면서 보충조사를 했었는데요. 사실상 좀 의심스럽습니다. 회의적이구요. 의례와 놀이 문제를 '어느 정도 구체화시킬 수 있을까' 하는 문제를 2차 연도 마무리 조사를 하면서 좀 저희들이 심도 있게 얘기를 해야 될 거 같다는 생각이 듭니다.

(사회자) 저희 좌담회 내용과 관련된 부분도 물론 있고요. 상대적으로 약간 거리가 있는 부분들은 이후에 우리가 새로운 논의를 통해서 진행하도록 하겠습니다. 예, 신호 선생님.

(신호) 지금 말씀을 들어 보니까, 예를 들어서 조사를 하는 데서의 문제점, 저희들도 사실은 경험을 했었고, 또 그러한 부분에 대해 또 하나의 지식의 습득이 매우 필요하다는 것도 인정합니다. 하지만 좀 전에 말씀하셨듯이 모든 지식을 습득할 수는 없거든요. 거기에서 나오는 하나의 얘기가, 예를 들어서 조사를 하는 입장이라는 것은 어디까지나, 사실은 지식을 가지고 있는 측은 정보를 제공해 주는 측이지 사실은 이쪽이 아니거든요. 그러니까 조

금은 겸허한 마음으로서, 모르는 하나의 부분들을 찾아내
는 그러한 마음으로서 용어의 불확실성을 오히려 '아! 이
건 너무 모른다' 는 마음보다는 '이런 것도 있었구나' 하
는 식의 증언으로서 해 볼 수도 있지 않나 저는 그렇게 생
각하구요. 두 번째로 역시 조사자들도 조사를 할 수 있는
지식들을 만들어 나가는데, 만약에 그런 문제가 제기되었
다면 더 논의가 되어야 하는 것은 '보다 더 생산적인 논의
로 가져가기 위해서는 어떠한 방법이 있느냐' 하는 점을
얘기할 수 있을 것 같아요. 그래서 저희 규슈대학 같은 경
우는 1달에 1번 정도를 스터디를 하고 있습니다. 예를 들
어서 일본인들을 대상으로 조사하다 보니까 모르는 부분
들이 너무 많아요. 예를 들어서 지명 하나를 얘기하더라
도 전혀 이미지가 없는 거예요. 머릿속에. 그래서 하나하
나를 전부 다 개인적으로 다 물어봐야 하기 때문에 시간
들이 많이 걸린다는 문제점이 있었어요. 그래서 예를 들
어서 대구면 대구, 서울이면 서울, 지도를 놓고서 어떠한
부분에 뭐가 있었는지를 습득하는 작업들이라든지. 결국
그렇게 팀 구성으로 해서 조사하는 부분이기 때문에 개인
적으로 지식들을 습득하는 것도 틀림없이 필요하지만 단
체적으로, 예를 들어 스터디를 만들어서 진행하면서 얻어
나가는 지식들의 체계, 저는 이런 것들도 필요하다고 생
각합니다. 기능을 하면서… 그렇기 때문에 모든 지식들을
다 습득할 수는 없지만 '어떠한 부분이 필요하고 어떠한
부분이 필요하지 않은가' 하는 판단도 해 가면서 그러한

작업들을 해 나가는 것이 좋지 않은가 저는 생각합니다.

면담자 및 면담현장의 조건이 미치는 영향

(사회자) 구술면담과 관련한 논의의 마지막으로 제가 앞서 말씀드렸던 것처럼 면담자 이야기를 좀더 보탤까 합니다. 우리가 연구교수라는 명함을 가지고 구술자를 만나는 경우와 알음알음으로 소개를 받아서 만나는, 그러니까 친인척간 내지 어떤 관계 속에서 만나는 경우에 구술자가 면담자를 대하는 태도는 물론이고 구술의 내용까지도 조금은 다르다는 생각이 듭니다. 그런 것들과 관련해서 경험을 가진 게 있으시면 이야기를 좀 해 주시면 좋겠습니다. 예, 이태우 선생님.

(이태우) 제가 그 부분에 대해 잠깐 얘기한 게 있었는데, 저 같은 경우에는 지인이라고 하는데, 선후배 관계라든가 학교 동료를 통해서 제보자를 소개받은 적이 있었습니다. 아무래도 우리가 심층면접을 하다 보면 시간이 문제가 되는데… 제한된 시간이 있으니까. 그런 방식으로 접근했을 때는 양파껍질로 비교하면은 두세 겹을 미리 벗긴 상태에서 다이렉트로 바로 최대한 시간을 절약하면서 저희들이 원하는 제보를 많이 구술로 받을 수가 있는 장점도 있었습니다. 실명을 밝혀도 되는지 모르겠지만 국문과의 남창

근 선생님을 통해서 고모와 고모부, 죽장 사시는데, 그분을 통해서 제보자를 구할 수 있었고. 그런 분들을 만났을 때는 흔쾌히 마치 자기 조카처럼 쉽게 다가갈 수 있었습니다. 그런 장점이 있었습니다.

(사회자) 우리가 일반적으로 구술대상자를 만나는 과정이 현장에서 바로 만나는 경우도 있고 방금 이야기처럼 지인들이나 인연을 통한 소개, 아니면 관공서라든지 몇몇 단체를 통해서 만나는 경우라든지, 이런 경우들이 대부분이지 않습니까? 어떻습니까? 처음에 만날 때, 구술대상자들을 만날 때 어떤 위치, 자기의 면담자가 어떠한 모습으로 만나게 됐습니까? 제가 대학에서 공부를 하는 사람인데, 아니면 이런 형태가 있지 않겠습니까? 좀 일반적일 수도 있겠지만 어떻습니까? 김양섭 선생님.

(김양섭) 노동분과의 김양섭입니다. 저 같은 경우에는 처음에 연구교수라는 명함을 밝히고 접했을 때는 상당히 경직된 사고로 나타나더라구요. 그리고 '쓰잘 데 없는 일을 왜 하느냐'라고까지 하는 사람도 있었습니다. 그런데 오히려 대못을 만드는 철공소 할아버님을 만났을 때는 명함을 보여 드리니까 '이렇게 높으신 분이 내 대장간까지 찾아와 주셨으니까 얼마나 고맙냐'고 하면서, 그리고 이런 때 묻은 손을 만져 드렸을 때 모든 걸 다 푸시더라구요. 아무도 자기하고 악수한 적이 없는데 이렇게 악수해 주니

참 고맙다면서, 그분이 스스로 경로당을 찾아다니면서 이
분이 어느 대학에 근무하시는 분인데 이분을 위해 협조를
해 달라면서 스스로 한 30~40분 동안 나를 함께 동행해
서 여러 사람을 소개시켜 주는 사례를 봤었거든요. 그리
고 '우리가 연구목적에서 이런 구술 내용을 듣습니다' 하
니까 오히려 진솔하게 대답해 주는 사례가 있었습니다.
그런데 그런 경우에는 우리가 얘기하는 민중의 범주에 포
함되는 계층일 경우는 그런 사례였고, 오히려 식자계층,
인텔리겐치아 계층인 경우에는 명함을 내놓고 얘기를 하
니까 '내 스스로가 민중이 아니다, 민중이 아닌데 뭘 내
얘기를 들으려 하느냐', 오히려 거부를 했고, 사회적 지위
가 높으신 분들은 오히려 면담 자체를 거부하고, 또 하나
민중이라는 개념 속에 포함되는 것 자체를 터부시하는 경
우가 있었습니다. 그리고 또 하나 나는 대학을 나와서 이
정도 지위까지 왔는데 너는 계속 공부를 하고 있다는 부
정적 시각이 오히려 간혹 면담자와 제보자의 거리감을 두
게 되는 그런 요인으로 작용하는 사례도 있었습니다.

(김일수) 제보자를 만났을 때 말씀하신 대로, 우리가 빈
말이라 그러지 않습니까? 빈말로 '내가 뭐 그래 대단하다
고' 라면서 얘기를 푸시는 경우가 있는데, 결과적으로. 그
런 경우는 뒤에 이야기하기 편했다는 생각이 듭니다. 제
위치라고 하는 것이 누굴 만나든 틀리지는 않는데… 그러
나 면담대상자가, 말씀하신 대로 인텔리라든가 사회적 지

위라든가 부가 있을 경우에는 재 보는 것 같아요. 자신이 필요한 말을 하고 싶은데 그 외의 말을 묻는다든가, 이렇게 되면 그 다음에 지속되기 어려운 측면도 있지요. 자신의 삶을 합리화시킬 수 있는 대상자, 이걸 찾는 경우도 더러 있을 수 있거든요. 재밌는 부분은 역시 우리가 편하게 만날 수 있는, 동네에서 만날 수 있는 분들을 만나게 되면 동네 분들이 동네 분들을 소개시켜 주는 경우들이 더러 있습니다. 전화번호를 알 경우에 '김 교수, 뭐 하노' 하면서 전화해서 술 먹자고 하는 경우도 더러 있거든요. 그런 분들을 면담대상자 혹은 지역, 특수한 선정되었던 좁은 공간에서 그 안에서 사람들을 소개시켜 주는 경우, 그래서 폭이 넓어지는 경우, 이런 경우들도 경험한 게 아닌가 싶습니다.

(이양호) 아까 저, 사전지식에 대해 정리하고 넘어가겠습니다. 아까 우리가 사전지식에 대해서 얘기했던 거는 기본전제가 있었죠. 자기 자신에 대한 삶을 잘 정리하지 못하는 사람, 말이 별로 없는 사람, 예-아니오만 하는 사람, 이런 사람들과 대화할 때 주로 이제 그랬던 거죠. 사실은 예컨대 10월 항쟁 얘기가 나왔을 때, 사실은 제가 몇 년도인지 기억을 못했습니다. 사실은 연도도 기억을 못했습니다. 그런데 거기서 대화가 탁 끊겨 버렸어요. 또 말이 참 없으신 할아버지들은 '일제 때 농사 뭐 했습니까', '나락 했지', 그걸로 끝입니다. '그럼 혹시 벼는 안 했습니까,

서숙은 안 했습니까' 하면 그때부터 풀풀 풀리기 시작해요. 말씀 잘하시는 분들한테 듣는 게 좋죠. 사실 같은 말인데. 연구교수로 갔을 때 하고 소개받아서 갔을 때는 역시 일장일단이 있었습니다. 어떤 것이냐 하면, 현장에 갔거나 이런 데서 연구교수라는 명함을 내밀었을 때는 사실 좀 경직되긴 하죠. 그래도 좋은 점이 있었습니다. 그분이 말을 함부로 하지 않는다는 점이 있었습니다. 이야기할 때 한 번 더 생각해 보는 거죠. '내가 정확히 언제였더라', 곰곰이 생각하는 겁니다. 그런데 어쨌든 알음으로 갔을 때는 도대체 어디를 끊어야 될지를 모를 정도로 중구난방입니다. 좀 끊었으면 싶은데 친하다는 이유로 여기 갔다 저기 갔다 하죠. 그래서 좋은 거는 친인척 소개받아서 연구교수 명함 내밀어 가지고, 정리되고 깊이도 있는, 그런 거 하면 좋겠죠. 뭐든 간에 전적으로 나쁘거나 전적으로 좋거나 그런 거는 없는 것 같습니다.

(사회자) 그러니까 면담자의 위치 역할이 인터뷰상에 일정한 영향을 미치고 있다는 것, 이게 우리가 관심이 가는 부분인데, 지금 여러 선생님들이 그런 경험으로 말씀해 주셨던 것들은 아마 이후에 조사를 계속해 갈 때 참고할 수 있지 않을까 합니다. 아까 언어 문제, 사전지식 문제가 정리 안 된 부분이 많습니다. 아까 신호 선생님께서 방법론적인 문제제기도 해 주셨고, 결국은 그런 것일 수 있지 않을까 싶어요. 우선 언어라고 하는 것은 단순히 언어

자체이기보다도 그 속에 수많은 정보와 구조와 의식까지를 포함하고 있기 때문에 사실 하나의 언어를 가지고 뭔가를 이야기한다는 것도 매우 의미가 있을 것 같습니다. 그건 우리 구술 상황에서도 가능할 것 같고, 이후에 단순한 워크숍 자료로만 활용할 것이 아니라 우리의 연구의 결과로도 제시할 필요가 있지 않을까 하는 생각도 듭니다. 어쨌든 구술조사, 구술면담과 관련된 이야기의 전반적인 이야기들은 이 정도로 할까 합니다.

(김양섭) 아, 하나만 더. 지금 경직된 상태거든요. 여기 보니까 우리 에피소드라고 하는 항목이 있거든요. 그러니까 '우리 그걸 풀고 가자' 하는 겁니다. 경직된 상태보다 자유로운 분위기로 했으면 좋겠는데. 조금 전에 연구교수라는 명함을 내놓고 면담대상자와 면담을 하는데 공교롭게도 이분이 전화를 걸어서 여러 사람을 부르더라구요. 동료들을. 그러고 나서는 면담에 대한 수고에 대해서 '아이구, 그러면 어르신들 고생하셨으니까 식사라도 한 번 하러 가시죠' 하니까, 그러니까 어떤 일이 벌어졌느냐 하면 그 주변에 가장 비싼 뷔페식당으로 가시더라구요. '교수들 월급 많이 받지? 이 정도는 먹어도 되겠지?' 하는데 조사비는 한정되어 있고 난감하더라구요. 그래서 '이쪽이 더 낫지 않겠습니까?' 여러 번 고민하다가 조교가 먼저 앞장서서 '여기 자리 잡아놨어요' 해서 위급상황을 모면한 적이 있거든요. 그러니까 명함을 제시해 줄 때 그런 경

제적인 부담이 오는 경우도 있었습니다. 반면에 어떤 제
보자인 경우에는 명함을 내 주니까 그분이 아끼던 까뮈
XO 술을 한 병 주시더라구요. 지금 운전하시니까 못하니
까 '나중에 집에 가서 마시게' 하면서. 그런 이득도 봤지
만 경제적 피해가 만만치 않다는 것도 에피소드로 얘기하
고 갑시다.

(정은숙) 저도 한마디 드리고 싶은데요. 저 같은 경우에
는 대접을 많이 받은 경우거든요. 농촌 인심이 후해서 그
런 건지는 모르겠는데. 구술을 해 주신 경우에는 집을 방
문하면 항상 식사를 대접해 주셨어요. 그래서 하시는 말
씀이 '괜찮다. 저희들 밖에서 먹어도 됩니다' 하니까 '저
는 대접을 하는 게 아니라' 고. '여러분이 찾아먹을 음식을
찾아먹는 거니까 대접받는다는 생각을 하지 말아라, 예전
에 거지들이 와도 우리는 상을 한 상 차려 와서 식사대접
을 했다' 하시더라구요. 그래서 너무 감사해서 여러 번 대
접을 받은 적이 있습니다.

(신호) 조사자의 위치에 대해서는 저도 한 말씀드리겠
습니다. 일본에 대해서 조사를 하다 보면 사실은 '이 사람
이 나를 의심하고 있구나' 하는 것을 상당히 많이 느껴요.
예를 들어서 '옛날에 뭐 드셨어요?' 하면은 언제나 김치
라든지 된장이라든지 뭐 떡국이라든지 이런 게 나오거든
요. 그러다 보면 일본인들이 전부 다 한국 음식만 먹었나

하고 생각하게 마련입니다. 그런데 사실은 그렇지 않고 어떤 현재의 기억이라는 것은 현재의 해석 속에서, 현재의 어떠한 입장 속에서 그 사람의 입장을 불러내는 거니까… 나를 한국인으로 생각하고 한국에 맞는 음식들을 자꾸 얘기한단 말이에요. 그러한 경험을 숱하게 했거든요. 그래서 보다 더 구체적인 작업을 하기 위해서 가장 필요한 방법이라고 하는 것은, 개인적인 생각입니다만은, 항목을 구체화시키는 거예요. 그러니까 항목을 될 수 있으면 조금 전에 말씀드렸다시피 어떤 사전지식들을 확보한 다음에 자기가 듣고 싶은 목적의식을 가지고 항목을 구체화시키면서 자꾸 묻는 수밖에 없는 거 같아요. 예를 들어서 한국 음식을 주로 얘기할 때 '아침식단에 뭐가 올라 왔어요? 예를 들어서, 지금 일본식 같으면 된장도 올라오고 밥도 올라오고 계란 후라이도 올라오는데, 있었어요?' 라고 하면, '옛날엔 계란 후라이가 없었다' 하는 식으로 구체적인 얘기가 나온단 말이에요. 그래서 선생님들 말씀하시는 것처럼 하나의 지인을 통해서 소개를 받고 친밀함을 확보하는 것도 중요하지만, 그보다 더 중요한 것은 확실한 목적의식과 거기에 맞는 항목들을 구체적으로 만들어서 사람들을 인터뷰할 수밖에 없지 않느냐 하고 저는 생각을 해 봤습니다.

(사회자) 상대적으로 우리가 구술조사를 하는 과정에 사전준비를 하는 과정이 부족한 생각이 듭니다. 그런 측

면을 보완해야 된다는 생각이 듭니다. 혹시 구술면담에 관해 더 보탤 분이 있습니까? 없으면 첫 번째 구술면담과 관련된 이야기는 여기서 마치도록 하겠습니다. 우리가 이 번에 구술한 여러 대상자들 중에서 한 사람을 골라서 그 사람의 생애사 텍스트를 만드는 작업을 하고 있습니다. 이와 관련해서 여러분들이 보시고 있는 내용에도 있습니 다만 그 면담구술자를 선정하게 된 이유라든지 과정, 앞 서 이양호 선생님과 변화영 선생님이 이 부분에 대한 이 야기를 좀 하셨습니다. 뭐 그런 이야기를 좀 보태 주시구 요. 그리고 그 구술자의 말과 그것을 글로 옮기는, 그 말과 글의 차이가 분명히 있습니다. 글로 옮기는 과정에서 많 은 문제점도 있을 것 같고 한계도 있는 것 같은데 그 부분 에 대해서도 말씀을 좀 해 주셨으면 좋겠습니다. 마지막 으로는 구술자가 했던 구술한 내용에 대해서 면담자가 그 것을 어떻게 받아들이고 이해하고 해석했는가? 분명히 거 기에는 차이가 있을 거란 생각이 듭니다. 이런 문제까지 를 포함해서 이야기를 좀 하도록 하겠습니다. 먼저 텍스 트 생애사의 대상자로 선정한 그런 이유나 과정에 관한 이야기들을 좀 해 보도록 하죠. 누가 먼저 하실 분 있습니 까? 이야기를 좀 안 하신 분… 구술자 선정 과정이라든가 이유, 이건 아까 우리가 처음에 했던 거랑 중복되는 감이 있는데… 그러니까 구술대상자를 선정하는 과정과 생애 사 텍스트로 대상자를 선정하는 것은 좀 다르니까요. 그 것을 좀 이야기를 했으면… 그것이 왜 중요한가 하면은 생애사 텍스트를 만드는 첫 출발이 이것이고 여기로부터 생애사 텍스트가 만들어지기 때문에 그 과정에 대한 이야기들이… 이후에 우리가 그 생애사 텍스트를 크게 만들 계획을 갖고 있지 않습니까? 그런 것들도 참고할 겸해서 이야기를 하면 좋겠습니다. 예, 박경용 선생님.

(박경용) 저는 대구 지역 노동자를 연구했던 박경용입니다. 제가 이 텍스트 대상자를 선정하게 된 과정을 말씀을 드리자면요 '상당히 어려움이 있었다' … 저는 솔직히 좀 많은 사람을 만났는데, 전사의 문제를 우선 거론할 수 있거든요. 전사가 다 되었으면 제가 정말 필요로 하는 사람을 선정해서 할 수 있었는데, 전사가 예를 들면 MD를 4개를 만들 경우에 2개 되고 어떤 경우는 1개 되고, 뭐 이런 좀 불균형한 전사가 되었어요. 그래서 제가 정작 하고자 하는 대상자는 시간이 촉박하다 보니 나머지 전사들을 다 해 가지고 하기가 어렵더라구요. 그래서 제가 불가피하게 전사가 좀 많이 된 분을 선정했습니다. 그렇다고 해서 제가 선정한 대상자가 전혀 합당하지 않다고는 볼 수 없어요. 그런 어려움이 있었지만은 제가 선정한 이 텍스트 대상자는 노동자로서의 삶, 그중에서도 그야말로 전형적인 프롤레타리아 계급에 속하는 그런 분이었어요. 농업노동자로 12년 동안 생활을 했고, 그 다음에 건축현장의 철근공으로서도 노동생활을 했고, 또 나중에는 섬유노동자로서의 생활도 했고. 그래서 한 절반 정도의 생활을 노

동자로서 살아왔어요. 그리고 나머지 절반을 상인으로서 살아왔는데, 그 상인으로서의 삶도 행상, 자전거 행상 있죠? 자전거 타고 다니면서 시내 곳곳의 가정을 대상으로 의류를 팔고 그런 생활을 했죠. 또 하나는 극장 앞에서 리어카 노점을 했습니다. 그래서 그런 상인으로서의 삶의 성격과 노동자로서의 성격 그런 것이 공존하는 그런 삶인데, 그렇지만 저는 노동자로서의 정체성이랄까 거기에 주안점을 두고 이분을 텍스트화의 대상으로 선정을 했다고 볼 수 있습니다.

(사회자) 아무래도 그 직업과 관련된 정체성을 가장 전형적으로 보여 준다든지 강하게 보여 줄 수 있는 사람이 대상자의 중심에 서겠죠. 또 예, 한미옥 선생님.

(한미옥) 저는 실제로 얘기를 하자면요. 제보자가, 구술대상자가 바뀐 경우거든요. 실제로는 제가 원래부터 조사 과정에서 이분의 생애사 텍스트를 내자는 그런 지식이 없었을 때도 '이분은 정말로 나중에 텍스트화하면 참 좋겠다'는 생각을 한 분이 계셨어요. 그분이 해방 전부터 부두에서 노동을 했고 해방 이후에도 계속해서 군산이라는 향토지역에서 그야말로 가장 밑바닥의 노동일을 계속 하신 분이에요. 경성고무에서 또 운반일, 그 다음에 무슨 신탄조합이라는데서 나무 져다가 나르는 일, 그리고 또 마구보시 이런 데서도 계속해서 일을 하신 분이 계셨는데, 연

세가 80세가 훨씬 넘으셨는데도 실제로 지금도 80세가 훨씬 넘으셔서 곧 90세가 가까워 오시지만 여전히 삶이 힘들구요. 자식들도 또 여전히 많이 못 가르쳤기 때문에 현대에 와서도 노동일을 하는 이런 분이라서, 이분이 아주 좋겠다고 생각을 했어요. 그런데 가장 중요한 생애사 텍스트를 하다 보니까 문제가 드러난 거예요. 이분이 연세가 많으시니까 말을 굉장히 짧게 짧게 대답을 하세요. 힘들어하시니까. 그리고 그전에 저희 전임 연구원 선생님이 가셨을 때는 건강이 좋으셔서 그나마 조금 됐는데 제가 실제로 인제 텍스트나 이런 걸 생각하고 다시 갔을 때에는 매우 심하게 편찮으신 다음이어서 기억력이라든가 혹은 구술상의 이게 지속이 안 되더라구요. 그래서 이걸 텍스트화 했을 때 제보자의, 아니 구술자의 말보다는 면담자의 말이 훨씬 더 많이 들어가게 되는 현상을 초래하게 될 거 같아서 저는 차선책으로, 구술텍스트 대상자로 선택하신 분이 실제로는 선택하게 된 거죠. 그래서 텍스트화로 이분을 선정할 때 가장 중요한 이유는 일단은 말을 좀 많이 하시는 분. 그래야지 실제로 왜냐하면 면담자보다는 구술자의 말이 더 많이 들어가야 되니까. 그리고 또 지역의 역사적인 특성이라든가 산업 형태에 맞춰서 거기에 일정 정도 노동 형태를 구현해 줄 수 있는 그런 분들을 선택을 했고요. 그 이후에 만나서 다시 한 번 깊숙하게 심층 조사할 때, 조금 전에도 말씀드렸지만 전임 연구원하고 형성 관계가 저한테도 그대로 이어져서 심층조사라든가 이런 걸 할 때 큰 문제가 없었습니다.

구술 자료의 객관성 신뢰성

(사회자) 그런 건 어떻습니까? 대상자의, 상대적으로 다른 대상자에 비해서 객관성 · 신뢰성을 좀더 많이 가지고 있는 분, 이런 분들을 대상자로 선택한 분은 없었습니까? 일반적으로 그런 것들이 선정의 이유가 되겠죠. 그런 것들과 관련해서는 하실 이야기 없습니까?

(김양섭) 예. 노동분과 김양섭입니다. 저는 이번 텍스트화 과정에 선정된 분이 배를 만들었던 목수였거든요. 그런데 그분이 다른 분과 차이점… 배를 만들었던 목수를 제가 구술 면담했던 분은 한 5명 정도 되는데, 그분들 중에서 3분 정도 선정해서 압축 과정에서 이분을 선정했던 이유는, 한 분은 황해도 해주에서 일제 강점기 때 견습공으로 들어갔다가 6 · 25, 1 · 4 후퇴 때 남하해서 인천에서 주로 어선을 만들었던 목수였습니다. 그리고 또 한 분은 65세로, 목포의 하의도에서 출생하신 분인데, 60년대에 부산에서 아이스케키 장사를 하다가 목포에서 와서 비로소 일을 하게 되고 60년대 초반에 인천에 왔던 이주민이에요. 이 두 분의 인천의 조선 관련 전반에 대한 이야기는 상당히 객관성을 상실하더라고요. 그런데 압축 과정에서

지금 텍스트화된 분은 인천 토박이이고 인천에서 초등학
교를 나왔고 더구나 인천에서 견습공을 하는 과정으로 해
서 60년이라는 세월 동안 다양한 배를 만들어 봤어요. 어
선도 만들어 봤지만 화물선도 만드는 등등 인천의 변화
과정과 궤를 같이하는 그런 전형적인 모습을 가지고 있더
라구요. 그래서 이분을 텍스트화하는 대상자로 선정을 했
고, 또 하나 이분이 말씀하시는 내용이 주변 조선소를 두
루 돌아다니면서 기초조사한 내용과 일치하는 경우가 상
당히 많았어요. 그러다 보니까 50년대 6 · 25 이후 미군이
들어오기 시작하면서 철선바지선을 건조하는 과정에서
목선을 건조하던 분이 철선을 건조하던 분으로 체제개편
을 하더라고요. 그런데 다른 목수들은 견습공을 지냈어도
설계나 현도 같은 것을 전혀 할 줄을 몰랐습니다. 그런데
이분은 일제 강점기 때 도목수로부터 견습공을 받는 과정
에서 설계와 현도하는 방법까지 다 터득했어요. 스스로가
60년대 인천의 조선업계의 변화 과정에 적응해 나가면서
75세로 은퇴할 때까지 60년간 인천의 조선업계에서 위치
적 지위를 확보했다고 하는 것은 상당히 객관적인 사실을
증언해 줄 수 있었다고 판단되었습니다. 다만 한계점이라
고 한다면, 그 텍스트화 과정에서의 문제가 되겠죠. 그분
이 육성으로 이야기해 줄 때에 '이게 가식이다, 합리화다'
는 표현, 그리고 그것들이 동영상으로 같이 찍었기 때문
에 그런 것들을 봤을 때에는 쉽게 이분의 객관성 상실이
라는 면이 확인됐거든요. 그런 경우가 장점인 반면에 동

영상을 찍지 않고 완전히 MD로 녹음한 내용을 가지고 쭉 가다 보니까 이분이 신뢰성이 떨어지는 대답을 하거나 신뢰성이 부족한 대답을 구술 증언할 때 텍스트화하는 데에 약간 어려움이 있지 않나 그런 생각이 듭니다. 저는 텍스트화하는 과정은 보다 객관성 있고 그 지역의 변화의 정체성 확보에 가장 뭐라 할까 중요하다고 인식되는 그런 인물들을 일단 택했습니다.

(사회자) 예. 지역의 변화와 함께 일의 다양한 경험을 가지고 있는 사람으로서 그 직업에서의 객관적 위상을 가지고 있는 사람을 말씀을 하셨는데, 또 다른 분들 혹시.

(정형호) 제가 말씀드리죠. 구술자 선정 이유에 대해서 아까도 잠깐 말씀드렸습니다만, 민중성의 전형성의 확보에 가깝다는 것, 그 다음에 저희가 경인 지역으로서 '이 사람이 서울 토박이다' 라는 것이 고려 대상이 됐고, 그 다음에 또 하나는 '운수노동자의 전형성을 확보하고 있다' 라는 거죠. 트럭 조수에서부터 운전수, 택시운전, 시내버스 운전, 앰뷸런스 운전까지 40년 가까이를 직접 핸들을 잡고 운전을 했다는 거 자체는 매우 중요시했습니다. 그 다음에 또 하나는 이분이 부친의 6 · 25의 부역으로 인해서 나중에 우익단체에 의해서 강제고문을 당하고 강제로 철도에서 쫓겨나거든요. 34년·동안 근무했다가 퇴직금 한 푼도 없이. 그러면서 집안이 굉장히 고난을 당하죠. 이 조

사한 구술자가 지금 73살인데 그 당시로는 매우 늦은 나이인 36살에 결혼을 하게 되거든요. 그것도 같은 버스노조원들이 예식장을 잡아 줘서 결혼을 할 정도로. 그런 분단에 의한 이데올로기적 문제 때문에 집안이 매우 엄청난 고통을 당한 대상자였기 때문에 그런 여러 가지 경험으로 봐서 민중의 운수노동자의 전형성에 상당히 접근하고 있다고 판단이 되었습니다.

(신호) 저희들의 경우 아직 사실은 여기에서 이런 말씀을 드려도 될지 모르겠지만 아직 선정을 안 한 상태입니다. 그래서 대상으로서 작업을 하려고 생각하는 분 중의 한 분이 사실은 식민지시대에 자전거 상인이었습니다. 그런데 사실은 저희들이 일본인들을 연구하다 보면 문제되는 것 중의 하나가 시대적인 제약을 매우 많이 받는다는 거예요. 그 얘기는 무슨 말인가 하면은 식민지를 경험한 사람들의 대부분이, 지금 살아계시는 분들의 대부분이 학생들입니다. 그러니까 학생들의 생활 그 자체를 파악하는 데 있어서 아직까지 가능할지는 모르겠지만, 문제는 그 이상 시대를 소급해 갔을 때 살아계신 분이 적다는 얘기입니다. 그런데 이번에 선정하려고 하는 분은 지금 연세가 일본 나이로는 91세니까 한국 나이로는 92~93 정도 될 겁니다. 매우 긴 시간 동안 조선, 한반도에서 체재한 경험을 가지고 계시고, 또 특히 학생이 아닌 일반 서민에 가까운 그런 풍경으로서의 자전거 상인이라는 점이 저희들

로서는 선택 대상의 이유가 되었습니다. 그것은 어디까지나 예를 들어서 20세기민중생활사연구단의 기본적인 연구 방침, 가능하면 민중에 가까운 분을 선정하겠다는 방침에 의해, 예를 들어서 이분을 선정하게 되었습니다.

(사회자) 다른 분 계십니까? 없으면 이야기를 옮겨서 앞서 이야기된 부분도 있고 하니까 구체적으로 생애사 텍스트를 정리 집필하는 과정과 관련된 이야기를 해 볼까 합니다. 말 그대로 녹취된 것은 말을 그대로 옮겨 낸 말일 뿐이죠. 그 말을 글로 쓴다는 것은 분명히 그것을 정리하고 집필한 사람의 생각과 의식이 반영된다고 볼 수 있는데, 이런 말과 글의 차이, 글이 가지고 있는 비객관성, 객관성이라고 하는 것은 원재료부터의 거리감, 객관성이라기보다도 원래했던 그 구술 원본으로부터 상대적인 거리감이 있을 것이라는 생각도 듭니다. 이런 문제들이 거기에는 분명히 있을 것 같은데 실제로 그것을 작업하면서 이런 문제에 대해서는 어떤 생각을 했는지 이야기를 한 번 들어 보도록 하죠. 예, 김일수 선생님.

(김일수) 간단히 말씀드리면 이런 거 같습니다. 정리가 제대로 잘 되었다고는 할 수 없을 거 같구요. 다만 방금 말씀하신 대로 그걸 글로 다듬어 버리면 그분은 아주 말씀을 정말 아나운서처럼 각본을 미리 읽는 것처럼 되죠. 또 원래 그대로 옮기게 되다 보면 읽는 사람이 매우 불편하

게 될 수 있겠다는 거죠. 그래서 그 사이에서 어떻게 접점을 찾아가는 게… 그게 이제 찾으려고 했다는 것이죠. 그래서 되도록이면 말씀하신 분의 의도나 어투나 어감이나 표현하고자 하는 내용들이 잘 살게끔 만들되 그걸 어쩔수 없이 최소한의 편집을 가하지 않을 수 없었다는 사실입니다. 다만 그것이 제 입장인 것이고 또 다음에 제가 한번 더 교정을 본다면 또 다른 각도에서 설정될 수도 있겠죠. 그것을 다른 분들이 봤을 때에는 또 다르게 느낄 수 있는 부분이 있으리라 생각합니다. 그 부분들은 그것이 딱히 그 방향이 옳다기보다는 지금까지 제가 구술을 받았던 것을 글로 옮기는 과정에서 저는 이 정도로 정리했다는 정도의 말씀을 드릴 수밖에 없습니다.

구술생애사 편집의 문제

(이균옥) 우리가 출판을 하려고 하는데, 출판의 목적과 관련된 것인데요. 이게 자료냐 아니면 독서물이냐의 차이인 것 같습니다. 그래서 저는 기본적인 자료로서의 가치는 다른 방식으로, 우리가 원 녹음 그대로 녹취한 게 있잖아요. 그거를 모아 놓으면 될 것 같고. 지금은 독서물이기 때문에 어쩔 수 없이 수정이나 아니면 녹취한 것을 가감하며 이야기를 연결시키면서 다듬어야 되는데, 그래서 저는 기본적으로 자료가 일차적으로 중요하다… 지금 출판

하는 게 중요하지 않다고 말씀드리는 게 아니고요, 가감 없이 하는 게 제일 중요하다… 그래서 그분이 중언부언하시더라도 어떤 부분은 두세 번 말씀하시는 게 중요하기 때문이기도 하고 아니면 기억이 흐려서이기도 하고, 뭐 여러 가지 구술 상황 때문에 달라질 것인데… 그래서 일차적으로 자료가 중요하다고 생각하는 것은 사실은 우리 조사 자료가, 세계적으로도 여러 군데서 하고 있지만, 몇 분들 말씀으로는 이렇게 아카이브화시키는 것 자체가 상당히 좀 세계적으로 소개할 만하고 자랑할 만한 것이라고 말씀하십니다. 사실은 구술 자료라는 게 언어적인 자료도 될 수 있고, 민속이나 인류학 쪽이나 역사학 쪽의 기본 자료도 될 수 있습니다. 그래서 가감 없이 하는 일차적인 자료가 필요하고, 물론 이번 같은 경우는 글로 읽혀야 하기 때문에 우리가 이런 과정을 거친다고 생각이 됩니다. 나중에 아카이브화하면서는 이런 원 자료를 일차적으로 어떤 식으로 다시 정밀하게 할 것인가에 대해서는 또 다른 논의가 필요하다고 생각합니다.

(신호) 저 사실은 질문 있습니다. 저희 같은 경우에는 아직까지 손을 안 댄 상태거든요. 그런데 박현수 선생님께도 말씀드렸습니다만, 이번 기회를 통해서, 형식적인 면입니다. 그러니까 어떻게 기술을 하는지, 예를 들어서 있는 인터뷰를 채록한 그대로 쓰는지 아니면 그 부분에 대해서 첨가를 하셨다면 어떠한 부분을 구체적으로 첨가를 하면

서 스토리를 만드셨는지, 사실은 제가 좀 알고 싶습니다. 선생님들 말씀하실 때 그러한 부분을 좀 언급하시면서 말씀해 주시면 저희들은 많은 참고가 되겠습니다.

(이양호) 그 문제에 대해서는 저희가 말씀드리겠는데요. 저번에 번역을 하면서 느꼈는데 '직역을 할 것인가, 의역을 할 것인가' 이 문제가 걸리죠. 또 하나는 입체로 된 것을 평면으로 바꿀 때 그때 필연적으로 따라오는 변형이라든지 왜곡이라든지 그런 것에 고민이 많았습니다. 지금 이균옥 선생님 말씀을 듣고 저도 비슷하게 말씀을 드리겠는데, 처음에 우리 보조원들이 이걸 풀었습니다. 사실은 저희들이 녹음해 온 것을 풀었습니다. 그런데 중간 중간마다 물음표가 있어요. 그러니까 우리가 일반적으로 알아 듣는 사투리조차도 대체로 물음표였습니다. 워낙 표준어 교육을 잘 받아서 그런지 모르겠는데 같은 경상도에 살면서도 그걸 잘 모르더라구요. 그런 거 때문에 나중에 풀 때 이중 삼중으로 참 애를 먹었습니다. 그리고 인제 이걸 옮길 때 글의 한계가 어떤 문제가 있냐면, 그때 당시 말할 때 그 사람이 했던 몸짓이라든지 그때 분위기 · 감정, 분명히 말은 yes라고 하는데 몸짓은 no라고 하는 경우, 이게 있거든요. 그 뉘앙스 차이가. 그런데 그걸 글로 옮겨 버리면 어느 한쪽을 선택해야 하는 문제가 있어요. 지문을 아무리 넣어도 지나치게 평면화되는 수많은 보고들이 잘려 버리는 그런 것은 어쩔 수 없이 피할 수 없는 거 아닌가 해

서… 그래서 저는 어떻게 했냐면 그 말의 가감을 하진 않았어요. 있는 말 그대로 하되, 다만 이분이 말할 때 일제 강점기 이야기했다가 갑자기 새마을운동 이야기했다가, 또 뭐 해방 얘기했다가 이렇게 되니까 그 시대가 오락가락한 것만 시대 순서대로 배열하는 것만으로 바꿨죠. 그러니까 일제 강점기 나오고 그 다음에 해방 나오고 그 다음에 6·25 나오고 이런 식으로. 그 안에 그분이 하는 말들은 가능한 그대로 고치지 않고 그대로 살리는 쪽으로 그렇게 했습니다. 아까 정형호 선생님이 그런 말씀을 하셨는데 저도 크게 공감을 했어요. '우리가 할 때 녹음을 하지 말고 가능한 한 캠코더로 찍어 가지고 표정도 같이 보면서 하면 훨씬 낫겠다' 그런 말씀을 하셨는데 저도 크게 공감합니다.

(사회자) 특히 아마 생애사 텍스트의 대상이 되는 분들은 꼭 캠코더로 찍는 것이 이후에 이것을 우리가 좀더 편집하고 가감하는 과정에 필요할 거라는 생각이 들거든요. 그런 것은 어떻습니까? 우리가 기본적으로 정리한 생애사 텍스트를 다시 구술자에게 한 번 읽히는 것, 읽혀서 좀더 구술자의 의도를 보다 명확하게 찾는 것, 이런 것들은?

(김일수) 본인이 의식하지 않았는데, 내용을 보면 '하지 말자' 얘기할 수도 있죠.

(이양호) 예. 그 문제와 관련해서 말하고 싶은데요. 다른 것이 아니라 중복되는 내용의 전개가 종종 나타나거든요. 1·2·3차의 기초조사와 세 차례의 보충조사를 진행해 나가는 과정에 1·2차 증언보다도 3차 증언 내지는 보충조사에서 증언한 내용이 더 상세한 경우가 있어요. 그럴 경우에는 무엇을 취사선택할 것인가의 문제가 있어요. 그럴 경우에는 저는 보다 상세한 증언 쪽으로 취사선택을 했습니다. 그리고 종종 언어를 문자화하는 과정에 항거하고 싶은 내용, 감추고 싶은 내용들이 있었거든요. 그런데 1차 증언 때에는 상세하게 해 버렸어요. 그런데 2·3차 증언 때 가 버리면 자기가 '이걸 괜히 뱉었다' 하는 표정이 나올 때가 있단 말이에요. 그럴 경우에는 '아! 이건 가장 먼저 했던 증언을 택해야겠다'고 생각해서 저 같은 경우에는 텍스트화 과정에는 그런 경우를 선택했습니다. 그래서 상세한 증언은 후의 것, 보충증언을 갖고 함구하고자 내지는 자기 왜곡 같은 것, 자기 합리화 같은 것들은 보다 앞서서 증언한 내용으로 취사선택을 했거든요. 그러다 보니까 종종 자기 합리화 등에 빠져 버리는 사례가 좀 나타났습니다. 그리고 정형호 선생님이 말씀하셨던 것처럼 동영상을 떠서 텍스트화 과정에 도움을 받았다고 했는데…

(정형호) 그건 여기서 얘기가 아니라 녹음하기 전에 얘기했기 때문에, 개인적으로 얘기했기 때문에 아까라는 것은 성립이 안 돼요.

(김양섭) 그러면 저도 이번에 하다 보니까 느꼈던 것이 동영상 자료를 보면서 언어를 문자화하라고 하는 것이 가장 편리할 것 같아요. 그런데 연구단에서 지급된 캠코더는 한정되어 있거든요. 그러다 보니까 그것을 봤으면 '아! 이 사람이 이런 증언을 할 때 이런 몸짓을 했다' 라든가 그것을 적어도 지문 형식으로 해 주면 평면화가 되지 않을 경우가 생길 것이고, 또 하나는 MD의 육성만 가지고서는 정확히 이 사람이 진실이냐 자기합리화냐 하는 것을 판가름하기 힘들거든요. 그런데 표정을 보고 텍스트화한다면 상당히 좋은 자료 내지는 독서물이 되지 않을까 하는 생각이 듭니다.

(사회자) 그거는 구술생애사 텍스트를 만들 때, 지난번에도 그런 얘기가 잠시 있었는데, '녹취된 MD에 녹취된 걸 CD화시켜서 그걸 책과 함께 독자들에게 제공하자' … 지금 이야기는 더 나아가서 동영상마저도 CD화시켜서 같이 제공한다면 훨씬 실감나는, 아까 이양호 선생님이 말씀하셨던 평면화의 문제도 어느 정도 극복할 수 있는 하나의 방법이 될 수도 있겠네요.

(사회자) 마지막 아까 이균옥 선생님 얘기했던 것이요. '텍스트화된 것을 구술자에게 보여 줬을 때 어떤 반응이 올 것인가' 한다면, 적어도 여기에 편집이 들어갔거든요. 편집이 들어갔으니까 1·2·3차의 자료를 가지고 편집자

가 선택했단 말이에요. 그러다 보니까 자기가 감추고 싶은 것을 알면서 내가 공개해 버릴 경우에는, 오히려 지금 내가 얘기한 것처럼 출판 금지 내지는 출판 거부 쪽으로 방향을 선회할 가능성도 있거든요. 그런 문제도 아마 한 계점인 것 같습니다. 그런데 그걸 또 역으로 생각해서… 동의를 했는데 본인의 얼굴이 완전히 제공될 경우에 책으로 보는 거랑 좀 다를 수 있어요.

(한미옥) 말로 된 것을 텍스트화할 때, 글로 만들 때, 정말 필연적으로 텍스트를 만드는 저희 면담자들의 어떤 가감은 반드시 필요하다고 생각을 합니다. 실제로 완전히 구술 자료가 아니기 때문에. 구술 자료이지만. 그래서 어느 정도의 편집상의 문제점도 있고. 그런데 굳이 우리가 그걸 최소한도로 줄여 나가자 하는 의도이지만… 저 같은 경우는 보고서 가능하면 구술자의 목소리를 그대로 담으려고 했는데, 김양섭 선생님이 말씀하신 것처럼 저희가 한 번만 하는 것이 아니고 여러 차례의 면담을 하는데 그럴 때마다 저희가 어차피 계속해서 심층조사를 하기 때문에 한 번 했던 조사를 또 한 번 하고 하는 경우가 많고 해서, 그런 경우 뒤로 갈수록 훨씬 더 구체적인 이야기가 나오면 그걸 취사선택하고… 마찬가지로 말씀하실 때, 말이라는 게, 저희도 그렇지만은 써 가지고 말하지 않는 이상 분명히 6 · 25 이야기를 했는데 갑자기 6 · 25 때 거기와 결부된 다른 기억들이 있으면 또 그 얘기를 하시고 매우

섞이게 되더라구요. 그래서 나중에 그걸 조금씩 잘랐어요. 구술자의 언어는 그대로 살리되 책에 나열할 때는 조금씩 잘라서… 어쩔 수 없는 부분이더라고요. 그거는. 그대로 놔두면 어차피 구 텍스트를 접하는 사람들도 나중에는 문제가 될 수밖에 없어서 잘라서 편집할 수밖에 없는 그런 경우가 있었고. 또 인제 말을 옮기다 보니까 우리가 말을 쉬지 않고 하기보다는 쉬잖아요. 조금씩. 그러니까 휴지기가 많이 생긴다는 거죠. 그런 경우에는 가능하면 제가 생각하는 '아! 이분이 지금 뭐 했는데' 라고 하고 말을 쉬시면 앞뒤 문맥을 보면 그 말줄임 속에 어떤 이분의 언어가 들어갈 것인가를 생각하게 되고, 그러면서 편집을 할 때에, 텍스트화할 때 쉬시는 동안 쉬었을 때 그 안에 들어갈 말을 고민하게 되더라고요. 이분이…

(사회자) 아마 이번 편집의 기본적인 틀도 선생님이 말씀하시는 내용을 참고하고 있죠. 들어가 있을 것 같습니다.

(정형호) 구술자에 따라 상당한 차이가 있는 것 같은데요. 저 같은 경우 일단 구술자에게 지금 녹취 내용을, 정리한 내용을 보내 드려서 좀 보시라고 했거든요. 그런데 아마 어떤 반응이 올지 모르겠지만 내가 보기엔 큰 문제가 없을 것 같고. 그래서 '문제가 있는 경우는 빨간펜으로 표시를 해 달라' 그러면, '정 문제가 있는 부분은 바꾸겠다'고 이야기를 했습니다. 그리고 구술 능력에 상당히 차이

가 있는데 일단 내용의 반복이나 어떤 생략, 특히 서술어가 반복이 된 경우는 대개 생략해 버리거든요. 그 다음에 비약, 그 다음에 심한 비문의 형태, 말이 아주 비비 꼬이는 경우, 그것도 네댓 줄, 예닐곱 줄이 그냥 계속 말이 꼬여가면서 도저히 그냥 읽으면 독자 입장에서 무슨 얘기인지 아주 힘든 그런 내용들이 나오게 되는데, 어차피 어느 정도의 손질은 필요하지 않겠는가… 거의 그대로 녹취한 내용들을 이번에 텍스트화했다는 그런 경우도 있기는 하지만 내가 보기엔 어느 정도 손질이 가해질 필요가 있지 않나… 그렇지 않으면 이게 읽기가 힘들어요. 우리도 설화 같은 것을 그대로 녹취한 것을 구비문학대계에서 좀 읽어보면 아주 힘들거든요. 그래서 저는 일단은 좀 손질을 가할 필요가 있되, 가능하면 어떤 구술자의 내용을 그들의 말투 같은 것을 철저히 살리는 쪽에서 손질을 가할 필요가 있지 않은가 생각합니다.

구술생애사의 재구성과 해석의 문제

(사회자) 지금 이야기 속에 편집이야기며 구술자와 면담자 사이의 상대적인 거리감 이런 이야기도 부분적으로 담겨져 있는데요. 이 이야기는 아마 우리가 세 번째 해야 할 해석의 차이와도 많은 관련이 있는 것 같습니다. 구술자가 과장 · 왜곡한다고 느껴지는 그런 경우에 대해서는

분명히 면담자의 나름대로의 자기 정리가 있을 것 같고, 또 어떤 경우에서는 오히려 면담자가 왜곡하는 경우도 있을 것 같은데… 아니면 그것이 자기의 의식에 의해서 해석되는 부분이라든지 이런 것들이 있을 것 같습니다. 이런 이야기와 관련해서 이야기해 주시면 좋겠습니다. 예, 최경호 선생님.

(최경호) 제가 좀 늦게 참석해서… 이야기를 들어 보니까, 결국 지금 우리가 2차 연도에 보고서 작업을 하면서 구술생애사 작업을 통해서 한 사람의 구술생애사를 선정해서 책으로 낸다는 것에 대한 한계점, 거기에 대한 미비점, 이것을 짚지 않고는 넘어갈 수 없습니다. 왜냐하면 3차 연도에 또 한 사람이 1권의 책을 내야 하는 상황이기 때문에. 다 비슷한 상황이겠지만 저 같은 경우 호남 지역의 어민 30명 정도를 대상으로 했습니다. 한 4~5개월 정도의 조사기에 거의 이틀에 한 사람을 만나야 하는 상황이었고, 그중에는 제가 선정한 구술대상자는 4번을 만났습니다. 1번 만나면, 거의 연세가 80세가 되어 가는데 3시간 이상 면담을 가진단 말이죠. 3시간 하다 보면 면담하는 사람도 지치고 구술자도 지칠 수밖에 없습니다. 그 다음에 제일 큰 문제가 뭐냐 하면 30명의 비슷한 어민들의 생애를 면담하다 보니까 제 머릿속이 뒤죽박죽이 되어 버렸습니다. 제 개인적인 생각에는 1사람의 생애사를 제대로 구술을 받고 그것을 재해석하고 재구성하기 위해서는 최

소한 1달이면 1달, 2달이면 2달, 그 1사람에 집중을 해도
될까 말까, 제 생각은 그렇습니다. 그러니까 밥 먹고 담배
피우는 시간에도, 무슨 시간에도, 꿈에서까지 그 사람이
나타나 줘야지만 그 사람이 한 이야기에 대해서 왜곡이
아니라⋯. 우리가 뭐 왜곡을 하고 싶어서 왜곡을 합니까?
그건 아니거든요. 제대로 그 사람이 한 이야기를 이해를
못해서 그렇기 때문에 자연스럽게 잘못된 해석이 가해지
는 거지, 우리가 억지로 왜곡을 하려고 하려는 마음은 아
무도 없지 않습니까? 저부터도 왜곡이 됩니다. 왜냐하면
그 사람이 한 얘기를 4차 면담을 했지만, 4차 면담 동안
그 사람의 일생 동안의 그 사람의 직업, 일과 삶이잖아요.
그 얘기를 저는 솔직히 다 이해를 못하겠습니다. 저도 다
이해를 못하는 상황에서 저도 이 생애사 책을 내는, 그러
니까 저희들이 주제 범위를 좁혔기 때문에, 일이라고 하
는 부분, 그러니까 전체 이 사람을 보여 줄 수 없고 이해를
못하지만, 일이라고 하는 부분, 한정된 부분에서의 이해와
해석은 가능하다는 거죠. 그러니까 분명히 저희들이 이번
에 내는 책의 한계점에 대해서도 분명히 드러내 주고, 그
것도 저희들의 성과라고 생각합니다. 그러니까 이 한계점
을 숨길 것이 아니라 방금 제가 말씀드렸던, 너무나 많은
양을 하려고 했고 그 다음에 1사람 생애사에 집중하고 천
착하고 밀도 있게 추적하지 못한 그러한 부분들에 대해
분명히 드러냈을 때 방금 여러 연구교수님께서 말씀하셨
던 얘기들이 일반 독자들도 이해가 될 테고 나름대로 이

자료를 통해서 다른 독자들도 '어떻게 접근을 해야 할까, 방향을 잡을 수 있지 않을까' 그런 생각이 듭니다.

(사회자) 아주 중요한 말씀인 것 같습니다. 제 경우는 이 생애사 텍스트의 글을 쓰는 과정에서 가장 큰 핸디캡이 바로 그 부분이었습니다. 내가 아직 이 대상자에 대한 이해와 관찰이 매우 부족한 상황에서 구술된 내용만을 가지고 나의 일정한 관점에서 그것을 기술하고 있다는 것, 그것이 가진 불편함이 컸거든요. 이 불편함은 저만이 아닌 것 같습니다. 어차피 우리는 3차 연도에도 이 작업을 보다 확대해서 해야 하기 때문에 그런 것들을 우리가 연속적으로 생각해서라도 이번 작업의 많은 문제점들을 같이 고민해야 되지 않을까 생각합니다.

(최경호) 그리고 이와 더불어 저희들이 이번에 내는 자료의 성격, 이 책의 성격을, 그러니까 예를 들어서 생애사도 소설적인 기법으로 하면 더욱더 완성도를 가질 수 있을 것입니다. 그런데 저희들이 이번에 한 작업과 시간적인 한계라든가 여러 가지 한계점 속에서 생애사 텍스트라는 것이 '자료적인 성격이 더 강할 수밖에 없다' 하는 점을 드러내는 것이 좋지 않을까… 왜냐하면 이것이 독서물로서, 예를 들면 박현수 선생님이 번역하신 산체스네 아이들이나 이런 것들이 민족적 소설이란 말이죠. 그런 어떤 민족적 조사를 통해서 작자가 완전히 그것을 재구성하

고 재해석하고 결국은 자기의 삶에 대해 자신도 모른다
말이죠. 자기 자신을 이해하려면 남의 눈을 빌려서 이해
될 수밖에 없는데, 그것을, 그 사람의 생애를 보다 더 깊이
있고 풍부하게 만들어 주는 것은 바로 연구자의 입장이라
는 것입니다. 그래서 연구자와 구술자와의 상호작용의 중
요성이 바로 여기에 있다고 생각합니다. 그런데 이번에 2
차 연도 생애사 자료는 그런 부분에서 여러 가지 많이 미
진했다고 보는 것이고, 그런 차원에서 재구성된, 재해석된
그런 삶이라기보다는 기존에 우리가 모은 자료를 바탕으
로 해서 하나의 생애사 텍스트라고 하는, 그 개념 문제를
저도 어떻게 구분을 지을 것인지 그것은 저희가 여기서
토론할 수 있는 부분은 아닌 것 같구요. 생애사 텍스트라
고 하는 것, 남들이 이용할 수 있는 그것이 하나의 완성된
독서물이라기보다는 그것이 하나의 자료적 가치를 지닌
생애사로서 남들이 참고할 수 있는 그러한 차원에서 이번
에 저희들의 생애사 출판이 구성되는 것이 맞지 않는가
하는 생각이 듭니다.

(사회자) 시간적 제약 때문에 이야기를 좀더 압축해서
해야 될 것 같습니다. 방금 최경호 선생님이 말씀하시는
생애사 텍스트의 이 작업의 성격과 문제점들을 여러 선생
님들이 이야기를 해 주시고요. 여기에 곁들여서 방금 이
야기했던 해석의 차이 문제를 같이 포함해서 압축해서 말
씀을 좀 들었으면 합니다.

(신호) 규슈대학의 신호입니다. 예를 들어서 조사를 하다 보면, 역사학에서는 기본으로 되어 있습니다만, 예를 들어서 어떤 역사적인 데이터가 나오면 2차 분석이라는 것을 합니다. 그런 어떤 역사적인 데이터가 사실에 입각해 있느냐 아니냐 하는 그러한 2차적인 분석을 하는데, 저희들이 인터뷰를 하는 도중에 그 사람들의 기억 속에 잘못된 기억들이 있을 수가 있고 또 그 사람들이 거짓말을 하는 경우가 있단 말이죠. 그러면 필연적으로 뒤따르는 문제가 채록된 자료들을 가지고 2차 분석을 행해야 하는데, 과연 그러한 부분을 어디까지 해야 할 것인지… 예를 들어서 어떠한 사람이 1932년이라고 했는데 실제적으로 2차적인 분석을 하다 보니까 1929년이더란 말이죠. 그러한 부분들이라든지. 예를 들어서 어떤 가게 이름을 이야기했는데 아무리 찾아도 가게 이름을 발견할 수 없는 경우가 있습니다. 그러니까 결국은 2차 분석에 있어서 확인이 불가능한 경우가 있을 수가 있고 또 확인이 되었다고 하더라도 그 사람이 거짓말하는 경우도 있는데, 그러한 부분들에 대해서 '과연 어떠한 처리를 해야 하는가' 하는 부분들에 대해서 얘기해 주셨으면 합니다.

(한미옥) 그건 거짓말을 했다기보다는 구술자 자체의 기억력의 문제일 가능성이 매우 크더라구요.

(신호) 그러니까 제가 말씀드리는 것은 일단은 의식적

으로 거짓말을 하는 경우인가, 의식적이지 않은 경우인가, 이 두 가지가 있다고 봅니다. 그렇기 때문에 그 사람들이 하는 얘기가 다 의식적으로 거짓말을 했다고는 생각하지 않거든요. 하지만 틀림없이 자기의 상황을 판단한 다음에 의식적으로 거짓말을 하는 경우가 있다고 저는 생각을 합니다.

(한미옥) 저희 같은 경우는 그래서 각주 처리를 조금, 아주 많이는 하지 않고 가능한 이건 정말 우리가 텍스트상에서 짚고 넘어가야 할 부분들은, 각주를 통해서 이 부분은 우리가 봤을 때 '이 연도는 실제로 이러이러하다' 라고. '이건 제보자가 지금 착각에 의한 것 같다' 라든가, 아니면 솔직히 눈에 보이는 '정말 저 사람이 뭔가 거짓된 정보를 저 양반이 알려 주고 있는 거다' 라고 했을 때도, 그것이 정말 필요한 부분이면 각주를 통해서 보여 줘야 되지 않나… 그렇게 했거든요. 실제로.

(변화영) 농민분과의 변화영입니다. 최경호 선생님께서 아까 말씀하신 거를 쭉 생각해 보니까 구술은 그 사람의 의식의 반영이거든요. 저희가 지금, 구술자의 목소리가 상당히 중요한데요. 목소리에서 그 사람의 의식의 내용이라든가 그 사람의 삶에 대한 태도를 엿볼 수 있기 때문에, 저희가 3차 연도와도 관련된 문제이기는 하지만 이번에 텍스트상 출판했을 때에도 문제이기도 합니다. 너무나 숫자

에 연연하다 보니까 저희들이 일과 여가에 2차 연도에는 주목을 했거든요. 구술자 개개인은 일과 여가에 주목하다 보니까, 심층적으로 분석도 안 돼 있지만, 그 사람의 의식을 알 수 있는 구술 내용을 받을 수가 없었습니다. 왜? 저희들이 피드백 작업을 해야 했는데 그것이 안 되어 있어요. 심층면담이라고 하는 건 곧 제보자들이 이야기해 주신 것을 저희가 가지고 가서 그것을 다시 녹취해서 읽어 본 후에 다시 우리가 '어떤 면담을 할 것인가, 해 줄 것인가' 하는 피드백이 되어 있어야 하는데, 그것이 되어 있지 않았습니다. 그래서 최경호 선생님이 아까 1달에 1명 정도 이렇게 말씀하셨는데, 박현수 단장님이 4명을 말씀하셨거든요. 매우 이상적인 숫자입니다. 왜냐하면 그분이 어느 정도의 피드백이 될 수 있는 면담을 해 줄 수 있는지는 알 수 없거든요. 미지수거든요. 그러면 최소한 그거보다 배 이상의 사람들을 만나야만이 가능합니다. 이런 조정의 문제라든가, 저희들이 3차 연도에 연구방법론도 얘기가 된다고 하는데 그런 면들을 조금 더 의식을 해 본다고 한다면, 이런 구술생애사 텍스트에서 가장 중요한 부분이 구술대상자의 의식의 문제라는 점이죠. 그 의식들을 알 수 있는 것이 생활사이고, 또 미시사이고, 그것이 모여서 거시사의 어떤 빠진 부분들 혹은 구성되어 있지 않은 부분들을 알 수 있는 근거가 되는데, 저희들이 그런 문제를 3차 연도에는… 이번에도 그것이 제대로 안 되어 있거든요. 3차 연도에는 이런 누락된 부분들 혹은 보충되어 있는 문제들이 되려면 피드백 작업을 할 수 있는 심층면담에 주목해야 된다는 거죠.

(최경호) 또 그럴 만한 여유와 시간이 필요하죠.

(변화영) 필요하죠. 저희들이 공부를 하지 않고 자꾸, 아까도 뭐 전문지식의 용어라든가 이런 문제도 저희들과 피드백이 되어 있지 않기 때문에 자꾸 겉도는 거예요. 그래서 좀 그런 부분이 되어 있으려면 심층면담을 할 수 있도록 좀 조정을 할 필요가 있다는 겁니다.

(사회자) 생애사 텍스트의 문제점 같은 것이 참 많을 것 같습니다. 좀더 다른 분들이 이야기를 한 이외의 내용들을 중심으로 이야기해 주시면 좋겠습니다.

(김양섭) 김양섭입니다. 조금 전에 신호 선생님께서 거짓말이라고 하는, 거짓증언이라고 하는 표현과 또 자기합리화라는 표현은 우리들이 여기서 선별해야 될 것 같구요. 그리고 또 하나 기억의 문제도 있을 거구요. 저 같은 경우 어떤 문제가 있느냐 하면, 일본인 교사가 학생을 가르쳤을 때 얘기해 준 내용을 증언자가 증언해 준 게 있거든요. '현재 야스쿠니신사에 모셔진 칼이 일본 신무천황이 천황이 되기 전에 용이 내려온 것이다', 그 내용을 가르쳐 준 과정에 '용이 뱃속에 칼을 넣고 왔다 갔다 하다가 그

사람에게 주었다'는 얘기를 했었어요. 그래서 저는 그분이 얘기하기 전에 항상 왜곡된 역사교육을 받았다는 것을 강조하는 과정 속에 우연치 않게 대사기를 찾아봤었어요. 찾아보니까 정말 대사기에는 야스쿠니신사에 모셨다는 얘기는 없겠지만, 신무천황에게 용이 칼을 주었다는 이야기의 기사는 있더라구요. 그런데 이 제보자가 은사로부터, 초등학교 교사로부터 들었던 내용을 전달하는 과정에 첨삭한 내용에 대해선 우리는 알 바가 없죠. 그런데 그런 지금 문서화된 역사기록이라든가 등등을 확인해 봄으로써 이 사람이 어느 정도 과장된 표현을 하고 있는가 하는 것을 추측했거든요. 그럴 경우에는 칼을 입에서 넣다 뺐다 하는 내용을 그분이 했는지는 모르겠지만, 그런 내용에 대한 주를 달아서 이런 기록이 있었다는 것을 증명해 주면서, 오히려 이 사람이 제보자의 입장에서, 독자가 봤을 때는 이분이 보다 침소봉대한 내용이라는 것을, 또는 진실의 왜곡이라는 것을 스스로 알게끔 해 주는 것도 하나의 방편인 것 같더라구요.

(사회자) 구술이 가지고 있는 불확실성을 커버하는 몇 가지 장치들은 있을 것 같습니다. 그런 것들은 우리가 좀 더 구체적으로 고민을 해서 이야기를 내와야 할 것 같구요. 이야기를 전체적으로 정리하는 차원에서 구술면담 그리고 그것을 텍스트화하는 이 작업 전체의, 아까 최경호 선생님이 문제점을 지적하고 계시지만, 여기서 문제점을

하나하나 다 나열해서 그것의 대안까지 찾기는 좀 어려운 시간 같구요. 그래서 전반적인 이야기를 가지고 문제점이나 대안 같은 것이 있다면 짤막하게 듣고 전제회의를 좀 정리를 했으면 좋겠습니다.

(박경용) 노동자분과와 관련해서, 지금까지 얘기가 나왔던 부분인데요. 정리 차원에서 한 번 이야기를 해 보겠습니다. 동어반복의 문제하고 이어서 의미 없는 말의 나열, 그 다음에 내용이 섞바뀌는 문제, 그 다음에 내용 순서냐 생애 순서냐, 그에 따른 정리 문제, 그 다음에 감추어야 하는 내용 문제, 예를 들면 이건 제 경우인데 제보자가 '특정 국가지도자에 대해 욕설이라 할까요' 이런 표현을 하더라구요. 저는 지금 텍스트에 그대로 넣어 놨는데, 이것을 제가 교정할 때에 이 부분은 삭제할 예정입니다. 그런 문제도 있거든요. 그 다음에 외국어 구술, 구술을 하는데 이것을 각주를 달아서 원어로 설명하는 문제, 그 다음에 해설의 중층성과 관련한 또 해석의 중층적인 왜곡의 문제, 이런 등등의 문제가 쭉 나왔는데, 제가 생각하기에는 우리가 '텍스트 자료로서의 가치를 더 많이 두자' 이런 측면에서 접근하기 때문에, 가능한 한 구술자의 원래 의도·의미, 그것을 훼손하지 않는 선에서 불가피한 경우 어느 정도의 편집은 있어야 하지 않겠는가, 이렇게 생각을 합니다.

(한미옥) 노동자분과의 한미옥입니다. 방금 박경용 선생님의 말씀에 이어서 한마디만 더 하자면, 이 텍스트가 자료로서의 가치를, 지금 보니까 독서물보다는 자료물로서의 가치를 더 두고 있는 것 같은데, 그 자료가 실제로는 우리가 지금 한 사람 한 사람의 생애 텍스트를 놓고 보는데, 그 사람에 치중해서 보여 주는 것이냐, 아니면 이 일의 성격이 분과별로 노동자 · 농민 한다면 20세기 민중의 그런 직업군을 가졌던 사람들의 일의 모습이라든가 삶의 형태를 더 보여 주는 것인가, 어떤 것에 더 치중하느냐에 따라서 방금 신호 선생님이 말씀하신 것처럼 '거짓말을 한다', '그 사람이 그런 것 같다' 그러면 이게 텍스트 자체의 성격이, 출판물 자체의 성격이 자료집이지만 개인의 삶에 치중되어 있다면, 그것도 실은 그대로 제보자를 이해하게 하는 하나의 장치가 될 수 있는 거죠. 이 사람의 성격이, '아! 읽는 사람으로 하여금 이 사람이 각주를 통해서 거짓말을 하는 것 같다' 라고 한다면 읽는 사람들이 이 사람의 성격이 이러이러하다 이해할 수 있지만 실제로 자료가, 이 텍스트가 나옴으로 해서 개인의 삶 자체를 보여 준다기보다는… 물론 그것도 중요하지만, 그룹을 통해서 20세기의 어떤 노동자라는 직업군 아니면 농업이라는 직업군을 가진 사람들의 어떤 모습을 보여 주려고 하는 것이기 때문에, '이 사람이 거짓말을 하는 것 같다' 그렇다면 그걸 각주를 통해서 교정을 해 주거나 아니면 면담자가 가감해서 수정할 수도 있고, 선생님이 말씀하신 '대통령에

대한 욕설' 이런 경우도 실제로는 편집해도 무관하다고 저는 생각합니다.

(신호) 지금 선생님 말씀하신 것처럼 생애사를 기술하는 데에 있어서 먼저 초점을 맞추어야 할 것 같아요. 예를 들어서 조사대상자, 정보대상자가 이야기하는 구술사를 작성할 것인지, 또는 조사자가 이야기하는 생애사를 얘기할 것인지에 따라서 전혀 작업들의 양과 내용들이 달라질 거 같다는 생각이 들어요. 제 개인적인 생각으로서는 지금 선생님 말씀하시는 대로, 예를 들어서 대상자가 쓰는, 대상자가 이야기하는 구술사가 되었을 때에 조금의 각주 정도만 있어도 되고, 거기에 만약에 대상자 얘기하는 부분에 있어서의 오류 또는 거짓말이 들어 있더라도 모두 다 포함시켜서 쓸 수 있다고 생각이 들어요. 사실은 조금 비겁하긴 하지만은 그렇게 되었을 때 사실은 그것을 편집하는 쪽이 면책되는 경우가 생겨요. 그렇지 않습니까? 그렇기 때문에 오히려 하나의 어떤 유리한 점입니다. 유리한 점이라고 얘기하는 게 얘기하는 사람들의 말을 다 쓸 수 있다는 거죠. 될 수 있으면 안 버리는 거죠. 그렇기 때문에 제 개인적인 입장에서는 편집을 하는 사람의 입장에서 구술자의 말을 적어 내려가는 것이 아니라 있는 것들을 다 살리면서 꼭 필요한 부분에만 지문을 넣어서 설명하는 것이 지금부터 작업을 하는 데 있어서 상당히 편리하다고 생각을 해서 지금 말씀드리는 거거든요.

(김양섭) 지금 우리들이 편집하는 과정에 질문, 면담자
의 질문은 빼 버리기로 했으니까 아마 신호 선생님이 걱
정하던 바처럼요. 제보자 중심으로 이 책을 편집하겠다는
의도가 나왔거든요. 나왔으니까 오히려 그쪽 방향으로 가
는 것이 더 나을 것 같습니다.

(사회자) 그러면 조사자의 질문 내용은?

(김양섭) 될 수 있으면 생략하는 것으로 나와 있습니다.

(사회자) 우리가 지금 하고 있는 생애사 텍스트 작업은
읽힐 수 있는 글을 만드는 것입니다. 아까 자료 말씀을 하
셨는데 구술녹취록은 아니거든요. 구술녹취록을 자료로
해서 우리는 텍스트를 만드는 작업을 하고 있는 겁니다.
그와 관련된 이야기를 지금 하고 있기 때문에 아까 말씀
하셨던 여러 가지 불확실성이라든지 많은 문제점들을 극
복할 수 있는, 그러니까 독자들이 읽을 수 있는 것으로 바
꾸기 위해서, 텍스트화하기 위해서 우리는 몇 가지 장치
들을 활용하고 있습니다. 그래서 지문도 넣고 몸짓에 대
한 것도 쓰고 각주도 달고 하고 있지 않습니까? 그래서 이
런 것들을 좀더 강화하고 또 좀더 구체화하는 과정들이
좀더 필요하다면 해야 할 것이고, 또 아까 최경호 선생님
이 말씀하셨던 이 텍스트의 성격과 성격에 맞는 텍스트화
작업 이런 것들이 또 좀더 고민되어야 될 것 같습니다. 정

말 많은 이야기를 좀 들었으면 좋겠지만은…

이 작업의 한계에 대해서

(최경호) 한 가지만 더 말씀 드리겠습니다. 진실의 문제, 이것과 더불어서 저희들이 자료를 제출해야 하고 자료를 아카이빙 작업을 해야 한다는 이념이 너무 강하다 보니까, 모든 인터뷰가 MD를 통해서나 PD150을 통해서나 영상을 통해서 되었단 말이죠. 그런데 실제로 영화 같은 경우 비하인드 스토리나 이런 것 재밌잖아요. 그런데 우리 생애사는 비하인드 스토리가 하나도 없습니다. 오프더레코드 된 상태에서 인터뷰가 된 것이라든가, 이런 것들은 전혀 안 들어가 있단 말이죠. 작업을 해야 되고 보고서를 내야 된다는 중압감이 너무 강해서 저희들이 그것을 할 생각도 못했고. 실질적으로 저희들이 생애사를 해야 한다면 술집이나 아니면 식사를 하면서 녹음을 하지 않는다는 전제조건 하에서 충분한 애기들을 나눠 봐야 됩니다. 그것들도 사실 생애사 텍스트 속에 들어가 줘야 되는 거죠.

(사회자) 그래서 아까 말씀하셨던 이해와 관찰의 심화라든지. 그런 걸 통해서 구술 · 인터뷰 속에서 나왔던 내용을 재확인해 볼 수도 있고 그렇게 해 볼 수 있다는 거죠.

(임경희) 덧붙여서 말씀드리겠습니다. 외형상 우리 텍스트가 드러나는 문제점을 하나 짚고 넘어가고 싶은데요. 20세기라는 시기는 사실상 여태까지 집안에만 갇혀 있던 여성들이 사회로 나올 수 있는 시기가 됩니다. 그래서 우리가 조사대상으로 하고 있는 민중에 여성이 차지하는 비중이 굉장히 커지는 시기이기도 합니다. 그런데 문제는 저의 경우에 직접 구술을 녹취를 할 때에는 여성 상인이 상당히 많이 나옵니다. 그런데 막상 이것을 텍스트화하려고 보면 그 여성 상인을 찾아서 면담을 한 자료를 가지고는 집약된 텍스트를 만들기가 매우 어려워지더라고요. 그래서 이런 문제 때문에 결과적으로는 텍스트를 만드는 데 여성이 선정되지 않고 남성이 선정되어 버리는 결과를 낳았습니다. 그런데 이것은 비단 저만의 문제가 아니고 다른 분과에도 유사한 상태의 유사한 결과가 나오고 있을 것 같은데, 이런 문제를 이제 우리가 앞으로 혹시 더 하게 된다면 미리 사전에 조정을 해 가지고 이런 경우에 어느 정도까지는 여성을 할당을 하고 어렵더라도 그 할당된 수만큼 같이 할 수 있으면 그것이 단행본으로 4권이나 5권의 책으로 나왔을 때 독자가 볼 때 납득을 할 수 있는 수준이 될 것인데… 지금 같은 경우에는 사실 이렇게 됐기 때문에 우리의 필요에 의해서 각자가 선정한 사람을 우선적으로 선정한 결과를 낳게 되는 것이고, 그에 따라서 상대적으로 여성이 소외가 되었다고 할까 아니면 여성들이 등한시되는 이런 결과를 우리가 낳지 않았나 하는 생각이

들거든요.

(사회자) 이 논의도 앞서 있었던 것 같습니다. 그래서 그것을 좀 극복할 수 있는, 방금 말씀하셨던 '황금비율을 생각해 보자' 이런 얘기도 있었습니다만, '어쩌면 그것 자체가 20세기 삶의 모습이었는지도 모른다', 그 비중의 문제가… 그런 이야기도 잠시 있었던 것 같은데요. 3차 연도 다음의 작업에서는 충분히 고민되어야 할 문제인 것 같습니다. 정말 이 이야기는 꼭 해야 되겠다 하는 것이 있으면 한 번…

(이양호) 예, 이양호입니다. 저는 작업을 쭉 지켜보면서 그런 생각을 하는데… 우리가 깊이도 중요한데 사실은 넓이와 색깔도 참 중요합니다. 우리가 폭 넓고 이런 저런 다양한 사람들을 다 했기 때문에 이제 깊이를 찾는 거죠. 어떻게 보면 우리가 이런 저런 불만들을 가지고 있고, 물론 고쳐야 될 것은 많습니다. 그런데 우리가 늘 일을 하면서 생각해 보아야 할 점은 '지금 우리의 입장에서 이 정도면 사실은 최선일 수 있다' 그런 생각을 합니다. 늘 일할 때마다 이미 완결판 백서를 염두에 두고 말하니까 늘 부족한 것 같고 늘 모자란 것 같은데, 물론 진취적으로 나가는 게 좋은 점도 있지만 자기의 자리를 잃어버릴 우려도 있거든요. 그래서 우리가 하고 있는 작업에 대해서 너무 그렇게 심하게 불만을 가질 필요는 없다고 생각이 듭니다.

그 다음에 또 하나는 저는 우리 아카이브하고 구술생애사는, 우리 연구단 전체의 작업을 늘 이렇게 생각했거든요. 우리가 서 있는 자리가 자연에 대한 보호, 자연에 대한 보전, 자연에 대한 개발, 이 세 가지가 있으면, 그대로 두는 보호하고 부정을 메우는, 파괴되는 것을 막는 보전하고 그 자연을 가지고 이리저리 만들어서 개발하는 거 하고, 이 사이에 우리는 보전의 단계에 서 있다고 늘 생각을 해요. 그래서 여기에다 의미를 부여하고 해석하는 것은 앞으로 인문학자나 사회학자들이 할 일이지 지금 우리 3년 작업으로 할 수 있는 것이 아니거든요. 그러니까 그런 것을 생각해서 이제 사전지식에서 부족한 것은 질문매뉴얼을 좀 더 구체적으로 만들어서 보충을 하고, 그 다음에 또 텍스트화하는 데 부족한 것은 녹취문을 만드는 전문가를 양성한다든지 그렇게 해서 해결을 하고, 뭐 하나하나씩 그냥 해결해 갔으면 싶습니다.

동감입니다. (박수)

(사회자) 아마 우리가 실제적으로 하는 작업과 관련된 이런 집중적인 논의가 처음인 것 같습니다. 공동작업의 취지를 살리는 이런 논의의 장이 자주 있었으면 합니다. 이상으로 좌담회를 마치겠습니다. 수고하셨습니다.

박현수

  영남대학교 문화인류학과 교수, 20세기민중생활사연구단장
  서울대학교 문리과대학 인류학 박사
  저서: 『소도시의 생성과 구조』
        『조선총독부 중추원의 사회문화조사』
        『산체스네 아이들』(번역)

김일수

  영남대학교 민족문화연구소 연구교수
  성균관대학교 문학 박사(한국근현대사)
  공저: 『대구 근대의 도시발달과정과 민족운동의 전개』

박이준

  목포대학교 호남문화콘텐츠연구소 연구교수
  전남대학교 문학 박사
  논문: "나주 궁삼면 토지탈환운동 연구",
        "일제하 지주가의 소작관행 연구"

박승희

  위덕대학교 문화콘텐츠학부 교수
  영남대학교 문학 박사(한국현대문학)
  저서: 『한국시와 근대풍경』
        『시교육과 문학의 현재성』

신호

  일본 규슈(九州)대학교 강사
  한국학술진흥재단파견 규슈(九州)대학교 한국학 전담강사
  일본 규슈(九州)대학교 비교사회문화연구부 박사후기과정 수료
  저서: 『1970年代, 韓国における '伝統文化' と '近代化' の関わり方』

20세기 한국민중의 구술자서전 5 **고향이 어디신지요?**

엮은이 박현수
지은이 김일수 · 박이준 · 박승희 · 신호
펴낸이 고화숙
펴낸곳 도서출판 소화

초판인쇄 2005년 6월 10일
초판발행 2005년 6월 20일

출판등록 제13-412호
150-037 서울시 영등포구 영등포동 94-97
Tel: 2677-5890(代) Fax: 2636-6393
www.sowha.com

ISBN 89-8410-278-4
ISBN 89-8410-273-3(세트)

값 9,000 원

☆ 잘못된 책은 언제나 바꾸어 드립니다.